國際貿易對產業布局
的影響研究

婁飛鵬 / 著

財經錢線

內容提要

　　時間和空間緊密相連，經濟活動不僅有時間順序，同樣有區域空間結構。隨著全球人口的增加，消費水平的提高，人類對空間資源的需求進一步提高。一國或地區的經濟欲求得較好發展，除了要擁有資本、勞動、資源、技術這些要素外，還需要有合理的空間佈局，營造氛圍促進空間競爭，以充分利用稀缺的空間資源。這一現實要求經濟學理論研究在關注時間因素的同時，也需要更多地關注空間因素，加強對空間佈局的研究。在全球經濟一體化加速推進的大背景下，國際貿易對一國或地區的區位經濟發展影響日益顯著，產業佈局也因之而逐步發生明顯的改變。因此，有必要結合國際貿易研究產業佈局問題。

　　國際貿易中制度距離、文化距離、經濟距離、空間距離的增加，加劇了經濟主體間的信息不對稱，將提高各類經濟主體的信息搜尋成本，長距離運輸也要求貿易主體支付更高的運輸成本。本書綜合考慮國際貿易中的運輸成本和信息搜尋成本，深入分析國際貿易對產業佈局的影響。本書在對相關的國際貿易理論和產業佈局理論進行梳理回顧的基礎上，按照從微觀到中觀，從一般到具體，從理論到實證的研究思路，主要研究了國際貿易對廠商個體和群體選址、產業集聚和產業擴散、三次產業佈局的影響，並利用中國改革開放以來的國際貿易與產業發展數據進行實證研究，最后得出研究結論、政策含義及研究展望。

　　國際貿易對產業佈局的影響是全方位、多層次、多角度的。國際貿易的總量、結構、方式、內容以及國際貿易政策等對產業佈局的影響並不相同。國際貿易總量的絕對量和相對量，國際貿易結構的產業結構和地區結構，國際貿易方式的產業內貿易和產業間貿易，國際貿易內容的國際商品貿易、國際服務貿易、國際技術貿易、國際資本流動，國際貿易政策的自由貿易政策和保護貿易政策等對產業佈局的影響各不相同。國際貿易的不同方面對產業佈局的影響機制、影響途徑、作用機制並不相同，對產業佈局的影響結果也不盡相同，最終

使得國際貿易對產業佈局的影響更加複雜化。

　　一般而言，國際貿易的開展需支付更高的運輸成本和信息搜尋成本，這是國際貿易影響廠商選址的根本原因。信息搜尋成本和運輸成本相互作用，導致國際貿易需要額外支付的成本更高。文化距離、制度距離、經濟距離和空間距離的增加，加劇了國際貿易中的信息不對稱，嚴重的信息不對稱增加長距離運輸的風險。廠商為確保產品安全運抵目的地，不得不在運輸中採取更多的安全防範措施。結果是國際貿易帶來的距離增加引發更多的信息不對稱，信息不對稱要求支付更高的運輸成本。此時，若廠商能夠通過改變選址來降低信息不對稱，並減少所支付的運輸成本，則其可能改變選址。廠商遵循利潤最大化的原則，進行成本收益對比分析后定奪是否改變選址。若改變選址的預期淨收益大於不改變選址的淨收益，廠商將會改變選址；反之，廠商將繼續在原地進行生產經營。廠商改變選址將會影響其他廠商，部分廠商改變選址會逐漸改變區域的經濟發展環境，改變留存廠商的生產經營環境，甚至促使其選址發生改變。廠商群體的選址也因此而受到國際貿易的影響。

　　國際貿易不僅影響廠商選址，還影響產業集聚和產業擴散。當廠商的選址因為國際貿易而發生的變化積聚到一定程度後，國際貿易對產業佈局的影響開始在中觀的產業層面凸顯。當運輸成本和信息搜尋成本較低時，國際貿易將有利於產業的集聚；當運輸成本和信息搜尋成本較高時，國際貿易會促成產業的擴散。本書認為，從產業集聚的角度看，產業集聚可以獲取集聚經濟，抵償部分運輸成本和信息搜尋成本，保持產業集聚的競爭優勢。同時，因為產業集聚區內部經濟密度較高，空間競爭更加激烈，位於集聚區內部的廠商可通過產業集聚的方式彰顯其實力，向外界傳遞有關的信息，降低信息不對稱。產業擴散可以直接縮減各類距離，降低運輸成本和信息搜尋成本。國際貿易還可以影響產業集聚區位的選擇、產業集聚的規模、產業集聚和產業擴散的生命週期等。

　　國際貿易對不同產業的佈局具有不同的影響。其原因在於，產業本身存在區別，不同產業在國際貿易中的地位和作用不同。就三次產業而言，第一產業進行佈局時呈現出被動地適應國際貿易的傾向，且國際貿易對第一產業佈局的影響較不顯著。這是因為，第一產業發展對自然條件的依賴較大，國際貿易中製造業產品的獲利能力明顯高於農副產品，各國往往更加重視製造業的發展並通過國際貿易營利，擠占了第一產業生存發展所必需的空間。第二產業可以結合國際貿易進行較為靈活的佈局，以此降低運輸成本和信息搜尋成本，進一步凸顯其比較優勢。同時，國際貿易對第二產業佈局的影響最為顯著。第三產業的佈局則受國際貿易的影響而有條件地發生變化。這是因為，第三產業服務色

彩濃重，並且很多產品具有不可貿易性，只有在國際貿易改變了其他產業特別是第二產業的佈局之后，改變第三產業的佈局才更符合理性的原則。否則，第三產業的佈局更多地關注本國或本地區的現實情況，充分發揮其在本國或本地區的服務功能是一個更好的選擇。

　　國際貿易對不同區域的產業佈局有不同的影響。國際貿易對沿海地區和內陸地區、高貿易依存度地區和低貿易依存度地區的產業佈局有不同的影響。相比而言，國際貿易對沿海地區和高貿易依存度地區產業佈局的影響更為顯著，更有利於產業向沿海地區和高貿易依存度地區集聚。本書認為，較之內陸地區，沿海地區不僅可以更好地利用海運，強化其在經濟發展中的優勢，而且在信息搜尋方面具有內陸地區所不及的優勢，因而國際貿易對沿海地區產業佈局的影響更顯著。較之於低貿易依存度地區，高貿易依存度地區的國際貿易在經濟總量中權重較大，其對產業佈局的影響自然更加明顯。

　　本書的研究表明，開放經濟條件下，優化一國或地區的產業佈局，需要充分考慮國際貿易的影響。為充分利用國際貿易對產業佈局的積極影響，優化一國或地區的產業佈局，需要在政策制定和實施等方面做出以下努力：產業佈局政策的制定要密切關注全球經濟發展態勢，充分考慮本國在國際分工中的地位，結合自身發展水平，注重利用規模經濟，強化環境保護，尋求合理的產業佈局；充分利用國內外兩個市場、兩種資源，調整本國經濟結構，優化產業佈局；加大基礎設施建設，暢通信息流通渠道，增進對外交流，著力縮小各種距離，減少經濟主體的交易成本特別是信息搜尋成本支出。

ABSTRACT

　　Time and space being closely linked, the economic activities not only are in time serials but also have regional spatial structures. With the growth of the global population and the rise of the consumption levels, the human race wants more from the spatial resources. Besides factors such as capital, labor, resource and technology, the economy of a country or a region who desires a better development needs a reasonable spatial distribution and creates an environment to boost competition which can help to make full use of scarce spatial resources. This fact requires economists pay more attention on the space dimension and strengthen researches of spatial distribution when it concerns about time dimension. Under the condition of the increasing distinctness of the economic globalization, international trade has an increasingly significant impact on the spatial economic development of a country or a region with a gradually obvious change on its industrial location at the same time. So, it's necessary to studying industrial location with international trade.

　　The augment on distances of institutions, cultures, economies and spaces in international trade exacerbates information asymmetry between economic entities, which will increase their cost of information search. Also the long-distance transport will demand economic entities pay for higher transportation costs. This book will take a comprehensive consideration of the costs of transport and information search and deeply analyze the impact of international trade on industrial location. Based on the sorting and retrospect on the related theories of international trade and industrial location, and following the research ideas from micro to medium-view, from general to specific and from theoretic to empirical, this book mainly studies the impacts of international trade on the locations of an individual firm and firm groups, and on industrial agglomeration and industrial diffusion and finally on the distribution of three industries. Meanwhile, it uses the Chinese data of international trade and industrial development since 1978 to do an empirical research and finally gives conclusions, policy implications and research prospects of the study.

The impacts of international trade on industrial location are in all orientation, multi-level and multi-angle. The volume, structure, form, contents and policies of international trade have different impacts on industrial location. The absolute and relative volumes, the industrial and regional structures, the intra-industry and inter-industry trades in form, the trades of commodity, service, technology and capital flows in contents, the free trade and protection trade policies will work differently. When making impacts on industrial location, different aspects of international trade have different affecting mechanisms, affecting ways and operating mechanisms, which make the affecting results industrial location gains different and finally leads to a more complicated influence on industrial location.

In general, the underlying cause that makes firms change their site selection strategies is that they have to pay higher costs of transport and information search in the conduct of international trade. The costs of information search and transport costs interact with each other and result in higher additional costs of international trade. The augment on the distances of cultures, institutions, economies and spaces exacerbates the information asymmetry in international trade, and serious information asymmetry increases risks in long-distance transports. To ensure the safety of products arriving at their destination, firms have to take more safety precautions to improve the safety factor, which causes a final situation that more information asymmetry exists in the long-distance transports and asks for higher transportation costs. At this time, if the firms change their location reduces the information asymmetry and lowers their transportation costs, then they may change their location. Targeted for their profits maximized, firms will choose to decide whether to change their locations after a cost-income analysis. If the expected net profit of changing its location is greater than that of not changes, the firm will re-locate itself. If not, the firm will remain to operate on its previous location. One firm changes its location will make an influence on other firms, and some will change regional economic development environment gradually with an impact on the operating environment of the remaining firms or even make them change their locations too. Meanwhile, international trade will make an effect on the location of firm group.

International trade affects not only the location decisions of firms but also industrial agglomeration and industrial diffusion. When location-choosing action of the firm changes with international trade, the impact that international trade makes on industrial location begins to emerge on the middle-level of industry. When costs of transport and information search remain low, international trade will lead to industrial agglomeration. But international trade will boost industrial diffusion when costs remain high. This book argues that from the perspective of industrial agglomeration, it will acquire agglomerated economies, which will partially compensate for costs of transport and information search and finally help to maintain the competitive advantages of industrial agglomeration. At the same time, because of the high economic density in the area of industrial agglomeration and more spatial competition, the firms inside will reveal their strengths by way of industrial agglomeration to spread information to upstream firms and downstream firms and customers, which will help to reduce information asymmetry. Industrial diffusion can directly curtail distance and lower costs of transport and information search. Additionally, international trade can also affect location choice and scale of industrial agglomeration and the life cycle of industrial agglomeration and diffusion.

The main reason why international trade makes different influences on the location of different industries is that different industries have their characteristics from the perspective of industry itself and have different positions and roles in the view of international trade. In the case of the three industries, the primary industry passively adapts its location to international trade more or less, and there is a little effect of international trade on the location of the primary industry. This is mainly because the development of the primary industry depends more on natural conditions and its room to survive and develop has been occupied by the manufacturing sectors whose products can have higher profitability than the primary products, which make each country pay more attention to the development of manufacturing and profit through international trade. Reversely, the secondary industry actively adapts its location to international trade to further reduce the costs of transport and information search which highlights its comparative advantages. Meanwhile, the impact of international trade on location of the secondary industry is more significant. The location of the tertiary industry changes conditionally according to the international trade. This is because the tertiary industry has a strong sense of service and has many products untradeable. It will be consistent with the rational principles when location of the tertiary industry is changed only after locations of the primary and secondary industries have been changed significantly by international trade. Otherwise, a better choice is to pay more attention to the real situations in the own land and to bring its service function into play when locations of industries take place.

International trade has different influences on industrial location in different regions, such as the coastal and inland areas, and the areas of high-trade dependency and low-trade dependency. In contrast, international trade has a more significant impact on the coastal area and the area with high-trade dependency. In this book, by contrast with the inland area, the coastal area not only has lower transport cost that strengthens its advantages in the economic development but also has a advantage in the cost of information search which the inland area cannot have, therefore international trade has a more significant impact on industrial location of the coastal area. Compared with the area with low-trade dependency, international trade has a high weight in the total economic volume of the area with high-trade dependency and has a more obvious impact on the industrial location.

The study shows that, as an open economy, to optimization of industrial location in a country or a region should take full consideration of the impacts of international trade. To take full advantage of international trade to optimize industrial location of a country or a region has, some efforts should be made in the policy constitution and implementation. The implementation of industrial location policy should pay close attention to the global economic development, give full consideration of the position in the international division of labor that a country has and its development level, pay attention to the use of the economies of scale, strengthen environment protection and finally seek a reasonable industrial location. Furthermore, the domestic and international markets and resources should be made full use of with the domestic economic structure adjusted and industrial location optimized. And the increasing construction of infrastructure and the expedite flows of information channels along with more international exchanges help to reduce variety of distances and transaction costs the economic entities take.

目　錄

第一章　緒論 / 1

第一節　選題的意義 / 1
一、選題的理論意義 / 1
二、選題的現實意義 / 3

第二節　研究現狀 / 7
一、國外研究進展 / 7
二、國內研究現狀 / 11
三、簡要評論 / 13

第三節　研究方法、內容與本書結構 / 15
一、研究方法 / 15
二、研究內容 / 15
三、本書結構 / 16

第四節　創新之處 / 19

第二章　國際貿易與產業佈局的理論演進 / 20

第一節　古典國際貿易和產業佈局理論 / 20
一、古典國際貿易理論 / 20

二、古典區位理論 / 23

　第二節　新古典國際貿易和產業佈局理論 / 28

　　一、新古典國際貿易理論 / 28

　　二、新古典區位理論 / 30

　　三、新古典產業集聚理論 / 34

　第三節　當代國際貿易和產業佈局理論 / 35

　　一、當代國際貿易理論 / 35

　　二、當代區位理論 / 40

　　三、當代產業集聚理論 / 44

　第四節　國際貿易理論與產業佈局理論的關係 / 46

　本章小結 / 46

第三章　國際貿易影響產業佈局的理論分析 / 48

　第一節　國際貿易總量對產業佈局的影響 / 48

　　一、國際貿易的絕對量對產業佈局的影響 / 48

　　二、國際貿易的相對量對產業佈局的影響 / 50

　第二節　國際貿易結構對產業佈局的影響 / 50

　　一、國際貿易的產業結構對產業佈局的影響 / 51

　　二、國際貿易的地區結構對產業佈局的影響 / 52

　第三節　國際貿易方式對產業佈局的影響 / 54

　　一、產業間貿易對產業佈局的影響 / 54

　　二、產業內貿易對產業佈局的影響 / 55

　第四節　國際貿易內容對產業佈局的影響 / 56

　　一、國際商品貿易對產業佈局的影響 / 56

　　二、國際服務貿易對產業佈局的影響 / 57

三、國際技術貿易對產業佈局的影響／59

　　四、國際資本流動對產業佈局的影響／60

　第五節　國際貿易政策對產業佈局的影響／62

　　一、自由貿易政策對產業佈局的影響／63

　　二、保護貿易政策對產業佈局的影響／64

　本章小結／65

第四章　國際貿易對廠商選址的影響／67

　第一節　國際貿易對廠商選址決定因素的影響／67

　　一、封閉經濟中廠商選址的決定因素／68

　　二、國際貿易引起的廠商選址決定因素的變化／72

　第二節　國際貿易對單個廠商選址的影響／78

　　一、國際貿易影響單個廠商選址的原因與條件／79

　　二、兩個國家、兩個廠商的選址／80

　　三、多個國家、多個廠商的選址／82

　第三節　國際貿易對廠商群體選址的影響／83

　　一、博弈模型選擇與博弈方的得益／83

　　二、廠商群體的得益及行為選擇／84

　　三、廠商群體博弈的進化穩定策略／87

　附錄：進化博弈的複製動態相位圖／88

　本章小結／90

第五章　國際貿易對產業集聚和產業擴散的影響／92

　第一節　國際貿易對產業集聚和產業擴散誘發因素的影響／92

　　一、封閉經濟中產業集聚和產業擴散的誘發因素／92

二、國際貿易中產業集聚和產業擴散的新增誘發因素／94

第二節　國際貿易影響產業集聚和產業擴散的模型及案例分析／97

　　一、國際貿易影響產業集聚和產業擴散的模型分析／98

　　二、國際貿易影響產業集聚和產業擴散的案例分析／102

第三節　國際貿易對產業集聚的其他相關影響／104

　　一、國際貿易對產業集聚規模的影響／104

　　二、國際貿易對產業集聚中心選擇的影響／105

　　三、國際貿易對產業集聚國別轉移的影響／107

第四節　國際貿易對產業集聚和產業擴散生命週期的影響／108

　　一、產業集聚和產業擴散的生命週期／108

　　二、國際貿易對產業集聚和產業擴散生命週期的影響／110

本章小結／113

第六章　國際貿易對三次產業佈局的影響／114

第一節　國際貿易對產業佈局原則的影響／114

　　一、封閉經濟中的產業佈局原則／114

　　二、國際貿易對產業佈局原則的擴充／117

第二節　國際貿易對不同產業佈局的影響／119

　　一、國際貿易對第一產業佈局的影響／119

　　二、國際貿易對第二產業佈局的影響／123

　　三、國際貿易對第三產業佈局的影響／133

本章小結／135

第七章　中國國際貿易對產業佈局影響的實證研究／137

第一節　描述性的分析／137

一、改革開放以來中國國際貿易的變化／137

二、改革開放以來中國產業佈局的變化／141

三、國際貿易與三次產業的相關性及格蘭杰（Granger）因果檢驗／145

第二節 全國時間序列數據的 VAR 模型／146

一、數據來源及處理／146

二、數據平穩性檢驗／147

三、VAR 模型及相關檢驗／148

四、脈衝回應和方差分解／150

第三節 省際和區域面板分析／156

一、省際和區域面板計量模型／157

二、省際和區域面板計量迴歸結果及其解釋／158

本章小結／170

第八章 結論、政策含義及研究展望／171

第一節 主要結論／171

第二節 政策含義／172

第三節 研究展望／174

參考文獻／175

后記／189

第一章　緒論

第一節　選題的意義

如果從亞當·斯密的理論學說算起，那麼在經濟學理論的發展演變中，國際貿易和產業佈局問題都是十分古老的話題。亞當·斯密在《國民財富的性質和原因的研究》（簡稱《國富論》）一書中，率先提出著名的絕對優勢貿易理論，並且用很大的篇幅討論分工問題，而產業佈局的實質正是區域產業之間的分工。可見，在經濟學誕生之初，國際貿易和產業佈局問題就進入了主流經濟學家的視野。經濟學誕生200餘年來，關於產業佈局的決定因素主要形成了三種理論，即比較優勢貿易理論、經濟地理理論、城市與空間經濟理論。① 尤其值得注意的是，前兩種理論都強調了貿易因素對產業佈局的影響。現階段經濟全球化的加速發展更是使經濟學家關注國際貿易對產業佈局的影響。國際貿易具有的知識外溢效應、集聚經濟效應等對產業集聚具有重要的影響和推動作用，結合國際貿易研究產業集聚問題自然受到了國內外學者的青睞。

一、選題的理論意義

完整的經濟學理論理應是充分考慮時空因素的二維經濟學理論。一個顯而易見的事實是，經濟活動不僅有時間維度而且有空間維度，解釋現實並貼近現實的經濟學理論同樣要綜合考慮時間和空間問題。然而，長期以來，主流的新古典經濟學家更多地關注了經濟活動的時間維度，著重對經濟系統偏離均衡時進行靜態和動態分析，卻較少考慮經濟活動的空間維度。「理論經濟學很少涉

---

① PIERRE-PHILIPPE COMBES, HENRY G OVERMAN. The Spatial Distribution of Economic Activities in the European Union [A] //VERNON HENDERSON, JACQUES-FRANÇOIS THISSE. Handbook of Urban and Regional Economics. Vol. 4：2,845-2,909.

及空間關係和空間影響，相反時間要素的作用卻過大」。① 在主流的新古典經濟學家那裡，他們提出一種理論或創立一種學說時往往只考慮時間問題。甚至是在經濟學出現的早期，經濟學家對時間問題也沒有給予應有的重視，所有的經濟活動都是在瞬間完成。彼時的經濟學理論是一種完全沒有時間維度的質點經濟學理論，從考慮的維度來看是零維的經濟學理論。在這種理論看來，整個世界是勻質的，各種經濟活動都可以簡化為在同一個質點完成，地區差異完全被忽略。然而，「基於以下兩個主要原因，空間在經濟生活中顯得相當重要：一是生產廠商在一定程度上被限制在特定的地點並且很難流動；二是運輸成本和其他障礙阻止了商品的自由流動。」② 不難想見，僅考慮時間要素的一維經濟學理論，很難對時空二維的經濟活動給出令人信服的解釋。特別是在全球人口增加，經濟密度提高，空間資源稀缺性日益突出，人類提出並建設立體城市以充分利用空間要素的今天，更是要求經濟學理論要充分關注空間要素。因此，只考慮時間要素的經濟學理論並不完善，有必要發展時空二維的經濟學理論，在理論分析時充分考慮空間因素，以完善經濟學的理論分析框架。

就中觀的產業層面而言，產業經濟學理論的發展和完善同樣需要在進行理論分析時引入空間因素，研究產業佈局問題正是從空間要素出發，推動產業經濟學理論發展的最佳切入點之一。按照沃爾特·艾薩德（Walter Isard）的說法，「一個關於經濟和社會的完整的理論必須包含時間和空間維度」③，「現代一般均衡理論認為運輸成本是零，並且把所有的投入和產出看作可以完美的移動，因此，這一理論只能說是一般的區域和空間經濟理論的一個特例」④。從參與國際競爭的角度看，一國競爭優勢的獲得和經濟的發展必須培養具有競爭優勢的產業。產業的發展不僅需要有良好的自然條件和經濟社會條件，同樣需要有合理的空間佈局。唯有如此，各個地區才能揚長避短以充分發揮彼此的比較優勢，避免產業結構趨同和重複建設，在產業發展過程中形成互補，優化經

---

① 沃爾特·克里斯塔勒. 德國南部中心地原理 [M]. 常正文，王興中，譯. 北京：商務印書館，1998：13.
② 伯特爾·俄林. 區際貿易與國際貿易 [M]. 逯宇鐸，等，譯. 北京：華夏出版社，2008：1.
③ WALTER ISARD. Location and the Space Economy: A General Theory Relating to Industrial Location, Market Areas, Land Use, Trade, and Urban Structure [M]. New York: Technology Press of Massachusetts Institute of Technology and John Wiley & Sons, 1956: vii.
④ WALTER ISARD. Location and the Space Economy: A General Theory Relating to Industrial Location, Market Areas, Land Use, Trade, and Urban Structure [M]. New York: Technology Press of Massachusetts Institute of Technology and John Wiley & Sons, 1956: 53.

濟結構，提升一國或地區的整體經濟實力。雖然產業經濟學的相關理論已經討論了產業佈局問題，但與產業佈局的重要性比起來，經濟學家對該理論的研究顯然是不足的和滯后的，迫切需要根據現實需要進一步發展完善。

從國際貿易的角度出發，研究其對產業佈局的影響可以進一步完善產業佈局理論。眾所周知，早期經濟學家只有在探討地租理論時才考慮空間因素，在其他經濟學理論中，空間因素則基本上長期被忽視，國際貿易理論是為數不多的將空間因素作為一個實體概念進行研究的經濟學理論。限於太空利用的技術水平，人類尚不能開發利用其他星球或星系的資源，其活動範圍基本局限於地球。同時，世界並不平，各國不同的自然歷史條件直接決定了從一個更大的視角，把整個地球作為一個整體來考慮產業佈局問題是最為理想的狀況。然而，囿於國界和國家利益的限制，跨國佈局產業的可操作性較低，實際情況主要是在一國地域範圍內思考產業佈局問題，但在這樣做的同時又不得不考慮國際貿易因素。歷史一再昭示世人，封閉將會導致落后。在當今條件下，各國不僅有開放經濟的主觀願望，客觀條件也決定了各國都難以在封閉條件下很好地發展經濟，難以實現整個國家的自給自足，因此，各國都必須積極融入全球一體化，參與國際分工與合作。由於國際分工與合作而引發的國際貿易勢必對一國內部產業佈局產生實質性的影響，在國際貿易規模越來越大、外貿依存度越來越高的情況下更是如此。這一現實直接決定了欲研究一國的產業佈局問題，就必須充分考慮國際貿易這一因素，也只有如此，我們才能真正提出更加完整、更有說服力、更具解釋力的產業佈局理論。

二、選題的現實意義

經濟社會發展的現實決定了必須進一步擴充經濟學理論。從理論發展演變的角度看，在經濟學創立之初，完全不考慮時空因素的零維經濟學理論在當時的情況下是合宜的。隨著經濟學理論的發展，只考慮時間維度或空間維度的一維經濟學理論也是一個理論發展和完善的必經階段。在當今條件下，經濟社會發展面臨的客觀條件與經濟學創立之時相去甚遠，零維或者是一維的經濟學理論已經遠遠滯后於經濟現實。在亞當·斯密創立經濟學時，全球人口約有10

億人①,當時最發達的英國也只是處於工業化的初始階段,其人口約為773.9萬人②,全球很多國家尚處於農業文明時期,產業發展所需的自然資源、空間資源很容易得到滿足,產業佈局的重要性自然不是很突出。2011年全球人口為69.74億人,人口密度達到每平方千米53.2人③,英國的人口為6,264.1萬人④,是時全球人口的消費水平和工業化水平遠遠高於亞當·斯密生活的年代。儘管科技進步提高了資源利用效率,但是當今經濟發展所面臨的資源環境約束問題仍然極為突出,經濟發展所需的空間成為一種極其稀缺的資源。⑤ 同時,全球經濟活動呈非均匀分佈,半數生產活動集中在1.5%的陸地區域⑥,而在陸地區域中近80%的國內生產總值(GDP)產生在城市地區⑦,這將加劇對空間資源的競爭。人口在全球的非均匀分佈,未來人口仍會進一步增長等問題,也將進一步加劇人類對稀缺的空間資源的爭奪。不僅產業發展面臨著嚴重的自然資源約束問題,空間資源和空間佈局也成了一個國家和地區進一步發展的瓶頸,因此,產業佈局問題也隨之凸顯。

經濟全球化是未來世界各國經濟發展的必然趨勢,它的加速推進勢必對各國的產業佈局造成深遠影響。統計數據顯示,不論發展水平如何,各國的外貿依存度都比較高且增速較快。1990年全世界平均的外貿依存度為38.3%,其中,高收入國家的外貿依存度為38.1%,中等收入國家的外貿依存度為39.9%,低收入國家的外貿依存度為36.3%。⑧ 2000年全世界平均的外貿依存度為49.3%,其中,高收入國家的外貿依存度為48.2%,中等收入國家的外貿

---

① 1700年全世界人口只有603,490千人,1820年全世界人口為1,041,834千人。數據來源:安格斯·麥迪森. 世界經濟千年統計 [M]. 伍曉鷹, 施發啓, 譯. 北京: 北京大學出版社, 2009: 262-263.

② 1770年英國的人口為7,428千人,1780年英國的人口為7,953千人,此處假定10年中英國的人口保持勻速增長,具體的計算方法為7,248×(7,953/7,428)^(6/10) = 7,738.688千人。原始數據見: 阿爾弗雷德·馬歇爾. 經濟學原理 [M]. 廉運杰, 譯. 北京: 華夏出版社, 2005: 165.

③ 中華人民共和國國家統計局. 國際統計年鑒: 2013 [Z]. 北京: 中國統計出版社, 2013: 101.

④ 中華人民共和國國家統計局. 國際統計年鑒: 2013 [Z]. 北京: 中國統計出版社, 2013: 104.

⑤ 這一問題已經引起了各界的關注,世界銀行所發表的《2009年世界發展報告》,將其主題定為「重塑世界經濟地理」就是佐證。

⑥ 胡鞍鋼. 如何重塑中國經濟地理 [M] //世界銀行. 2009年世界發展報告. 胡光宇, 等, 譯. 北京: 清華大學出版社, 2009: I-III.

⑦ 英卓華. 構建新型城鎮化融資模式 [J]. 中國金融, 2014 (14): 9-11.

⑧ 中華人民共和國國家統計局. 國際統計年鑒: 2004 [Z]. 北京: 中國統計出版社, 2004: 296.

依存度為53.3%,低收入國家的外貿依存度為58%。① 2008年全世界平均的外貿依存度為53.6%,其中,高收入國家的外貿依存度為52.3%,中等收入國家的外貿依存度為56.2%,低收入國家的外貿依存度為71.6%。② 如表1-1所示,從國際貿易的角度看,全球七大洲代表性國家的外貿依存度都處於較高的水平,各國經濟發展的全球化趨勢日益明顯,國際貿易對一國經濟發展的影響日益顯著,國際分工不斷向著縱深方向發展,產業佈局也難以在全球化的大背景下保持封閉狀態。隨著經濟全球化的加速發展,全球各國所面臨的國際競爭也將更加激烈,充分利用極度稀缺的空間資源進一步優化產業佈局,以增強本國的競爭力將成為各國不得不面對的現實問題。在此背景下,世界各國都需要相關的理論研究為政策制定提供理論基礎。

表1-1　　　　1990—2011年世界部分國家的外貿依存度　　　　單位:%

區域/國家	年份	1990	1995	2000	2005	2006	2007	2008	2009	2010	2011
北美洲	美國	20.5	23.4	26.3	26.8ª	22.4ᶜ	23.0ᶜ	24.3	19.1	22.5	25.0
	加拿大	52.0	72.3	86.4	71.6ª	59.52ᶜ	60.9ᶜ	58.3	48.3	50.1	52.7
大洋洲	澳大利亞	33.5	39.9	45.9	39.5ª	42.1ᵈ	37.3ᶜ	36.8	34.7	36.4	37.3
非洲	埃及	52.8	49.9	38.1	62.9ᵇ	61.5ᵈ	70.5ᶜ	45.8	36.0	36.2	39.0
南美洲	巴西	15.2	17.2	22.8	26.6ᵇ	26.4ᵈ	23.6ᶜ	23.0	17.7	18.4	19.9
歐洲	德國	49.4	47.4	66.4	75.3ᵇ	84.7ᵈ	72.4ᶜ	72.6	62.0	70.4	75.7
	俄羅斯	36.1	55.2	68.1	56.6ᵇ	54.9ᵈ	52.2ᶜ	46.0	40.5	43.6	45.5
	法國	44.0	44.4	56.2	53.2ᵇ	55.2ᵈ	45.5	47.1	39.9	44.5	47.2
	英國	50.6	57.2	58.2	56.1ᵇ	61.6ᵈ	38.6ᶜ	41.3	38.3	42.9	45.4
亞洲	日本	19.9	16.8	20.2	29.9ª	28.2ᶜ	30.5ᶜ	31.8	22.5	26.7	28.6
	新加坡	361.2	340.5	339.6	459.1ᵇ	462.5ᵈ	432.9ᵈ	394.5	293.1	310.8	323.4

數據來源:1990年、1995年、2000年的數據來自中經網統計數據庫(http://db.cei.gov.

---

① 中華人民共和國國家統計局.國際統計年鑒:2009 [Z].北京:中國統計出版社,2009:315.

② 世界銀行.2010年世界發展報告 [M].胡光宇,等,譯.北京:清華大學出版社,2010:375-377.

cn/)。2008—2011年的數據來自：中華人民共和國國家統計局.國際統計年鑒：2013［Z］.北京：中國統計出版社，2013：25-32、314.其他數據來自：a.世界銀行.07世界發展指標［M］.王輝，等，譯.北京：中國財政經濟出版社，2008：316-318.b.中華人民共和國國家統計局.國際統計年鑒：2008［Z］.北京：中國統計出版社，2008：316-317.c.世界銀行.2008年世界發展報告［M］.胡光宇，等，譯.北京：清華大學出版社，2008：342-345.d.中華人民共和國國家統計局.國際統計年鑒：2009［Z］.北京：中國統計出版社，2009：315.e.世界銀行.2009年世界發展報告［M］.胡光宇，等，譯.北京：清華大學出版社，2009：356-359.

　　中國經濟發展的現實迫切需要在充分考慮對外開放的前提下，實現產業佈局的優化。由圖1-1可知，改革開放以來，中國經濟開始逐步融入全球經濟，經濟發展的外向度越來越高，外貿依存度由1978年的9.74%迅速提升至2013年的45.39%[①]，2006年中國的外貿依存度曾一度高達66.52%，全球經濟發展的整體態勢對中國的影響也越來越大。從中國國際貿易在全球的地位看，1978年中國進出口貿易總額占全球進出口貿易總額的0.8%，位居世界第29位；2011年中國進出口貿易總額占全球進出口貿易總額的9.9%，位居世界第2位。[②] 各種統計數據一再表明，中國經濟的發展離不開世界。中國欲實現產業佈局的合理化，就必須充分考慮世界其他國家的經濟發展。然而，在中國經濟高速發展的同時，區域產業非均衡發展問題日漸突出，協調區域產業發展以促進社會和諧、保障民生的呼聲越來越高，也成為各級政府制定經濟發展規劃和宏觀調控政策時密切關注的焦點。黨的十八大明確指出：「推進經濟結構戰略性調整……必須以……優化產業結構、促進區域協調發展……為重點，著力解決制約經濟持續健康發展的重大結構性問題……合理佈局建設基礎設施和基礎產業……繼續實施區域發展總體戰略……科學規劃城市群規模和佈局，增強中小城市和小城鎮產業發展、公共服務、吸納就業、人口集聚功能。」黨的十八屆三中全會進一步指出：「促進重大經濟結構協調和生產力佈局優化……防範區域性、系統性風險……建立和完善跨區域城市發展協調機制。」產業發展不僅需要有充足的資本、勞動、資源、技術等要素，也需要有足夠的有效需求。儘管現階段中國保有巨額的城鄉居民儲蓄和外匯儲備，巨大的國內市場是任何國家都難以比擬的，但是作為一個發展中的大國，中國在推動產業發展時仍然需要國際資本和國際市場。因此，在促進產業佈局優化的過程中，中國仍然必須充分關注國際貿易因素。探討國際貿易對產業佈局的影響，可以為中國在經

---

　　① 中華人民共和國國家統計局.2013年國民經濟和社會發展統計公報［EB/OL］.［2014-02-24］.http：//www.stats.gov.cn/tjsj/zxfb/201402/t20140224_514970.html.
　　② 中華人民共和國國家統計局.國際統計年鑒：2013［Z］.北京：中國統計出版社，2013：3.

濟全球化條件下實現產業佈局的進一步合理化提供理論支撐。同時，國內外既有的理論和實證研究一再表明，合理的產業佈局特別是產業集聚可以有效促進經濟增長。[1] 這從另一個側面表明，研究產業佈局問題可以為中國經濟實現又好又快發展，提升綜合國力提供理論支持。

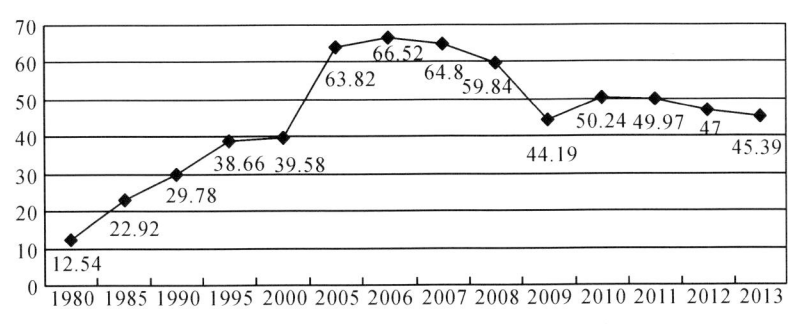

圖1-1　20世紀80年代以來中國的外貿依存度

數據來源：《中國統計年鑒》相關年份。

第二節　研究現狀

一、國外研究進展

長期以來，空間因素一直未能納入主流經濟學的一般均衡分析框架之中。自20世紀90年代初保羅·克魯格曼（Paul R. Krugman）等人創立新經濟地理學以來，經濟學界便逐步重視對國際貿易和產業佈局的研究。1991年保羅·克魯格曼接連發表兩篇經典論文「History and Industry Location: The Case of the

---

[1] 理論研究如：RICHARD E BALDWIN, RIKARD FORSLID. The Core-Periphery Model and Endogenous Growth: Stabilizing and Destabilizing Integration [J]. Economica, 2000, 67 (Aug.): 307-324. PHILIPPE MARTIN, GIANMARCO I P OTTAVINO. Growth and Agglomeration [J]. International Economic Review, 2001, 42 (4): 947-968. MASAHISA FUJITA, JACQUES-FRANÇOIS THISSE. Does Geographical Agglomeration Foster Economic Growth? And Who Gains and Loses From It? [J]. The Japanese Economic Review, 2003, 54 (2): 121-145. 實證研究如：ANTONIO CICCONE. Agglomeration Effects in Europe [J]. European Economic Review, 2002, 46 (2): 213-227. 羅勇，曹麗莉. 中國製造業集聚程度變動趨勢實證研究 [J]. 經濟研究, 2005 (8): 106-115. 範劍勇. 產業集聚與地區間勞動生產率差異 [J]. 經濟研究, 2006 (11): 72-81. 薄文廣. 外部性與產業增長——來自中國省級面板數據的研究 [J]. 中國工業經濟, 2007 (1): 37-44.

Manufacturing Belt」① 和「Increasing Returns and Economic Geography」②。他綜合了國際貿易理論和區域經濟理論，把規模經濟和區位問題、競爭、均衡等聯繫在一起，提出了自己的中心—外圍模型。該模型假定了兩個地區、兩種產品、兩種生產要素的產業區位理論分析框架。它的提出為學者研究國際貿易和國內產業佈局問題搭建了橋樑③，並且成為學者進一步研究的基礎框架一直影響至今。特別是進入 21 世紀以來，有關國際貿易和產業佈局的研究更是成了一個熱點。

（一）結合內生增長模型討論國際貿易與產業佈局的關係

里察·鮑德溫（Richard E. Baldwin）和理查德·福斯里德（Rikard Forslid）通過將戴維·羅默的內生增長模型引入保羅·克魯格曼的中心—外圍模型，考察長期經濟增長和產業區位的聯合內生性。他們秉持經濟一體化可以影響產業經濟活動的國際區位選擇這一理念，把貿易成本作為一個重要變量加以討論。最后得出結論認為，經濟增長有助於向中心地區集聚，知識外溢有助於向外圍地區擴散。在經濟一體化條件下，降低思想貿易（Trading Ideas）的成本將導致製造業向外圍地區擴散，降低產品貿易的成本將鼓勵製造業向中心地區集聚。④ 然而，伴隨著商品貿易成本的降低，思想貿易成本也在降低，所以集聚和擴散在同時發揮作用。

藤田昌久（Masahisa Fujita）和雅克·弗朗索瓦（Jacques-François Thisse）將格羅斯曼—赫爾曼—羅默（Grossman-Helpman-Romer）內生增長模型與保羅·克魯格曼的中心—外圍模型相結合，構建了一個兩地區的簡單經濟模型。他們將運輸成本設定為一個重要參數，討論傳統部門、現代部門、研發（R&D）部門的區位選擇問題。他們把傳統部門視為不變收益的完全競爭部門，其產品可以在中心和外圍地區無成本地運輸，並且消費者在傳統部門產品上的支出所占份額較大，所以傳統部門可以在中心和外圍地區同時生產。在此假定下研究得出結論認為，只要專利技術可以無成本地自由擴散，則 R&D 部門就會在中心地區集聚。如果現代部門產品的貿易運輸成本很高，則現代部門

---

① PAUL R KRUGMAN. History and Industry Location: The Case of the Manufacturing Belt [J]. The American Economic Review, 1991, 81 (2): 80-83.

② PAUL R KRUGMAN. Increasing Returns and Economic Geography [J]. The Journal of Political Economy, 1991, 99 (3): 483-499.

③ PAUL R KRUGMAN. The Increasing Returns Revolution in Trade and Geography [J]. The American Economic Review, 2009, 99 (3): 561-571.

④ RICHARD E BALDWIN, RIKARD FORSLID. The Core-Periphery Model and Endogenous Growth: Stabilizing and Destabilizing Integration [J]. Economica, 2000, 67 (Aug.): 307-324.

的產品通常會在中心和外圍地區同時生產。如果商品的貿易運輸成本降到足夠低的水平，則現代部門將在中心地區聚集。①

彭信坤（Shin-Kun Peng）、Jacques-François Thisse 和王平（Ping Wang）建立一個兩地區的一般均衡動態模型，並充分考慮了縱向一體化問題，把中間產品生產納入研究的範疇，運用新古典增長模型討論貿易和人口集聚的相互作用。他們假定生產最終產品的完全競爭廠商在兩個地區佈局，生產中間產品的壟斷競爭廠商只在一個地區佈局。不可流動的非熟練勞動力主要從事中間產品的貿易工作以生產最終產品，可流動的熟練勞動力則利用不可流動的資本設計並生產差異化的中間投入品。由於他們主要研究中間產品的貿易問題，所以進一步假定了最終產品和資本都是不可貿易的。最后得出結論認為，在經濟總量較大的地區，生產最終產品更有效率，資本累積較高，人口將在這一地區聚集。開放經濟條件下，如果貿易成本降低，由於國際貿易並不會提高熟練勞動力的福利水平，人口在經濟總量較大地區的聚集將會減少，而資本累積將有可能增高。②

（二）貿易成本在國際貿易影響產業佈局中的作用

Richard E. Baldwin、菲利普·馬丁（Philippe Martin）和奧塔維亞（Gianmarco I. P. Ottaviano）將國際貿易與產業佈局問題細化為四個階段，研究產業佈局隨貿易成本的變化而發生的變化。第一階段，貿易成本很高，製造業分散在全球各地；第二階段，貿易成本處中等水平，北方地區迅速工業化，南方地區衰落並逐步處於邊緣地位；第三階段，貿易成本較低，高速經濟增長和收入差距擴大持續存在；第四階段，思想貿易成本下降，製造業向南半球集聚。③

Rikard Forslid、簡·哈蘭（Jan I. Haaland）和卡倫·海琳（Karen Helene Midelfart Knarvik）運用一般均衡模型，模擬了經濟一體化對製造業區位分佈的影響。他們研究發現，不同製造業行業的情況存在很大差異。在規模彈性較高的冶金、化學、運輸器械等行業，貿易自由化和產業集中並不是單調的線性關係，貿易成本居中時產業集中程度最高。比較優勢推動了規模彈性不高的產業

---

① MASAHISA FUJITA, JACQUES-FRANÇOIS THISSE. Does Geographical Agglomeration Foster Economic Growth? And Who Gains and Loses From It? [J]. The Japanese Economic Review, 2003, 54 (2): 121-145.

② SHIN-KUN PENG, JACQUES-FRANÇOIS THISSE, PING WANG. Economic Integration and Agglomeration in a Middle Product Economy [J]. Journal of Economic Theory, 2006, 131 (1): 1-25.

③ RICHARD E BALDWIN, PHILIPPE MARTIN, GIANMARCO I P OTTAVIANO. Global Income Divergence, Trade and Industrialization: The Geography of Growth Take-offs [J]. Journal of Economic Growth, 2001, 6 (1): 5-37.

的集中，並且產業集中程度隨著貿易成本的下降而逐漸提高。整體來看，產業集中程度與貿易成本之間呈現倒「U」型關係。①

弘山本（Kazuhiro Yamamoto）把現代部門細分為研發部門、中間產品生產部門和製成品生產部門進行研究。三個部門的關係是，研發部門的研發行為需要製成品部門的產品做投入，製成品部門的生產活動需要中間產品生產部門的產品，研發部門與中間產品生產部門存在間接聯繫。他假定中間產品生產部門壟斷競爭，製成品部門完全競爭，其產品貿易都有運輸成本。這種修改產生了豐富的結果，其研究認為，經濟存在兩種穩定狀態：當運輸成本足夠低時，存在製成品的國際貿易，中間產品生產部門的廠商完全集聚於一個國家，中間產品生產部門擴張速度最大化；當運輸成本足夠高時，不存在製成品的國際貿易，兩個國家都生產製成品，中間產品生產部門的廠商不完全集聚，中間產品生產部門的擴張停滯。特別地，當中間產品的運輸成本特別高時，經濟增長將停滯。如果兩類穩定狀態同時出現，則可以觀察到多重均衡。②

Richard E. Baldwin 和 Philippe Martin 研究得出一個與此類似的結論。他們以技術外溢為前提，將物質資本生產部門引入 Grossman-Helpman 的模型框架中，以物資資本作為生產新產品的必要投入為前提，運用一般均衡分析方法，討論廠商生產的空間分佈規律。結果表明，當貿易成本較高且無資本流動的情況下，不論地區初始資本情況如何，產業將在南北兩個地區對稱佈局。當貿易成本逐步下降並低於某一臨界值時，如果無資本流動，產業將向一個地區集聚；如果資本自由流動，只要資本沒有全部集中在北方，產業將在地區之間呈現非對稱佈局，資本相對充裕的北方地區將吸引更多的產業。③

克里斯蒂安·貝倫斯（Kristian Behrens）等人研究了國際貿易成本下降和國內運輸成本下降對一國經濟地理的影響。他們同樣假定是兩個國家，但每個國家都由兩個地區組成，國家和地區的差異通過運輸成本和要素流動來區分，產品可以在國家和地區間流動，地區間貿易受運輸成本的影響，國家間貿易受貿易成本的影響。同時，他們也依據保羅·克魯格曼的分析框架，假定每個地

---

① RIKARD FORSLID, JAN I HAALAND, KAREN HELENE MIDELFART KNARVIK. A U-shaped Europe? A Simulation Study of Industrial Location [J]. Journal of International Economics, 2002, 57 (2): 273-297.

② KAZUHIRO YAMAMOTO. Agglomeration and Growth with Innovation in the Intermediate Goods Sector [J]. Regional Science and Urban Economics, 2003, 33 (3): 335-360.

③ RICHARD E BALDWIN, PHILIPPE MARTIN. Agglomeration and Regional Growth [A] // VERNON HENDERSON, JACQUES-FRANÇOIS THISSE. Handbook of Urban and Regional Economics. Vol. 4: 2,671-2,711.

區都可以生產兩種產品，不能在國家和地區間流動的非熟練勞動力由競爭性的部門雇用，可以在地區間流動卻不能在國家間流動的熟練勞動力由壟斷性部門雇用。其研究結論認為，當貿易成本足夠高而國內運輸成本很低時，可以促進地區的集聚；當運輸成本很高時，降低貿易成本將會促進地區經濟的擴散。①

法比安·坎多（Fabien Candau）採用了與其他學者雷同的研究思路，論證了貿易自由化將導致產業集聚。貿易自由化水平決定產業集聚水平，隨著貿易自由化水平的變化，產業集聚在兩個或者三個地區也是穩定的均衡。②

彼埃爾·皮卡（Pierre M. Picard）和隆敏田淵（Takatoshi Tabuchi）研究運輸成本對空間均衡結構的影響，其設想一個跑道經濟模型（Racetrack Economic Model），廠商和工人可以在連續的空間或者離散的點上自由定位。研究結果表明，如果將運輸成本納入函數，則運輸成本函數形狀是空間佈局均衡的決定性影響因素，廠商和工人集聚在少數城市是更穩定的狀態，這也是經濟相互作用的自然結果，而均勻分佈是非均衡狀態。③

二、國內研究現狀

與國外的研究相比，國內對國際貿易如何影響產業佈局這一問題的研究起步較晚且成果相對較少，即使是罕見的研究也多以實證分析為主。產業集聚進入學者的視野之后所激起的研究熱潮，直接導致學者在研究國際貿易和產業佈局問題時，把重點放在了國際貿易對產業集聚的影響。

葛穎（Ge Ying）借鑑 K. H. Midelfart-Knarvik 等人④的計量經濟學模型，對中國區域發展不平衡、產業集聚和國際貿易的關係進行了實證研究。其研究得出結論認為，20 世紀 90 年代，伴隨著中國逐步加大的區域專業化和製造業產業集聚，中國的區域發展不平衡也在加劇。在她看來，能夠有效地開展國際貿易和獲取外商直接投資（FDI）是促使中國製造業地區發展不平衡的重要因素之一。高度依賴國際貿易和 FDI 的產業更多地集聚在便於接近國外市場的地

---

① KRISTIAN BEHRENS, CARL GAIGNÉ, GIANMARCO I P OTTAVIANO, et al. Countries, Regions and Trade: On the Welfare Impacts of Economic Integration [J]. European Economic Review, 2007, 51 (5): 1,277-1,301.

② FABIEN CANDAU. Entrepreneurs' Location Choice and Public Policies: A Survey of the New Economic Geography [J]. Journal of Economic Surveys, 2008, 22 (5): 909-952.

③ PIERRE M PICARD, TAKATOSHI TABUCHI. Self-Organized Agglomerations and Transport Costs [J]. Economic Theory, 2010, 42 (3): 565-589.

④ K H MIDELFART-KNARVIK, H G OVERMAN, S J REDDING, et al. The Location of European Industry [Z]. Economic Papers 142, European Commission, 2000.

區，出口導向型的產業具有更高的集聚水平。①

梁琦假設了兩個垂直關聯的壟斷競爭部門，隸屬於每一個部門生產差異化產品的企業分佈在兩個地區，並且每個企業都向兩個地區提供產品。如此一來，如果貿易成本非常高，則企業為了滿足最終需求將在兩個地區分佈，分散均衡是唯一的結果。當貿易成本足夠低時，下游企業將根據上游企業的佈局而進行相應地佈局。同時，由於下游企業為上游企業提供了更大的市場，將增加上游企業的集聚力，因此，低的貿易成本將導致產業集聚。當貿易成本為零時，企業無論佈局在何處都是無關緊要的。中等貿易成本也不會對企業佈局產生影響，存在多重的均衡。②

黃玖立、李坤望明確指出，既有的有關中國產業佈局問題的研究，主要集中在國際貿易對產業佈局的作用。他們認為，改革開放以後，中國東部沿海地區憑藉良好的地理優勢，通過國際貿易的方式吸引工業向這些地區集聚。他們論證認為，為節省運輸成本，依賴國際貿易的產業傾向於佈局在沿海地區或者接近沿海地區。20世紀80年代，隨著國際貿易的擴大，中國傳統體制下的部分重要工業基地逐步向沿海地區靠攏，到了20世紀90年代，中國的製造業在沿海地區呈現整體集中的特徵。③

冼國明、文東偉運用中國1980年、1985年、1995年、2004年4個年份的省級面板數據，計算了地區專業化指標、產業方差系數以及行業的相對集中度和絕對集中度等指標，描述了中國各省級單位的專業化模式和製造業各行業地方化的歷史事實及變化趨勢。最后得出結論認為，FDI在中國的非均衡分佈是導致製造業空間分佈不均勻的重要原因。中國對外開放的基本國策，以及由此引發的大規模的國際貿易，進一步推動了製造業的集聚，特別是向具有良好基礎和比較優勢的東部沿海地區集聚。④

仇怡、吳建軍以1998—2007年31個省市區高技術產業的面板數據為基礎，實證分析中國高技術產業集聚與國際貿易的關係。其研究表明，高技術產業國際貿易增長與產業集聚程度間存在較強的正相關。高技術產業國際貿易集中的區域也是產業集聚程度較高的地區，高技術產業的國際貿易具有強化產業

---

① GE YING. Regional Inequality, Industry Agglomeration and Foreign Trade, The Case of China [Z]. Working Papers, University of International Business and Economics, China, 2003.
② 梁琦. 產業集聚論 [M]. 北京：商務印書館，2004：102-110.
③ 黃玖立，李坤望. 對外貿易、地方保護和中國的產業佈局 [J]. 經濟學（季刊），2006 (3)：733-760.
④ 冼國明，文東偉. FDI、地區專業化與產業集聚 [J]. 管理世界，2006 (12)：18-31.

集聚的效應，國際貿易促進了高技術產業的集聚。在產業集聚程度較高的地區，國際貿易帶來的技術外溢效應更容易發揮，進而推動當地技術水平提高。①

許德友、梁琦假設國內兩地區對稱（兩地區與國外市場的距離相同，產品運輸成本相同）和不對稱（兩地區與國外市場的距離不同，產品運輸成本不同）兩種情形。在兩地區對稱的情形下，國際貿易將打破原有均勻分佈的產業佈局，形成產業集中於一個地區的產業集聚模式，至於在哪個地區集聚則由偶然事件、歷史因素、政策決定。在兩地區不對稱的情形下，國際貿易使得具有地理優勢的地區獲得先發優勢，使得這些地區成為產業的集聚地，進而吸引勞動、資本、技術等要素在這些地區集聚，從而保障集聚優勢一直持續存在。②

三、簡要評論

從前面的綜述可以發現，在研究國際貿易對產業佈局的影響這一問題時，國外和國內的研究重點有所不同。國外學者更注重理論的創新，而國內學者更注重實證的檢驗。即使是少有的中國學者進行理論方面的研究，大多是介紹、引進、借鑑國外的理論成果，或者是對國外的理論研究進行優化完善，真正算得上是理論創新的較少。國外的研究普遍以迪克西特—斯蒂格利茨—克魯格曼（Dixit-Stiglitz-Krugman）的壟斷競爭模型為基礎，通過改變部分假設條件得出有意義的結論，這是值得提倡的。既有的研究主要呈現以下特徵：

第一，嚴格的假設條件限制了理論模型的普適性和解釋力。以保羅·克魯格曼為代表的新經濟地理學家在研究國際貿易與產業佈局問題時，更多關注國際貿易成本下降對產業集聚的影響。然而，國際貿易對一個國家或地區產業佈局的影響並不僅僅局限於貿易成本的高低，國際貿易的總量、國際貿易的結構、國際貿易的方式、國際貿易的內容、國際貿易政策等都會對產業佈局產生不同的影響。不過，嚴格的假定條件直接決定了把上述國際貿易諸方面引入同一個模型，分析其對產業佈局的影響顯得不太現實。

第二，既有研究的假定條件忽視了外部性對經濟活動的影響。經濟活動普遍具有外部性，並通過外部性影響其他經濟主體。產業集聚之所以能夠存在並

---

① 仇怡，吳建軍. 國際貿易、產業集聚與技術進步——基於中國高技術產業的實證研究[J]. 科學學研究，2010（9）：1,347-1,353.
② 許德友，梁琦. 貿易成本與國內產業地理[J]. 經濟學（季刊），2012（3）：1,113-1,136.

得到長足發展，其重要原因之一是因為集聚的外部性。既有的研究在討論國際貿易和產業佈局問題時，往往假定只涉及兩個國家或地區，儘管不同研究的假定有所差別，比如假定產品生產階段不同、生產部門類型不同等，但終究沒有逃出這一框架。這一假定意味著，兩個國家或者兩個地區所展開的國際貿易不會影響第三方。換句話說，對其他國家和地區而言，模型所研究的兩國間開展的國際貿易活動對產業佈局的影響並沒有外部性。這一點顯然是不合乎現實的，也有悖於傳統的經濟理論。

第三，既有的研究普遍把製造業作為主要研究對象也有其局限性。從阿爾弗雷德·韋伯開始，學者在研究產業佈局問題時，都注重對以製造業為代表的工業的研究。這一現象出現，部分是由於製造業本身的特徵所決定，部分是由於研究方法的滯后，但無論如何製造業並不能涵蓋所有的經濟部門，過分地注重以其為研究對象會有局限性。產業間存在的關聯性決定了各個產業的發展都離不開相關產業的支持，製造業亦是如此。約翰·馮·杜能在研究農業的區位問題時，假定中心區是城市，農業以城市為中心進行相應佈局，已經充分展示了不同產業的佈局之間具有相關性。製造業佈局的變化也相應地對其他產業的佈局產生影響，國際貿易在影響製造業產業佈局的同時，同樣會對其他產業佈局產生影響，所以在研究這一問題時，把研究對象定位於製造業的局限性將隨著國際貿易的不斷擴大而愈發突出。

第四，既有的研究多從產業層面展開，把產業佈局作為既定事實，直接討論中觀層面的產業佈局問題，而沒有詳細分析導致產業佈局變化的微觀基礎，至於產業佈局何以成為這一格局儼然成了一個黑箱。此外，產業佈局變化是由眾多的小規模經濟主體行為選擇的結果，並最終在某些地方形成了規模收益遞增的局面。[1] 經濟學理論中微觀分析相對更加成熟，只有從微觀角度出發，才能對產業佈局變化給出中肯的解釋，微觀基礎的缺乏也是現有國際貿易和產業佈局的研究成果中一個值得改進的地方。

第五，既有的研究結論與現實有一定的差異。從國外的研究來看，在國際貿易成本較高、要素流動受到限制的情況下，工業的佈局往往是集中在發達國家和地區，這是諸多研究一致的結論。然而，這一結論的可靠性值得推敲。就現實情況來看，新產品、新技術一般集中在發達國家，但工業並不能完全集聚在發達國家，甚至是在發達國家大規模集聚都是不可能的。其理由在於，工業

---

[1] GILLES DURANTON, DIEGO PUGA. Micro-foundations of Urban Agglomeration Economies [A] //VERNON HENDERSON, JACQUES-FRANÇOIS THISSE. Handbook of Urban and Regional Economics. Vol. 4: 2,063-2,117.

是一國經濟發展的支柱產業，對一國經濟發展和保持經濟獨立性有著重要的作用，即使是發展工業的條件較差，各國仍然會大力發展工業。另外，工業所包括的行業門類眾多，發達國家和發展中國家在不同的行業比較優勢不同，他們可以依據自身的比較優勢發展工業。由此一來，工業集中在發達國家的情況是不合乎現實的。這一結論與工業越來越多地向勞動力成本低的國家轉移的事實也不一致。同時，國際貿易不僅影響產業在不同國家的佈局，而且影響一國內部的產業佈局，而后者也在很大程度上被既有的研究所忽視。

第三節　研究方法、內容與本書結構

一、研究方法

本書按照從微觀到中觀，從一般到具體，從理論到實證的研究思路，將定性分析和定量分析相結合，以產業經濟學理論為基礎，結合國際貿易、國際金融、區域經濟學、經濟地理、空間經濟學、信息經濟學、演化經濟學、微觀經濟學等學科的理論知識，運用博弈論、統計學、計量經濟學等學科的方法論，從全球的視角並結合中國的實際探討國際貿易對產業佈局的影響。

本書在對理論基礎部分進行闡述時，重點回顧了國際貿易理論、區位理論、區域經濟學、產業集聚理論、空間經濟學的理論。本書在討論國際貿易對產業佈局的影響機制時，重點運用了微觀經濟學的理論，其突出表現是以企業的微觀選址為基礎，從供給、需求和制度三個方面展開分析，強調信息不對稱和運輸成本，強調成本收益分析在廠商選址決策中的作用，實為典型的微觀經濟學分析方法。同時，本書運用進化博弈模型，分析廠商群體選址因為國際貿易而發生的變化，較好地運用了博弈論這一分析工具。本書在分析國際貿易對不同產業佈局的影響時，主要運用了定性的分析方法。本書結合中國改革開放以來的情況進行實證研究時，以統計學、計量經濟學方法為主，主要運用了定量分析方法。

二、研究內容

本書的主要研究內容是國際貿易對產業佈局的影響，書中全面分析了國際貿易的規模、國際貿易的結構、國際貿易的內容、國際貿易的方式、國際貿易政策等對產業佈局的影響。本書所研究的國際貿易對產業佈局的影響，不僅僅局限於國際貿易對產業在不同國家佈局的影響，而且分析國際貿易對一國內部不同地區產業佈局的影響。在此，作者也承認以下事實，國際貿易和產業佈局

是互動關係，不僅國際貿易影響產業佈局，產業佈局對國際貿易也有影響①。合理的產業佈局可以充分利用稀缺的空間資源以促進經濟增長，改變國際貿易的總額和方向。然而，本書暫不打算把產業佈局對國際貿易的影響納入進來進行研究。

本書的研究視角並不僅僅局限於中國，而是在充分關注中國的基礎上，從全球的視野研究國際貿易對產業佈局的影響。這樣做的根據在於，評價一種理論學說好壞的一個重要標準就是其普適性高低，作為理論研究應充分注意其廣泛的解釋力，這決定了學者必須站在全球的視角開展研究。同時，中國的經濟發展迫切需要有相關的理論進行解釋，中國的經濟社會現實也為經濟學理論的發展完善提供了優越的條件。諾貝爾經濟學獎得主米爾頓·弗里德曼甚至不惜斷言，誰能成功地解釋中國經濟改革和發展，誰就能夠獲得諾貝爾經濟學獎②。中國的經濟社會發展已經為國內外學者所關注，因而學者必須充分考慮中國的現實問題。這一研究視角具體體現在，本書專門開闢章節利用中國改革開放以來的數據進行實證分析，而在相關理論分析和實證材料方面則兼具國內外的理論研究和事實。

三、本書結構

圍繞國際貿易對產業佈局的影響這一研究主題，全書可以分為4個部分，分別是緒論部分、理論部分、實證部分和結論部分，其中理論部分和實證部分是本書的主體部分，具體每個部分包括的章節內容見圖1-2。每個章節研究的主要內容如下：

第一章為緒論。本章重點闡述了選題的理論意義和現實意義，國內外對於國際貿易和產業佈局研究的現狀，並進行簡要的評論。本章簡要介紹了全書的結構、研究方法及主要研究內容。

第二章為國際貿易與產業佈局的理論演進。本章系統地回顧了經典的國際貿易理論、區位理論和產業集聚理論，國際貿易理論和區位理論各自分為古典理論、新古典理論和當代理論三個階段分別進行回顧，產業集聚理論分新古典產業集聚理論和當代產業集聚理論兩個階段進行回顧。本章最後論述了國際貿易理論與產業佈局理論的內在關係。

---

① 邁克·斯多波. 全球化、本地化與貿易 [A] //GORDON L CLARK, MARYANN P FELDMAN, MERIC S GERTLER. 牛津經濟地理學手冊. 劉衛東，等，譯. 北京：商務印書館，2005：147-165.

② 林毅夫，胡書東. 中國經濟學百年回顧 [J]. 經濟學（季刊），2001（1）：3-18.

第三章為國際貿易影響產業佈局的理論分析。本章較為全面地分析國際貿易的總量、結構、方式、內容以及國際貿易政策等對產業佈局產生的各種影響。本章把國際貿易總量分為絕對量和相對量，把國際貿易結構分為產業結構和地區結構，把國際貿易方式分為產業內貿易和產業間貿易，把國際貿易內容分為國際商品貿易、國際服務貿易、國際技術貿易、國際資本流動，把國際貿易政策分為自由貿易政策和保護貿易政策等，分別分析其對產業佈局的影響。

　　第四章為國際貿易對廠商選址的影響。本章首先從供給、需求和制度三個方面分析廠商選址的決定因素，並著重強調國際貿易對廠商選址決定因素的影響；其次分析國際貿易影響廠商選址的成因與條件，在此基礎上分析國際貿易對單個廠商選址的影響；最后運用進化博弈模型，分析國際貿易對廠商群體選址的影響。

　　第五章為國際貿易對產業集聚和產業擴散的影響。本章重點分析 4 個問題，第一，國際貿易對產業集聚和產業擴散誘發因素的影響，把信息不對稱作為國際貿易條件下產業佈局的新增誘發因素，指出從國際貿易的角度看產業佈局是傳遞信息的方式之一；第二，運用模型分析國際貿易對產業集聚和產業擴散的影響，並結合案例進行討論；第三，從國家間和國家內部不同地區間兩個層面，分析國際貿易對產業集聚區位選擇的影響；第四，分析國際貿易對產業集聚和產業擴散生命週期的影響，重點闡述了其加速或延緩產業集聚和產業擴散生命週期的機理。

　　第六章為國際貿易對三次產業佈局的影響。本章首先分析國際貿易對產業佈局原則的影響，提出國際貿易中產業佈局的主權和經濟安全原則、便於信息傳遞的原則。其次，本章分析國際貿易對三次產業佈局的影響，指出第一產業的佈局有被動適應國際貿易的傾向；第二產業可以結合國際貿易進行較為靈活的佈局，在分析國際貿易對第二產業佈局的影響時，專門分析國際貿易對一般製造業和高新技術產業佈局的影響；第三產業則充分發揮其服務功能，在國際貿易條件下有條件地發生佈局的變化。

　　第七章為中國改革開放以來國際貿易對產業佈局影響的實證分析。本章首先結合統計數據描述改革開放以來中國國際貿易和產業佈局的變化。其次，本章運用全國的時間序列數據，構建向量自迴歸（VAR）模型分析國際貿易與產業佈局的長期關係，並進行脈衝回應和方差分解。再次，本章運用中國內地除海南省、西藏自治區以外的 29 個省份 1985—2013 年的省際面板數據進行實證分析。此處先把 29 個省級單位作為一個整體進行實證分析，接下來分別把 29 個省級單位分為沿海地區和內陸地區、高貿易依存度地區和低貿易依存度地區進行實證分析。

第八章為結論、政策含義及研究展望。本章首先總結研究的結論,其次闡釋政策含義,最后展望了未來研究的努力方向。

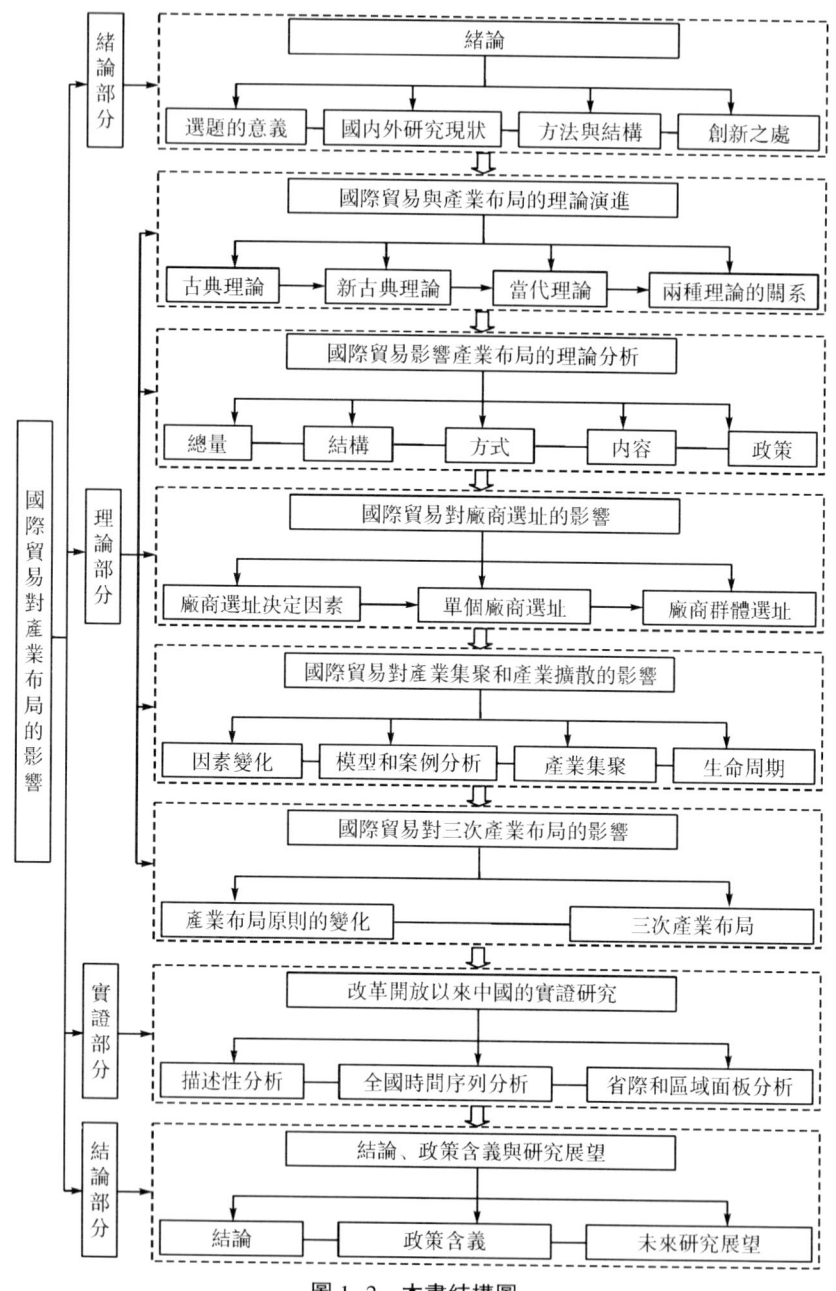

圖 1-2　本書結構圖

第四節　創新之處

本書可能的創新之處主要有以下幾點：

第一，本書把研究主題明確界定為國際貿易對產業佈局的影響。儘管國際貿易理論和產業佈局理論很早就進入學者的視野，且研究成果頗豐，但把國際貿易對產業佈局的影響作為研究主題的研究成果卻極為少見。本書全面分析國際貿易對廠商選址、產業集聚和產業擴散的影響，構建了國際貿易影響產業佈局的理論分析框架，為從宏觀角度研究國際貿易對產業佈局的影響提供了微觀理論基礎。

第二，本書從多個視角分析國際貿易對產業佈局的影響。本書不僅關注國際貿易中的成本因素，如運輸成本、信息搜尋成本等對產業佈局的影響，而且分析國際貿易總量、國際貿易結構、國際貿易方式、國際貿易內容、國際貿易政策等對產業佈局的影響。

第三，本書充分考慮信息不對稱在產業佈局中的作用。本書著重強調國際貿易中存在更多的信息不對稱，綜合運輸成本和信息搜尋成本，討論國際貿易對產業佈局的影響。與國內的交易活動相比，國際貿易中的制度距離、文化距離、經濟距離、空間距離更大，加劇了信息不對稱。因此，突出強調信息不對稱，既合乎現實，又有一定的新意。本書認為，從國際貿易的角度看，調整產業佈局的目的不僅是為了降低運輸成本，也是為了便於信息的傳遞。通過產業佈局的方式向國內外的各類經濟主體傳遞信息，以此降低經濟主體支付的信息搜尋成本。

第四，本書提出，在產業集聚的不同階段，促成產業集聚的主導因素不同。從國際貿易的角度看，產業向沿海地區集聚是運輸成本、信息搜尋成本與其他產業集聚影響因素共同作用的結果。就運輸成本和信息搜尋成本而言，兩者在產業集聚的不同階段所起的作用不同。在產業集聚的初級階段，沿海地區憑藉海運成本較低的優勢，在國際貿易中的優勢突出，導致了產業集聚。在產業集聚的高級階段，運輸成本的優勢仍然存在，但通過產業集聚而帶來的信息傳遞優勢開始發揮作用。沿海地區以產業集聚的方式向外界發送相關的信息，降低其他經濟主體對集聚區相關信息搜尋的難度，信息搜尋成本的優勢也開始逐步呈現，此時，運輸成本和信息搜尋成本共同起主導作用促進產業集聚。

第二章　國際貿易與產業佈局的理論演進

在經濟學正式產生前，先哲就做了國際貿易與產業佈局的理論研究，部分重商主義者對這一問題已經給出了較為深入透澈的論述。例如，安東尼奧·塞拉（Antonio Serra）作為義大利晚期重商主義者，在其1613年出版的《略論無貴金屬礦藏國家使金屬充足的原因》一書中提出，一個國家如果沒有天然金銀礦，就應該人為採取手段來獲得金銀。具體方法包括將農產品的剩餘部分換回金銀；發展手工業，生產供出口的生活資料、享樂品和奢侈品以換取金銀；將處於優越地理位置的地方闢為繁榮貿易的城市，如威尼斯就具備成為對外貿易城市的條件。[①] 他所提出的第三個方法清楚地揭示了國際貿易與產業佈局之間存在密切的聯繫。儘管如此，有鑒於學術界公認將亞當·斯密《國富論》的出版作為經濟學正式產生的標誌，本章嘗試著從古典理論開始對國際貿易與產業佈局[②]的相關理論做一回顧，從而為本書的研究提供理論基礎。

第一節　古典國際貿易和產業佈局理論

一、古典國際貿易理論

古典經濟學家主張自由貿易，他們當中的部分學者專門研究了分工和國際貿易問題，並且主張進行專業化生產，通過國際貿易來增進各國的福利水平。古典經濟學家的這些論斷，可以視為國際貿易和產業佈局最早的理論研究。在

[①] 楊培雷. 當代西方經濟學流派 [M]. 上海：上海財經大學出版社，2003：10-11.
[②] 本章在對理論演進進行梳理時，主要梳理了國際貿易理論、區位理論和產業集聚理論，基本不涉及產業轉移理論。這是由於本書的研究思路和方法更接近於空間經濟學，從事空間經濟學研究的學者在進行理論梳理時也鮮有涉及產業轉移理論的。

研究國際貿易問題時，古典經濟學家亞當·斯密、大衛·李嘉圖幾乎給出了同樣的假定，如兩個國家、兩種商品、一種生產要素，即所謂的「二、二、一」模型，並且他們假定要素不能跨國流動，不考慮規模報酬、技術進步和運輸成本等問題。

(一) 亞當·斯密的分工理論和絕對優勢貿易理論

英國古典經濟學的創始人亞當·斯密是最早同時研究國際貿易和產業佈局的經濟學家。亞當·斯密在1776年出版的《國富論》中討論了分工問題，並提出絕對優勢貿易理論。產業佈局的實質就是區域分工，基於這種考慮，作者認為亞當·斯密是綜合研究國際貿易和產業佈局的學者。

《國富論》開篇就討論了分工問題。「勞動生產力上最大的增進，以及運用勞動時所表現出的更大的熟練、技巧和判斷力，似乎都是分工的結果。」[①] 這就是亞當·斯密的經典論斷，分工促進效率提高的原因又是什麼呢？在亞當·斯密看來不外乎以下三個：「第一，勞動者的技巧因業專而日進；第二，由一種工作轉換到另一種工作，通常須損失不少時間，有了分工，就可以免除這種損失；第三，許多簡化勞動和縮減勞動的機械的發明，使一個人能夠做許多人的工作。」[②] 如果把亞當·斯密的分工理論推廣至區域產業分工領域，那麼亞當·斯密就當之無愧是最早研究產業佈局的經濟學家。

分工的結果是讓大家各自做最為擅長的事，「裁縫不想製作他自己的鞋子，而向鞋匠購買。鞋匠不想製作他自己的衣服，而雇裁縫製作」[③]。同時，亞當·斯密指出：「在每一個私人家庭的行為中是精明的事情，在一個大國的行為中就很少是荒唐的了」[④]。也就是說，適用於一國內部不同家庭的分工同樣適用於不同國家、不同地區。正是如此，亞當·斯密將其分工理論向開放經濟體系進行拓展，把勞動作為唯一的生產投入要素，以裁縫和鞋匠為例進行解釋，提出了絕對優勢貿易理論。他認為，「在某些特定商品的生產上，某一國佔有那麼大的自然優勢，以致全世界都認為，跟這種優勢作鬥爭是枉然的」[⑤]，

---

① 亞當·斯密. 國民財富的性質和原因的研究：上卷 [M]. 郭大力, 王亞南, 譯. 北京：商務印書館, 1972：5.
② 亞當·斯密. 國民財富的性質和原因的研究：上卷 [M]. 郭大力, 王亞南, 譯. 北京：商務印書館, 1972：8.
③ 亞當·斯密. 國民財富的性質和原因的研究：下卷 [M]. 郭大力, 王亞南, 譯. 北京：商務印書館, 1974：28.
④ 亞當·斯密. 國民財富的性質和原因的研究：下卷 [M]. 郭大力, 王亞南, 譯. 北京：商務印書館, 1974：28.
⑤ 亞當·斯密. 國民財富的性質和原因的研究：下卷 [M]. 郭大力, 王亞南, 譯. 北京：商務印書館, 1974：29.

如果一國「要是把勞動用來生產那些購買比自己製造還便宜的商品，那一定不是用的最為有利」①。因此，一國欲取得經濟的快速發展和財富累積的增加就必須開展對外貿易，各種「管制幾乎毫無例外地必定是無用的或有害的」②。

　　至於如何參與國際貿易，則「應當把他們的全部精力集中使用到比鄰人處於某種有利地位的方面」③。在國際分工中，如果一國能夠集中生產自己具有絕對優勢的產品，那麼就可以從貿易中獲益並取得財富累積的增加。在「看不見的手」指導下的國際貿易對一國是有利的，「不受限制而自然地、正常地進行的兩地之間的貿易，雖未必對兩地同樣有利，但必對兩地有利」④。他認為，各國、各地區區域分工的基礎是生產成本的絕對差別，一個國家若在生產某種產品上具有比其他國家高的勞動生產率，則該國就在生產該種產品上有絕對優勢，該國的居民就可以用自己有絕對優勢的產品與其他國家開展貿易，提高勞動生產率，增加彼此的福利。因此，亞當・斯密的絕對優勢貿易理論和分工理論不僅是國際貿易的理論基礎，而且是產業佈局的理論依據之一。

　　(二) 大衛・李嘉圖的比較優勢貿易理論

　　亞當・斯密的絕對優勢貿易理論在古典經濟學的集大成者大衛・李嘉圖那裡得到進一步發展。大衛・李嘉圖在1817年出版的《政治經濟學及賦稅原理》中，以英國、葡萄牙兩個國家關於毛呢與葡萄酒的貿易為例，提出著名的比較優勢貿易理論。同亞當・斯密一樣，大衛・李嘉圖認為國際貿易對各國都有利，原因在於「對外貿易由於可以增加用收入購買的物品的數量和種類，並且由於使商品豐富和價格低廉而為儲蓄和資本累積提供了刺激力」⑤，貿易雙方生產成本的差異是國際分工和貿易的前提。

　　大衛・李嘉圖的理論有別於亞當・斯密的理論。在亞當・斯密的理論中，鞋匠和裁縫分別在制鞋和做衣服方面有絕對的優勢，兩者可以明確分工。大衛・李嘉圖看到了亞當・斯密絕對優勢貿易理論存在的不足，認為儘管在國際貿易中有的國家可能在生產成本、勞動效率等方面都處於絕對的優勢或者絕對

---

① 亞當・斯密. 國民財富的性質和原因的研究：下卷 [M]. 郭大力，王亞南，譯. 北京：商務印書館，1974：28.
② 亞當・斯密. 國民財富的性質和原因的研究：下卷 [M]. 郭大力，王亞南，譯. 北京：商務印書館，1974：28.
③ 亞當・斯密. 國民財富的性質和原因的研究：下卷 [M]. 郭大力，王亞南，譯. 北京：商務印書館，1974：28.
④ 亞當・斯密. 國民財富的性質和原因的研究：下卷 [M]. 郭大力，王亞南，譯. 北京：商務印書館，1974：61.
⑤ 大衛・李嘉圖. 政治經濟學及賦稅原理 [M]. 郭大力，王亞南，譯. 北京：商務印書館，1962：112.

的劣勢地位，但是每一個國家都能夠通過權衡比較，在優勢中選擇最具有優勢的產品，在劣勢中選擇劣勢較低的產品進行生產並開展國際貿易。一國可能在所有產品的生產上都不具有絕對優勢，但一國只要依據其比較優勢參與國際分工和國際貿易，就可以提高貿易各國的福利水平。

正是依據其比較優勢貿易理論，大衛・李嘉圖提出了一些與產業佈局有關的經典論斷。他曾推論指出：「在商業完全自由的制度下，各國都必然把它的資本和勞動用在最有利於本國的用途上。這種個體利益的追求很好地和整體的幸福普遍結合在一起……正是這一原理，決定葡萄酒應在法國和葡萄牙釀制，穀物應在美國和波蘭種植，金屬製品及其他商品則應在英國製造。」[1] 由此可以看出，大衛・李嘉圖雖然沒有像亞當・斯密那樣專門討論分工問題，但是他根據其比較優勢貿易理論而推斷某些產品、某些產業應該在哪些國家佈局比較合理，揭示了區域分工合作的積極作用，提出了按照比較優勢進行互利發展的基本思路，已經涉及了國際分工問題。另外，大衛・李嘉圖的經濟理論是以分配理論為核心，而地租理論又是其分配理論的核心，他把地租產生的原因之一歸結為土地位置離市場的遠近不同，已經深入到經濟活動的空間佈局方面。[2] 正是如此，大衛・李嘉圖也是古典經濟學中研究國際貿易和產業佈局的著名學者之一，他的學說有力地推動了國際貿易和產業佈局理論的發展和完善。

二、古典區位理論

雖然產業佈局問題很早就為一些經濟學家如約翰・馮・杜能、阿爾弗雷德・韋伯所專門研究，但他們的理論都是以區位理論的面目面世，因此，作者對產業佈局理論的綜述也是從古典區位理論開始。亞當・斯密、大衛・李嘉圖等人在討論國際貿易問題時假設要素不能流動，商品卻可以自由流動，而約翰・馮・杜能則假設勞動力可以自由流動，商品的流動需要支付成本。[3] 也正是在這種意義上，貿易理論和區位理論存在相互的替代。在古典區位理論[4]中，最著名的是約翰・馮・杜能的農業區位論、阿爾弗雷德・韋伯的工業區位論。

---

[1] 大衛・李嘉圖. 政治經濟學及賦稅原理 [M]. 郭大力，王亞南，譯. 北京：商務印書館，1962：113.

[2] 中國人民大學區域經濟研究所. 產業佈局學原理 [M]. 北京：中國人民大學出版社，1997：22.

[3] PAUL A SAMUELSON. Thünen at Two Hundred [J]. Journal of Economic Literature, 1983, 21 (4)：1,468-1,488.

[4] 本書按照梁琦的提法劃分古典區位理論、新古典區位理論以及當代區位理論。詳見：梁琦. 空間經濟學：過去、現在與未來 [J]. 經濟學（季刊），2005（4）：1,067-1,086.

(一) 約翰·馮·杜能的農業區位理論

為解決德國當時的農業如何實現合理佈局這一問題，約翰·馮·杜能潛心經營特洛農莊逾十載，在掌握了詳細的一手資料的基礎上，於1826年出版了《孤立國同農業和國民經濟的關係》（簡稱《孤立國》）這部專著。在這部里程碑式的著作中，約翰·馮·杜能系統地探索了以利潤最大化為目標的農業經營方式和空間分佈問題，提出了農業佈局的區位理論，開創了產業佈局區位理論的先河。《孤立國》的出版標誌著產業佈局區位理論的正式誕生。約翰·馮·杜能認為，在農業佈局問題上，農作物的佈局不完全由自然條件決定，確定農業活動的最佳地點時必須著重考慮運輸費用問題，在這方面起決定作用的是級差地租。

約翰·馮·杜能借鑑吸收了古典經濟學的理論，採用抽象的研究方法討論農業區位理論。他假定，「有一個巨大的城市，座落在沃野平原的中央，那裡沒有可以通航的自然水流和人工運河。這一平原的土地肥力完全均等，各處都適宜於耕作。離城市最遠的平原四周，是未經開墾的荒野。那裡與外界完全隔絕，我把它稱作孤立國。這一平原除一個大城市外，沒有別的市鎮，亦即是，這個城市必須供應全境一切人工產品，而城市的食品則完全仰給於四周的土地。供應整個國家所需的金屬和食鹽的礦山和鹽場，假設就在中央城市的附近」①。在上述假定下，約翰·馮·杜能認為，接下來的問題是「田間耕作的情況將會怎樣，如果最徹底地經營農作，那末離城市的遠近將對農作產生什麼影響」②。換言之，如何圍繞中心城市佈局農業成了一個利潤最大化問題。而農業經營的利潤是農產品價格、農業生產成本和農產品運往市場的運費的函數，具體為：

農業經營的利潤＝農產品價格－（農業生產成本＋運輸費用）　　(2.1)

約翰·馮·杜能利用2.1式計算出各種農作物種植的合理分界線，並將孤立國劃分成6個圈境，以城市為中心，由裡向外依次為自由農作圈境、造林圈

---

① 約翰·馮·杜能.孤立國同農業和國民經濟的關係[M].吳衡康，譯.北京：商務印書館，1986：19.
② 約翰·馮·杜能.孤立國同農業和國民經濟的關係[M].吳衡康，譯.北京：商務印書館，1986：19.

境、輪栽作物制圈境、輪作休閒制圈境、三區農作制圈境、畜牧圈境。① 6個圈境為同心圓圈結構，各個圈境的界限相當分明，此即著名的杜能圈，如圖2-1所示。

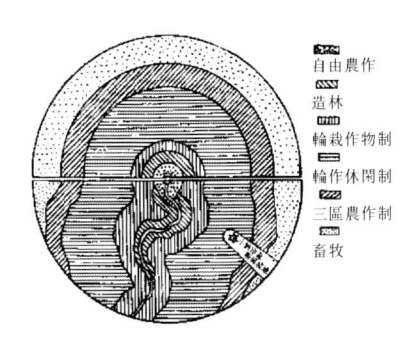

圖2-1 杜能圈

資料來源：約翰・馮・杜能. 孤立國同農業和國民經濟的關係[M]. 吳衡康，譯. 北京：商務印書館，1986：312.

同時，約翰・馮・杜能也提出，工廠的佈局要以「最有利於國計民生」為最高原則，不要把所有的工廠都集中在首都，要把大部分工廠建在原材料價格最低的地方，以最便宜的價格向消費者供給產品。他后來又放松了其假設，認為孤立國除了存在一個巨大的城市，還存在許多小城市，但是「全境各城市的大小及相互間距離必須最有利於國計民生」②。

(二) 阿爾弗雷德・韋伯的工業區位理論

阿爾弗雷德・韋伯在約翰・馮・杜能研究的基礎上進行創新，首次從運輸

---

① 這有點類似於中國古代的五服制。《禹貢》中記載五服制：「五百里甸服，五百里侯服，五百里綏服，五百里要服，五百里荒服。」在這樣一種國家模式下，以京城為中心，土地應該分為五等，每一等四方各五百里。根據距離京城的遠近，由近到遠依次是甸服（以農業為主的直接統治區）、侯服（諸侯統治區）、綏服（必須加以綏撫的地區）、要服（邊遠地區）、荒服（荒蠻地區）。詳見：葛劍雄. 統一與分裂：中國歷史的啟示[M]. 北京：商務印書館，2013：4.

② 約翰・馮・杜能. 孤立國同農業和國民經濟的關係[M]. 吳衡康，譯. 北京：商務印書館，1986：345.

費用的角度系統化、理論化地研究了工業區位理論①，把空間聯繫理論引入經濟理論中來，並在 1909 年出版的《工業區位論》一書中公之於眾。為了研究的順利進行，他首先進行了一系列的假設：「我們假設原料的地理基地是給定的……消費圈層的地理屬性暫時也看成是給定的現象……不涉及工業勞動力基地的流動。」② 在上述假定下，阿爾弗雷德·韋伯認為，影響工業區位的因素可以分為區域性因素和集聚因素，並且前者包括運輸成本和勞動力成本兩大類。

阿爾弗雷德·韋伯首先研究了運輸成本對工業佈局的影響。在工業被吸引到何處這一問題上，他認為，顯然，工業被吸引到那些具有最低運輸成本的地方，既要顧及消費地，又要顧及原料地。③ 運輸成本是由運載重量、運載距離、地方自然狀況、運輸的貨物具有的特殊屬性等因素決定的，「如果重量和距離是僅有的兩種決定因素，顯然運輸成本將引導工業到運輸成本最低的地方去」④。雖然阿爾弗雷德·韋伯接受了龍哈特的「區位三角形」概念，但他反對龍哈特將運輸貨物的絕對重量與運輸距離聯繫在一起進行考察。他認為絕對重量的影響固然重要，但原料重量與製成品重量之間的比例關係更為重要。為此，阿爾弗雷德·韋伯提出了廣布原料和地方原料、純原料和粗原料兩對概念，把所運物品的總重量稱為區位重，並構造了原料指數，即：

$$原料指數 = \frac{地方原料重量}{產品重量} \quad (2.2)$$

他根據 2.2 式提出運輸指向法則，如果原料指數大於 1 則區位傾向於選擇

---

① 這樣說的理由在於，在阿爾弗雷德·韋伯之前，身為建築工程師的龍哈特（W. Launhaldt）利用幾何學、微積分、物理學等知識研究區位指向問題。1882 年，他在德國《工程師協會期刊》上發表《確定工商業的合理區位》一文，首次提出了在資源供給和產品銷售約束下使運輸成本最小化的廠商最優定位問題，對其解決方法進行了嘗試性的研究，並提出了著名的「區位三角形」概念。1885 年龍哈特發表的《經濟學的數學基礎》一文奠定了他在經濟分析史上的地位。由於龍哈特的著作全部用德文寫成，沒有被譯成英文，而且他的第一身分是建築工程師和道路、鐵路和橋樑學教授而不是經濟學教授，所以他在微觀經濟學、運輸經濟學以及經濟數學分析方法方面的研究一直沒有得到經濟學界應有的承認（詳見：劉志高，尹貽梅. 經濟地理學與經濟學關係的歷史考察 [J]. 經濟地理，2006（3）：353-358）. 阿爾弗雷德·韋伯系統研究了這一問題，所以作者綜述了他的理論。
② 阿爾弗雷德·韋伯. 工業區位論 [M]. 李剛劍，陳志人，張英保，譯. 北京：商務印書館，1997：47-48.
③ 阿爾弗雷德·韋伯. 工業區位論 [M]. 李剛劍，陳志人，張英保，譯. 北京：商務印書館，1997：50-54.
④ 阿爾弗雷德·韋伯. 工業區位論 [M]. 李剛劍，陳志人，張英保，譯. 北京：商務印書館，1997：56.

原料地,反之傾向於選擇消費地。工業首先在運輸成本最低的地區形成區位單元。

同時,阿爾弗雷德·韋伯認為,與運輸成本一樣,勞動力成本也是影響工業佈局的重要因素,勞動力成本可以對運輸成本指向產生偏差,企業生產成本最低的地點同樣應該是勞動力成本最小的地點,勞動力成本的地方差異才是區域性區位因素。「在新地點勞動力成本可能產生的節約比為此追加的運輸成本大的情況下才能發生」[1] 工業轉移到勞動力區位的選址決策,從而引發工業區位的第一次變形。他提出用等費用線的概念來表達區位選擇結果,並且認為「各種勞動力區位無論配置在哪裡,一定存在著各自區位圖的等費用線」[2]。與運輸指向法則相同,他構造了勞動力成本指數,即:

$$勞動力成本指數 = \frac{產品的勞動力價格}{產品重量} \quad (2.3)$$

阿爾弗雷德·韋伯把勞動力成本與區位重之比定義為勞動力系數,工業會按照勞動力系數的大小相應地偏離運輸區位,這就是其勞動力指向原則。

另外,阿爾弗雷德·韋伯進一步認為,除了區域要素之外,「任何其他對工業的地方累積和分佈起作用的因素都包括在集聚力或分散力部分中」[3]。由集聚所誘發的規模經濟效益和外部經濟效益也會對工業最優區位產生影響,直接導致由運輸成本和勞動力成本所確定的工業區位,會在集聚和分散因素的作用下推動工業區位的第二次變形。集聚可以分為兩個階段,即僅通過企業自身擴大產生集聚優勢的初級階段,以及通過企業間相互聯繫的組織而地方集中化的高級階段。阿爾弗雷德·韋伯認為集聚並不是規模越大越好,「任何的集聚都能引起相反的傾向,即增加支出」[4],這將有可能刺激分散。他同樣認為,如果集聚或分散的利益相對較大,那麼企業將會根據收益最大化的目標進行集聚或分散,此即他的集聚法則。

作為最小成本區位理論的代表,阿爾弗雷德·韋伯的分析偏重於單個廠商的個體行為,缺乏對宏觀經濟問題的把握,他的目的在於尋找工業區位的純理

---

[1] 阿爾弗雷德·韋伯. 工業區位論 [M]. 李剛劍,陳志人,張英保,譯. 北京:商務印書館,1997:98.
[2] 阿爾弗雷德·韋伯. 工業區位論 [M]. 李剛劍,陳志人,張英保,譯. 北京:商務印書館,1997:99.
[3] 阿爾弗雷德·韋伯. 工業區位論 [M]. 李剛劍,陳志人,張英保,譯. 北京:商務印書館,1997:115.
[4] 阿爾弗雷德·韋伯. 工業區位論 [M]. 李剛劍,陳志人,張英保,譯. 北京:商務印書館,1997:121.

論。他所提出的運輸成本和勞動力成本決定區位的分析有些過於簡單化，並且運輸成本構成中忽視了對於交通樞紐的考慮，[1] 易於造成區位規律與現實脫節，勞動力無限供給的假設也嚴重地偏離實際[2]。另外，他的研究只討論生產過程本身，缺乏一般的經濟理論基礎，因而缺乏普遍的經濟意義。[3]

第二節　新古典國際貿易和產業佈局理論

一、新古典國際貿易理論

以亞當・斯密、大衛・李嘉圖為代表的古典經濟學家建立了古典貿易理論，推動了經濟學理論特別是貿易理論的發展。19世紀末20世紀初，隨著新古典經濟學的逐漸形成，在新古典經濟學的框架下重新分析國際貿易問題的新古典貿易理論也隨之出現，其中最著名的當推埃利・赫克歇爾和伯特爾・俄林的要素稟賦貿易理論。

瑞典經濟學家埃利・赫克歇爾在1919年發表了《國際貿易對收入分配的影響》一文，在這篇被保羅・薩繆爾森譽為「天才之作」[4] 的論文中，埃利・赫克歇爾為要素稟賦貿易理論的提出奠定了基礎。該文認為，「國際貿易產生的前提條件可以概括為，相互進行交易的國家間生產要素的相對稀缺程度和不同產品所用生產要素的不同比例」[5]，產生比較優勢的原因在於，生產要素稟賦的不同和生產中使用的要素比例不同。

埃利・赫克歇爾的這一思想為他的學生伯特爾・俄林所接受。1933年伯特爾・俄林出版了《區際貿易與國際貿易》一書，論證了因為要素稟賦差異

---

[1] Edgar M. Hoover 對這一問題有比較好的解釋。雖然 Edgar M. Hoover 與阿爾弗雷德・韋伯一樣十分重視運輸成本問題，但是前者對運輸成本的考慮更加細緻周到。Edgar M. Hoover 將運輸成本分為場站作業成本和線路運輸成本兩種，以此來討論區位佈局。詳見：EDGAR M HOOVER. Location of Economic Activity [M]. New York: McGraw-Hill, 1948.

[2] 阿爾弗雷德・韋伯. 工業區位論 [M]. 李剛劍，陳志人，張英保，譯. 北京：商務印書館，1997：13 [譯者前言].

[3] ANDREAS PREDÖHL. The Theory of Location in Its Relation to General Economics [J]. The Journal of Political Economy, 1928, 36 (3): 371-390.

[4] PAUL A SAMUELSON. Bertil Ohlin 1899-1979 [J]. The Scandinavian Journal of Economics, 1982, 83 (3): 355-371.

[5] ELI F HECKSCHER. The Effect of Foreign Trade on the Distribution of Income [A] //HARRY FLAM, M JUNE FLANDERS. Heckscher-Ohlin Trade Theory. Cambridge: Mass, MIT Press, 1919: 48.

而產生國際貿易，提出國際貿易源自於各國要素稟賦的差異，創立了完整的要素稟賦貿易理論，即 H-O 理論。伯特爾·俄林認為，「貿易的首要條件是商品在一個地區的生產比在其他地區生產更便宜，這種商品包含了許多比其他地區更便宜的要素」①，因此，兩個地區生產要素相對價格的差異是開展貿易的必要條件。生產要素不具備完全可分性是地區貿易產生的另一條件。生產要素的不完全可分，導致小規模生產不能獲得專業化生產的內部和外部規模經濟，因此，地區發揮其要素的相對優勢，追求規模經濟，最終引發地區間貿易關係的形成。他認為貿易的實質是地區間充裕要素與稀缺要素的交換，各國應該生產並出口那些較多使用其供給相對充裕的生產要素的產品，而進口那些本國生產需較多使用其供給相對不足的生產要素的產品。即「出口相對豐裕的要素，進口相對稀缺的要素」②。

伯特爾·俄林提出商品的自由流動可以部分替代生產要素的流動，要素的相對（絕對）價格將會因為貿易而趨於均等化。他在其著作裡明確提出，「貿易對價格和要素有著深遠的影響……國際貿易的趨勢是使生產要素的價格均等」③。這一提法為保羅·薩繆爾森所認同，他在 1948 年發表的一篇文論中首次證明了生產要素價格均等化定理，即赫克歇爾—俄林—薩繆爾森（H-O-S）定理。保羅·薩繆爾森的結論為，不論兩國生產要素的供求模式如何，自由貿易商品價格和生產要素價格相等，兩國的工人、資本、土地等都能獲得同樣的報酬。④

H-O 理論雖然沒有研究產業佈局問題，但是該理論所提出的貿易模式，國際貿易中各國應該生產並出口要素充裕的產品，進口要素稀缺的產品，為產業的國際分工提供了理論基礎。因此，H-O 理論仍然可以視為一種國際分工理論，並且該理論進一步補充完善了亞當·斯密、大衛·李嘉圖的區域分工理論。同時，伯特爾·俄林指出，運輸方便的地區能夠吸引大量的資本和勞動力，可以進行大規模的生產以獲取規模經濟效益，運輸不方便的地區則應生產便於運輸，對規模要求不高的產品並從中獲益，區域分工或者是產業佈局思想

---

① 伯特爾·俄林. 區際貿易與國際貿易 [M]. 逯宇鐸, 等, 譯. 北京: 華夏出版社, 2008: 17.
② 伯特爾·俄林. 區際貿易與國際貿易 [M]. 逯宇鐸, 等, 譯. 北京: 華夏出版社, 2008: 67.
③ 伯特爾·俄林. 區際貿易與國際貿易 [M]. 逯宇鐸, 等, 譯. 北京: 華夏出版社, 2008: 23-24.
④ PAUL A SAMUELSON. International Trade and the Equalisation of Factor Prices [J]. The Economic Journal, 1948, 58 (Jun.): 163-184.

貫穿其中。更為重要的是，伯特爾·俄林在《區際貿易與國際貿易》中論證的國際貿易理論，是把空間因素作為價格確定影響因素的一般區位理論。

二、新古典區位理論

在新古典區位論的演進過程中，地理區位學派的代表沃爾特·克里斯塔勒（Walter Christaller）的中心地理論，市場區位學派的代表奧古斯特·勒施（August Lösch）的理論最為著名。

（一）沃爾特·克里斯塔勒的中心地理論

沃爾特·克里斯塔勒通過對德國南部的城市、鄉村集鎮及其與四周的農村服務區之間空間結構特徵的觀察研究，於1933年出版了《德國南部中心地原理》一書，首次提出了中心地理論。他同樣假定所研究的地區為勻質的平原，資源和人口的購買力呈均勻分佈，交通條件也一致。

沃爾特·克里斯塔勒指出，「地球上沒有一個國家不是由規模不等的中心地網所覆蓋著。」[1] 一個地區的發展必須要有自己的中心地。所謂中心地是指一個區域的中心點，其基本功能是向區域內各點的居民和單位提供所需的商品和服務。中心地的服務半徑與其規模和等級成正比，與其數量成反比。中心地與周圍的地域相互聯繫相互依賴，中心地具有不同的規模和等級，排列具有一定的規律。各級中心地及其服務半徑處在一個完整的網絡系統中，形成大小不等的層層經濟地理單元六邊形結構。中心地的等級越高，服務半徑和提供的商品、服務的數量和種類就越多，反之亦成立。各級中心地位於經濟地理單元六邊形的中心或者邊的頂點上，如圖2-2所示。「中心地間距的地方偏差，是由於相鄰中心地中心商品價格的持久性差值造成的」[2]，兩個相鄰的同一級中心地之間的距離相等，級別越低的兩個中心地相鄰的距離越短。

同時，沃爾特·克里斯塔勒根據某一級中心地市場區面積與低一級中心地市場區面積的比值不同，提出了中心地系統空間的三個原則，即比值為3的市場原則、比值為4的交通原則以及比值為7的社會政治原則。「市場原則是中心地分佈基本的和主要的規律」，「在一個根據市場原則而建立的中心地體系中，全部長距離的交通線必然經過那些非常重要的中心地，為短距離交通而建立的次要的交通線，只有拐彎抹角——甚至常常以明顯的『之』字形路線，才能達到遠距離交通的中心地……按照交通原則，中心地將順序排列在從中心

---

[1] 張文忠. 經濟區位論 [M]. 北京：科學出版社，2000：252.
[2] 沃爾特·克里斯塔勒. 德國南部中心地原理 [M]. 常正文，王興中，譯. 北京：商務印書館，1998：317.

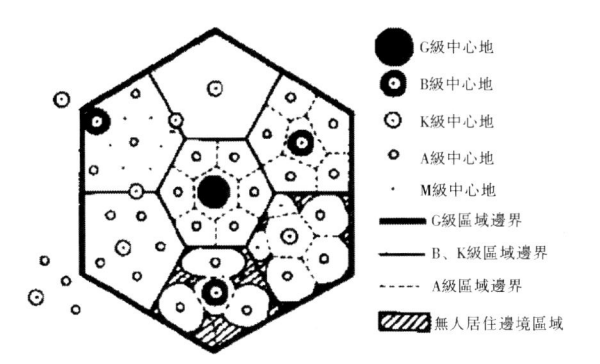

图 2-2　根據區劃原則建立的中心地

資料來源：沃爾特·克里斯塔勒. 德國南部中心地原理 [M]. 常正文, 王興中, 譯. 北京：商務印書館, 1998：99.

點輻射出的直線交通線路上……交通原則與市場原則的根本區別在於，前者是線性的，后者是平面的。因此，單純從形式上看，兩種原則是根本不一致的。還有一種性質完全不同的原則，即社會政治原則……這種典型的空間社區的中心是其首府」[1]。沃爾特·克里斯塔勒最后得出三角形聚落分佈、六邊形市場區域的空間組織結構的區位標準化理論，中心地位於六邊形的中央。

沃爾特·克里斯塔勒的經典著作《德國南部中心地原理》的主要貢獻不僅是所得出的空間模式和度量方法，更重要的是在對廣大人口稠密地區空間結構的諸多特徵的研究方面做出了系統嘗試。[2] 他不主張消滅地域差異，而應當正視地域差異並合理調節，以促進經濟發展。

(二) 奧古斯特·勒施的市場區位理論

沃爾特·克里斯塔勒的中心地理論引起了奧古斯特·勒施的關注，后者在1939年出版了《經濟空間秩序——經濟財貨與地理間的關係》一書，進一步證明了經濟地理六邊形結構。該書全面地反應了奧古斯特·勒施的市場區位理論，僅理論部分就包括區位論、經濟地域以及貿易論等領域。他一反區位理論的傳統，認為產業的市場區位選擇並不是如約翰·馮·杜能、阿爾弗雷德·韋伯強調的那樣，要遵循最低運費或者最低生產成本原則，而是要以利潤最大化為原則。工業區位必須充分考慮市場因素，力求把企業佈局在利潤最大化的市

---

[1] 沃爾特·克里斯塔勒. 德國南部中心地原理 [M]. 常正文, 王興中, 譯. 北京：商務印書館, 1998：91-95、313.

[2] 沃爾特·克里斯塔勒. 德國南部中心地原理 [M]. 常正文, 王興中, 譯. 北京：商務印書館, 1998：3 [英譯本前言].

場區位上。

  為研究方便，奧古斯特·勒施同樣做出一系列假定，如勻質的平原，各個方向的運輸條件一致，包括勞動力在內的生產要素均勻分佈；所有人口具有相同的偏好、技術知識，並且只考慮經濟因素等。他在闡述其觀點時，首先對區位給出了自己的定義，「一個合適的區位必然是一個能夠保證事物會最妥善發展的區位」[1]。他認為區位間存在相互依存關係，單個經濟主體的佈局往往會受到多種因素的影響，如競爭者、消費者和供應者，他們之間通過反射作用而呈現出相互依存的特徵。區位的決定是由個別經濟單位追求利潤最大化、整體經濟的競爭者數量最大限度化的共同傾向這兩種基本的力量在發揮作用，兩者相互作用決定區位的均衡地點。為此，他提出區位系統平衡的理論與方法，在具體的區位選擇時，必須找出各個經濟單位間的相互依賴關係，尋求整個區位系統的平衡。

  對於工業區位問題，奧古斯特·勒施認為，費用指向和根據總收入的指向都是單方面的、不正確的，要以利潤最大化為正確的佈局指向原則。「韋伯對區位問題的……基本錯誤在於尋找費用最小的地點。把最大的銷售地點看作最適當的區位，也同樣是荒謬的……只有尋找最大利潤的地點才是正確的。」[2] 他的結論是，區位最后唯一的決定因素是純利潤，個別的經濟單位如廠商會把自己的生產區位選擇在能夠實現利潤最大化的地點，而消費者將自己的消費空間選定在價格最便宜的區位點。這種利潤最大化的指向論，不是支出最低亦非收入最高，而是要求兩者的差額最大。

  關於農業區位論，儘管奧古斯特·勒施認為利潤最大化的佈局指向原則仍然適用，但在他看來，農業區位理論與工業區位理論不同。「在農業中，生產區位的數目較多，在工業中則是消費區位的數目較多。因之，在農業中生產者們成群地環繞著一個消費中心；在工業中，消費者集合在生產者的周圍。農產品的銷售市場是點狀的，而工業商品的銷售市場卻是平面狀的。后者是由一個或少數工業企業所供給，前者則由許多農業企業所供給。從而工業的典型競爭狀況是一種受限制的競爭，在農業則是自由的競爭……總之，無論在工業或農業中，我們發現兩種重要的力，它們是相互對立的，而且決定區位的生產者數

---

[1] 奧古斯特·勒施. 經濟空間秩序——經濟財貨與地理間的關係 [M]. 王守禮, 譯. 北京：商務印書館，1995：1.
[2] 奧古斯特·勒施. 經濟空間秩序——經濟財貨與地理間的關係 [M]. 王守禮, 譯. 北京：商務印書館，1995：30-31.

的最大限度化與地租的最大限度化的趨勢。」①

城市區位方面，奧古斯特・勒施認為，「即使地表是完全均一的，城鎮仍然會產生」②，這是自然體系和歷史體系共同作用的結果。「因為城鎮基本上是經濟活動的區位的集積，所以，城鎮區位的體系同時可以由區位的一般方程式和經濟區的幾何形來決定。」③

奧古斯特・勒施在經濟區方面做出了原創性的探索。按照他的理論，區位空間達到均衡時，最佳的空間佈局也是正六邊形。這是因為「六邊形能保證每一面積單位的需要是最大的」④，其運輸距離最短並且可以充分利用各個間隙，對消費者和生產者都最為有利。這一點在圖2-3中有很好的體現。

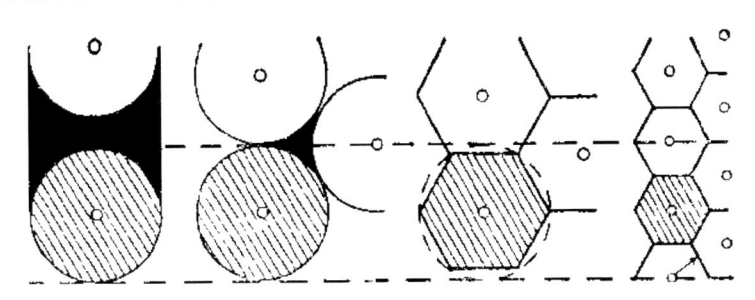

圖2-3 市場區域從大的圓周到最后小的六邊形的發展

資料來源：奧古斯特・勒施. 經濟空間秩序——經濟財貨與地理間的關係［M］. 王守禮，譯. 北京：商務印書館，1995：122.

另外，在國際貿易方面，奧古斯特・勒施主張，研究國際貿易理論不能把國家作為唯一的經濟單位，而要充分考慮經濟區的重要作用。與之前的區位論研究者比起來，奧古斯特・勒施可以被看作區位論的集大成者，他不僅在區位論的討論中較為全面地涉及了工業區位論、農業區位論、城市區位、交通運輸佈局等問題，而且開創了區域產業佈局這一新的研究領域。奧古斯特・勒施同樣不主張區域均衡發展，他曾經提及如果任何事情皆同時發生則將不會有發展

---

① 奧古斯特・勒施. 經濟空間秩序——經濟財貨與地理間的關係［M］. 王守禮，譯. 北京：商務印書館，1995：70-74.

② 奧古斯特・勒施. 經濟空間秩序——經濟財貨與地理間的關係［M］. 王守禮，譯. 北京：商務印書館，1995：76.

③ 奧古斯特・勒施. 經濟空間秩序——經濟財貨與地理間的關係［M］. 王守禮，譯. 北京：商務印書館，1995：94.

④ 奧古斯特・勒施. 經濟空間秩序——經濟財貨與地理間的關係［M］. 王守禮，譯. 北京：商務印書館，1995：122.

的存在①,這與沃爾特·克里斯塔勒的看法如出一轍。

三、新古典產業集聚理論

儘管產業集聚理論出現得較晚,但並不能算是全新的學說。新古典經濟學家阿爾弗雷德·馬歇爾在其1890年首次出版的《經濟學原理》中,已經對產業集聚問題給出了既明確又中肯的解釋。「我們可以把因為任何一種貨物的生產規模的擴大而產生的經濟分為兩類:第一是有賴於此工業的總體發展的經濟……我們可稱……為外部經濟……這種經濟往往能因許多性質相似的小型企業集中在特定的地方——即通常所說的工業地區分佈——才能得到。」② 換言之,在他看來,外部經濟是產業集聚的根本原因,具體而言是知識外溢、中間產品投入和最終產品的聯繫、勞動力市場共享等因素導致了產業集聚③。

阿爾弗雷德·馬歇爾指出,上述三個因素導致產業集聚的原因在於:第一,知識外溢引發產業集聚。知識外溢有兩條途徑:一是知識的正式擴散,通過研究自主創新的產品而實現;二是知識的非正式擴散,其實現依賴於有專業知識的個人之間的非正式交流。④「當一種工業已經這樣選擇了適合自己發展的地區時,就會長久設在那裡。因此,從事需要同樣技能的行業的人,互相從臨近的地方獲益匪淺。行業的秘密不再是秘密,而似乎公開散發在空氣中,連孩子們都不知不覺地學到許多。優良的工作得到恰當的賞識,機械上以及製造方法和企業的總體組織上的發明和改良一有成績,就迅速得到研究。如果一個人有了一種新思想就會為別人所採納,並與別人的意見結合起來,又成為更新的思想的源泉。」⑤ 廠商受市場需求的驅動而集聚,導致競爭加劇,刺激更多的創新。此外,廠商集聚還可以促進人才間的信息交流,帶給各個廠商模仿對手長處的機會。可見,知識溢出的兩條渠道都在產業集聚中得到很好的實現。

第二,方便地獲取專業化的投入品和服務引發產業集聚。「輔助性行業就在附近的地方產生了,供給……工業工具和原料,為它組織運輸,而在許多方面又有助於它的原料的經濟……輔助工業用生產過程中的一個小的部門為許多

---

① JOHN FRIEDMANN. Economy and Space: A Review Article [J]. Economic Development and Cultural Change, 1958, 6 (3): 249-255.
② 阿爾弗雷德·馬歇爾. 經濟學原理 [M]. 廉運杰,譯. 北京:華夏出版社,2005:224-225.
③ 阿爾弗雷德·馬歇爾. 經濟學原理 [M]. 廉運杰,譯. 北京:華夏出版社,2005:213-243.
④ 楊公樸. 產業經濟學 [M]. 上海:復旦大學出版社,2005:454.
⑤ 阿爾弗雷德·馬歇爾. 經濟學原理 [M]. 廉運杰,譯. 北京:華夏出版社,2005:229.

臨近的工業進行工作，這些輔助工業就能不斷地使用具有高度專門性質的機械，雖然這種機械的原價也許很高，折舊率也許很大，但也能夠本。」①分工的優越性決定了單個廠商直接涉足從原材料供應到產品銷售整個價值鏈是不經濟的，處於價值鏈不同環節的廠商進行合理地分工協作將增強廠商的競爭優勢。大量的廠商集聚在一起能夠擴大需求市場，使各類專業化的供應商得以生存，形成專業化供應商網絡，從而可以降低產業集聚的成本。

第三，共享的勞動力市場可以導致產業集聚。廠商集聚在一個地區會吸引專業化的技術工人集聚，有利於創造出一個完善的勞動力市場。「雇主們往往能找到所需要的優秀的專門的技術工人的地方去；同時，尋找職業的人自然也會到有許多雇主的地方去，因而在那裡技能就會有良好的市場。一個工廠的廠主，即使能獲得一般勞動的大量供給，也往往會因為缺少某種專門技能的勞動而束手無策；而有特殊技能的工人如果遭到解雇，也不易有別的出路。」②伯特爾·俄林也認同阿爾弗雷德·馬歇爾的這一觀點，他曾經指出「工業的地域集中還有許多其他好處。但一個組織得好的勞工市場常常是最重要的，尤其是那些技術工人占重要地位的工業更是如此」③。由此可以看出，產業集聚對用人單位和勞動力雙方都有利。不同的廠商需要技能不同的工人，而技能不同的工人可以滿足不同廠商對於工人技能的需求，共享的勞動力市場為廠商和工人都提供了便利。

第三節　當代國際貿易和產業佈局理論

一、當代國際貿易理論

H-O理論的提出在經濟學界引起了極大的反響。美國經濟學家瓦西里·里昂惕夫（Wassily Leontief）運用美國的數據驗證該理論時，得出了與既有理論相反的結論④，從而對H-O理論提出了挑戰，直接導致需要新的理論來解釋國際貿易問題。第二次世界大戰之後，國際貿易領域出現了許多新的傾向，

---

① 阿爾弗雷德·馬歇爾. 經濟學原理 [M]. 廉運杰，譯. 北京：華夏出版社，2005：229.
② 阿爾弗雷德·馬歇爾. 經濟學原理 [M]. 廉運杰，譯. 北京：華夏出版社，2005：229.
③ 伯特爾·俄林. 區際貿易與國際貿易 [M]. 逯宇鐸，等，譯. 北京：華夏出版社，2008：37.
④ WASSILY LEONTIEF. Domestic Production and Foreign Trade: The American Capital Position Re-Examined [J]. Proceedings of the American Philosophical Society, 1953, 97 (4): 332-349.

如同類產品之間的貿易量大大增加，發達國家之間的貿易量飛速增長等。古典和新古典的貿易理論卻不能對上述情況給出一個令人信服的解釋，更是迫切需要新的理論加以解釋。在這種情況下，斯戴芬·伯倫斯坦·林德（Staffan Burenstam Linder）、雷蒙德·弗農（Raymond Vernon）、保羅·克魯格曼應勢提出了各自的貿易理論。

（一）斯戴芬·伯倫斯坦·林德的收入變動貿易理論

斯戴芬·伯倫斯坦·林德在其1961年出版的「An Essay on Trade and Transformation」一書中，提出了收入變動貿易理論。① 該理論建立在下述三個主要的命題之上：國內需求是產品出口的可能性條件；兩個國家的偏好越相似，需求結構越接近，貿易量就越大；平均收入水平是影響一國需求結構的最主要的因素。他將收入作為決定消費需求和消費偏好的主要決定因素，偏好會隨一國居民人均收入水平的提高逐漸轉向奢侈品並造成整個社會需求的轉移。當人們收入提高后，對工業消費品特別是奢侈品的需求增加，本國對工業品和奢侈品的生產也會隨之增加。為滿足市場上消費者的需求，廠商不得不不斷地擴大生產，改進技術。最終的結果是，廠商產量增加的速度超過消費者需求增長的速度，從而使該國有能力向別國出口。②

同時，斯戴芬·伯倫斯坦·林德也指出，對於本國出口的工業產品，只有與之收入相近的國家才會有需求。因此，進口工業產品的主要國家也是收入較高的國家。他的國際貿易理論不僅解釋了產業內貿易的原因，還闡釋了工業製成品在發達國家間的貿易也會隨著收入的不斷提高而佔有越來越重要的地位，對當今的國際貿易現實情況有很好的解釋力。

（二）雷蒙德·弗農的產品生命週期貿易理論

雷蒙德·弗農在「International Investment and International Trade in the Product Cycle」一文中提出了著名的「產品生命週期」學說，並以此來解釋國際貿易問題。③ 產品生命週期理論認為，一種新產品的技術發展可以分為新產品階段、成熟階段和標準化階段，如圖2-4所示。

在新產品階段，由於產品生產技術的創新，除了創新國美國之外，沒有其他國家能夠掌握產品生產技術，新產品是一種科技知識密集型產品，從而只有

---

① STAFFAN BURENSTAM LINDER. An Essay on Trade and Transformation [M]. New York: John Wiley and Sons, 1961.

② 海聞，P 林德特，王新奎. 國際貿易 [M]. 上海：上海人民出版社，2003：189-193.

③ RAYMOND VERNON. International Investment and International Trade in the Product Cycle [J]. The Quarterly Journal of Economics, 1966, 80 (2): 190-207.

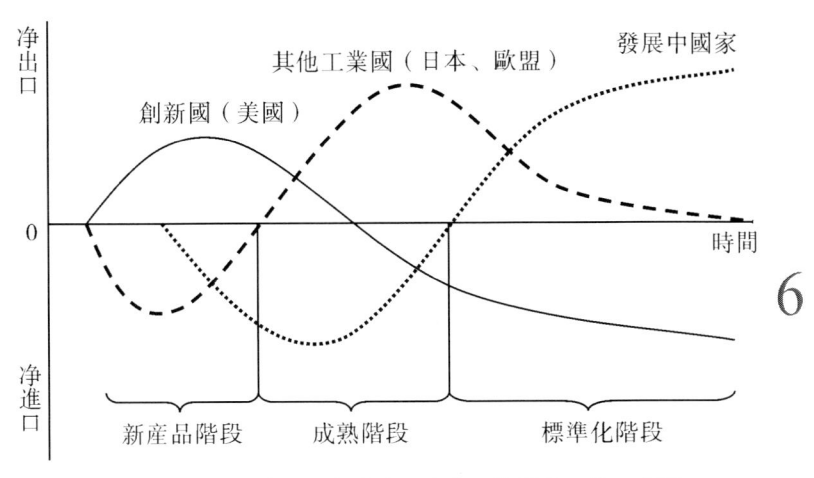

图 2-4 雷蒙德·弗農產品生命週期貿易理論示意圖

資料來源：RAYMOND VERNON. International Investment and International Trade in the Product Cycle [J]. The Quarterly Journal of Economics, 1966, 80 (2): 190-207.

少數的創新國才擁有新產品生產的比較優勢，直接導致創新國廠商壟斷了該產品在世界市場上的供給。

在成熟階段，生產技術已經成熟，新產品生產更多地需要機器設備和先進的勞動技能，新產品從知識密集型轉變為資本密集型。其他工業國所擁有的充裕的資本和熟練工人的比較優勢凸顯，並逐漸取代創新國而成為主要生產和出口國。此時其他工業國與美國分攤世界市場的新產品供給。

在標準化階段，新產品的生產技術被鑲嵌至機器或生產裝配線中，創新國技術的重要性逐漸消失，任何國家只要購買了能生產該產品的機器設備就可以進行大規模的生產，勞動力成本成為決定產品是否有比較優勢的主要因素，發展中國家豐富的廉價勞動力優勢決定了其將成為新產品的主要出口國。

雷蒙德·弗農認為，在新產品生命週期的不同階段，新產品的生產對要素的依賴是不同的，直接導致創新國、其他工業國家和發展中國家在產品生命週期的不同階段擁有不同的比較優勢，從而得以開展國際貿易。新產品的生命週期不斷輪迴，國際貿易也因此而往復不斷。這一理論比較樂觀地看待國際貿易和產業的國際轉移，認為創新國的創新產品會不斷湧現，並自然地向其他工業化國家和發展中國家擴散，導致擴散發生的動力是成本隨時間推移而發生的變化。

（三）保羅·克魯格曼的規模經濟貿易理論

保羅·克魯格曼在 1979 年發表「Increasing Returns, Monopolistic

Competition and International Trade」一文，提出一個國際貿易的壟斷競爭模型。[①] 在這篇文章中，他提出了兩個與先前的貿易理論不同的假設：第一是假設儘管勞動是唯一的要素投入，但企業具有內部規模經濟；第二是假設產品不同質的壟斷競爭。在上述假定下，保羅·克魯格曼建立了自己的貿易模型。

首先，保羅·克魯格曼給出三個基本等式：

$$l_i = \alpha + \beta x_i , \alpha, \beta > 0 , i = 1, 2, \cdots, n \qquad (2.4)$$

$$L = \sum_{i=1}^{n} l_i = \sum_{i=1}^{n} (\alpha + \beta x_i) \qquad (2.5)$$

$$Lc_i = x_i , i = 1, 2, \cdots, n \qquad (2.6)$$

其中，α 表示固定投入，x_i 表示企業 i 的產出，β 是投入產出關係的系數，L 表示社會總勞動力，c_i 表示每個消費者對產品 i 的消費。2.4 式表明企業具有規模經濟，2.5 式表明要素市場供給與需求是均衡的，2.6 式表明產品市場是均衡的。

有了上述等式就可以分析壟斷競爭廠商的均衡問題了。由於保羅·克魯格曼假設企業都是壟斷競爭企業，因此，每個企業面對的需求曲線都是斜率為負向下傾斜的曲線。利潤最大化的生產決策仍然遵循邊際收益等於邊際成本的原則。壟斷競爭企業的邊際收益是 $P_i\left(1 - \dfrac{1}{\varepsilon(c)}\right)$，其中 P_i 表示產品價格，ε 是需求量 c 的函數，代表需求價格彈性的絕對值，且 $\varepsilon > 0$。根據勞動是唯一的要素投入的假定，如果用 W 表示勞動工資率，企業 i 的生產總成本為 $Wl_i = W(\alpha + \beta x_i)$，邊際成本為 βW，企業利潤最大化的短期均衡為：

$$P_i\left(1 - \dfrac{1}{\varepsilon(c)}\right) = \beta W \qquad (2.7)$$

整理得：

$$\dfrac{P_i}{W} = \dfrac{\beta \varepsilon(c)}{\varepsilon(c) - 1} \qquad (2.8)$$

由於壟斷競爭企業的長期利潤為零，即總收益等於總支出。總收益等於價格乘以產量 $P_i x_i$。總支出等於工資率乘以勞動投入 Wl_i，根據此長期均衡條件並把 2.4 式代入，可以得出長期均衡為：

$$P_i x_i = W(\alpha + \beta x_i) \qquad (2.9)$$

將 2.6 式代入整理可得：

[①] PAUL R KRUGMAN. Increasing Returns, Monopolistic Competition, and International Trade [J]. Journal of International Economics, 1979, 9 (4): 469-479.

$$\frac{P_i}{W} = \frac{\alpha}{Lc_i} + \beta \quad (2.10)$$

保羅·克魯格曼創立了一個模型。如果縱軸為 P/W，橫軸為 c，且 PP 曲線和 ZZ 曲線分別由 2.8 式和 2.10 式給出，則保羅·克魯格曼模型的基本圖解可見圖 2-5。PP 曲線和 ZZ 曲線的交點 E 是均衡價格和消費量。假定條件為充分就業，則企業數或產品種類等於勞動總數除以企業的勞動投入，即：

$$n = \frac{L}{\alpha + \beta x} \quad (2.11)$$

或者：

$$n = \frac{1}{\frac{\alpha}{L} + \beta c} \quad (2.12)$$

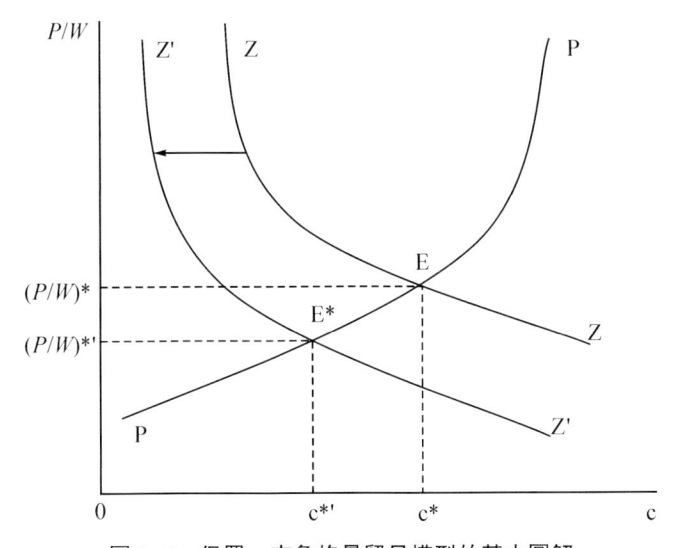

圖 2-5　保羅·克魯格曼貿易模型的基本圖解

資料來源：PAUL R KRUGMAN. Increasing Returns, Monopolistic Competition, and International Trade [J]. Journal of International Economics, 1979, 9 (4)：469-479.

引入國際貿易后，假設存在另一個同類型的經濟，有相同的偏好、資源存量和技術，並有人口 L^*。當雙方自由貿易時，對本國的任何一種商品都意味著市場更大和消費者更多。由於假定技術不變，所以在模型中 PP 曲線不受影響。貿易使每種產品的消費人口增加了 L^*，導致 ZZ 曲線左移。在新的均衡 E^* 點上，相對於工資，產品價格和單個人消費量都下降了。長期均衡中產品價格下降意味著產品平均成本的下降，也反應了每個企業擴大生產后產生的規

模經濟。據2.12式可知，消費人口從 L 增至 $L + L^*$ 和每個商品消費量從 c^* 降至 $c^{*\prime}$ 意味著產品種類的增加。新的商品種類 $n' = \dfrac{1}{\dfrac{\alpha}{L + L^*} + \beta c'}$ 較之貿易前的 n

$= \dfrac{1}{\dfrac{\alpha}{L} + \beta c}$ 要多。

保羅·克魯格曼從中得出結論：首先，通過國際貿易可以擴大產品消費市場，增加消費人口，壟斷競爭企業可以從中擴大生產並獲得規模經濟，降低成本和產品價格；其次，雖然每個消費者對某種產品的消費量會有所減少，但是消費品的種類會大大增加，消費者可以通過產品種類的增加提高福利。他的這一理論從根本上來看是以經典的比較優勢理論為基礎建立起來的。

二、當代區位理論

古典和新古典的區位理論都以德國學者的研究最為著名。進入當代以來，經濟活動的區位問題引起了美國經濟學家的注意。在研究區位問題時，部分美國學者是以空間經濟的形式出現，這與德國學者有所不同。就當代的情況而言，沃爾特·艾薩德、威廉姆·阿朗索（William Alonso）、保羅·克魯格曼等人在區位理論研究方面做出了突出貢獻。[1]

（一）沃爾特·艾薩德的區位和空間經濟理論

作為西方區域經濟學的創始人，沃爾特·艾薩德於1956年出版了「Location and Space-Economy: A General Theory Relating to Industrial Location, Market Areas, Land Use, Trade and Urban Structure」一書。他這部著作約有一半的內容來自於之前發表的論文，其主要目的是，運用折衷的方法找出一個有關區位和空間經濟的一般理論，把古典和新古典區位理論整合為一個統一的框架。沃爾特·艾薩德認為，經濟活動不僅僅是垂直結構的，同樣是水平結構的。[2] 也就是說，經濟活動不僅存在於不同的歷史時期，同樣存在於不同的地域空間。他本人及其追隨者的中心目標是，要用空間坐標重寫新古典經濟學的

---

[1] 當代區位理論發展的過程中，美國經濟學家 Edgar M. Hoover 也做出了突出的貢獻，但鑒於他的分析主要是考慮了運輸成本問題，與阿爾弗雷德·韋伯的理論有著相似相通之處，這裡不再介紹。有關 Edgar M. Hoover 的理論，詳見：EDGAR M HOOVER. Location of Economic Activity [M]. New York: McGraw-Hill, 1948.

[2] JOHN FRIEDMANN. Economy and Space: A Review Article [J]. Economic Development and Cultural Change, 1958, 6 (3): 249-255.

均衡理論。

沃爾特·艾薩德的研究基於這樣一種考慮，即新古典經濟學理論構築的「沒有空間概念的理想王國」並不完備，「時間和空間都必須在經濟理論中得到充分的考慮」[1]。在沃爾特·艾薩德那裡，距離因素是影響區位決策的一個非常重要甚至被認為是唯一的因素。他充分考慮了運輸因素，把運輸率（Transport-rate）作為一個與運輸投入（Transport-inputs）相關聯的概念，把運輸率定義為「單位重量移動單位距離」[2]，如噸—千米等，運輸率作為運輸投入的價格由供求決定[3]。順此思路，沃爾特·艾薩德提出了一般區位理論的基本原則，即「任何兩種或者兩組運輸成本的替代率……必須與運費率的倒數相等」[4]，決策機構必須把包括運輸成本在內的各種可能性進行綜合考慮才能選擇最優的區位。

沃爾特·艾薩德在一個簡單的一般均衡模型中，運用運輸成本概念分析了成本導向的生產行為區位選擇問題。接著引入勞動、電力、租金、原材料和其他與距離無關的空間佈局因素，同時引入與地理位置無關的規模經濟和集聚經濟因素，他認為這兩種因素所帶來的成本可以看作對運輸成本的替代。任何一個投資者都想從投資中最大化其淨回報，依照這一思路，他成功地把區位問題重新表述為一個標準的替代問題，廠商的區位選擇和整個區位佈局模式都可以被認為是權衡比較運輸成本和生產成本的結果。他認為「這一替代原則為發展一般理論提供了一個很好的分析工具」[5]，並運用這一原則分析了集聚問題和貿易與區位理論的相互關係等。

沃爾特·艾薩德提出，研究空間經濟學需堅持三個基本的原則：第一，必須與基於完全競爭的一般均衡分析有著根本的不同；第二，應該與壟斷競爭的

---

[1] WALTER ISARD. Location and the Space Economy: A General Theory Relating to Industrial Location, Market Areas, Land Use, Trade, and Urban Structure [M]. New York: Technology Press of Massachusetts Institute of Technology and John Wiley & Sons, 1956: 24-25.

[2] WALTER ISARD. Location and the Space Economy: A General Theory Relating to Industrial Location, Market Areas, Land Use, Trade, and Urban Structure [M]. New York: Technology Press of Massachusetts Institute of Technology and John Wiley & Sons, 1956: 79.

[3] JOHN FRIEDMANN. Economy and Space: A Review Article [J]. Economic Development and Cultural Change, 1958, 6 (3): 249-255.

[4] WALTER ISARD. Location and the Space Economy: A General Theory Relating to Industrial Location, Market Areas, Land Use, Trade, and Urban Structure [M]. New York: Technology Press of Massachusetts Institute of Technology and John Wiley & Sons, 1956: 252.

[5] WALTER ISARD. Location and the Space Economy: A General Theory Relating to Industrial Location, Market Areas, Land Use, Trade, and Urban Structure [M]. New York: Technology Press of Massachusetts Institute of Technology and John Wiley & Sons, 1956: 54.

一般理論保持一致；第三，恰當地運用演化的方法對更好地體現動態關係大有裨益。① 上述原則在保羅·克魯格曼等人的新經濟地理學中有著鮮明的體現。

（二）威廉姆·阿朗索的單中心城市模型

威廉姆·阿朗索在 1964 年出版了「Location and Land Use: Toward a General Theory of Land Rent」一書，詳細分析區位、地租和土地利用之間的相互關係。他同樣假定一個均勻分佈的平原，從中心「向各個方向的運輸都是可能的，所有的雇傭、商品和服務都只能在城市中心獲取」②，財產所有者被分為農業生產者、製造商或服務商，以及在居住地安家的私人家庭三個群體。他在充分考慮運輸費用的基礎上，運用競租曲線探討了擁有一個中心支配城市的一般模式。所謂競租曲線就是對不同土地使用者都是無差異的土地價格和距市中心距離的曲線。

威廉姆·阿朗索的分析建立在農業生產者和廠商競租行為的基礎上。家庭追求的是效用最大化，廠商關注利潤最大化。他認為農業生產者根據每一個農產品價格水平確定一個競租曲線，其理由在於，農業生產者只能在中心市場按照市場價格出售其產品，並且影響其收益的主要因素是運輸成本。城市的廠商則綜合考慮其商業容量、營運成本（營運成本的高低與距離中心地的遠近有關）等來競爭其選址，他們同樣有與其利潤水平相對應的競租曲線。城市家庭在支出預算不變的情況下尋求效用最大化，其競租曲線是唯一的。他以此為基礎進一步分析每一個家庭和廠商的競租曲線。事實上，威廉姆·阿朗索正是發展並採用類似於無差異曲線的競租曲線來分析城市土地使用的空間分佈模式。當任何一個土地使用者都不能夠通過重新選址或增減土地使用量來獲得更大的收益或滿足，且任何一個地主都不能通過改變其土地價格獲取更多的收益時，市場便達到了均衡。換言之，在均衡處「沒有一個土地使用者能夠通過轉移到其他區位，或者購買或多或少的土地來增加其收益」③，不存在帕累托改進。

威廉姆·阿朗索得出如下結論：第一，一個城市的最佳空間佈局並不一定非要遵循旅行支出與地租之和最小的原則，其理由是成本最小的原則只有在其

---

① MASAHISA FUJITA. Location and Space-Economy at Half a Century: Revisiting Professor Isard's Dream on the General Theory [J]. The Annals of Regional Science, 1999, 33 (4): 371-381.

② WILLIAM ALONSO. Location and Land Use: Toward a General Theory of Land Rent [M]. Cambridge: Mass, Harvard University Press, 1964: 18.

③ WILLIAM ALONSO. Location and Land Use: Toward a General Theory of Land Rent [M]. Cambridge: Mass, Harvard University Press, 1964: 77.

他條件不變時才成立。第二，競租曲線陡峭的土地使用者將會接近市中心；反之，競租曲線平緩的土地使用者將會遠離市中心。第三，低收入家庭將會占據具有較高土地使用價值的中心地區，而高收入家庭則佈局在城市周邊。其邏輯在於，與高收入家庭享用較多的土地相比，低收入家庭享有較少的土地，結果是低收入家庭大量湧入一個面積有限的地方所帶來的單位面積的年租金會更高。[1] 這一結論與第二個結論的邏輯是一致的，低收入家庭享用的土地較少，通勤費用的變化比地租的變化更重要，導致低收入家庭的競租曲線比較陡直，高收入家庭則相反。最終的結果是，高收入家庭居住在城市邊緣，低收入家庭居住在城市中心。威廉姆·阿朗索假定農業生產者可以自由地進出商業，而擁有壟斷性質的城市廠商卻不能夠自由地進出，該假定直接影響了其理論的普適性。

（三）保羅·克魯格曼的中心—外圍理論

保羅·克魯格曼在 1991 年接連發表兩篇經典論文「History and Industry Location：The Case of the Manufacturing Belt」[2] 和「Increasing Returns and Economic Geography」[3]，應用迪克西特—斯蒂格利茨（D-S）壟斷競爭、冰山運輸成本、多重均衡演化以及計算機數值模擬技術等，把規模經濟和區位問題、競爭、均衡等聯繫在一起，提出了自己的中心—外圍模型。文章提出，為了在最小化運輸成本的同時實現規模經濟，製造業廠商傾向於在需求較大的區域選址。區位的需求取決於製造業的分佈，一旦製造業的中心得以確立，就會存在自我強化的趨勢使其能長期存在。

保羅·克魯格曼假定一個國家存在東部和西部兩個製造業區域，農產品和工業製成品兩種產品。農產品依賴於土地，其分佈是外生給定的，東西兩個地區各占 50%。工業製成品可以在每一個地區生產。製造業廠商選址面臨的問題是，集中於一個地區要承擔高額的運輸成本，平均分佈在兩個地區又要支付額外的固定成本。最后，他假定每一個地區對工業製成品的需求與該區域的人口數量成比例。

如圖 2-6 所示，MM 線代表製造業分佈對人口分佈的依賴曲線，PP 線代

---

[1] WILLIAM ALONSO. A Theory of the Urban Land Market [J]. Regional Science, 1960, 6 (1): 149-157.

[2] PAUL R KRUGMAN. History and Industry Location：The Case of the Manufacturing Belt [J]. The American Economic Review, 1991, 81 (2): 80-83.

[3] PAUL R KRUGMAN. Increasing Returns and Economic Geography [J]. The Journal of Political Economy, 1991, 99 (3): 483-499.

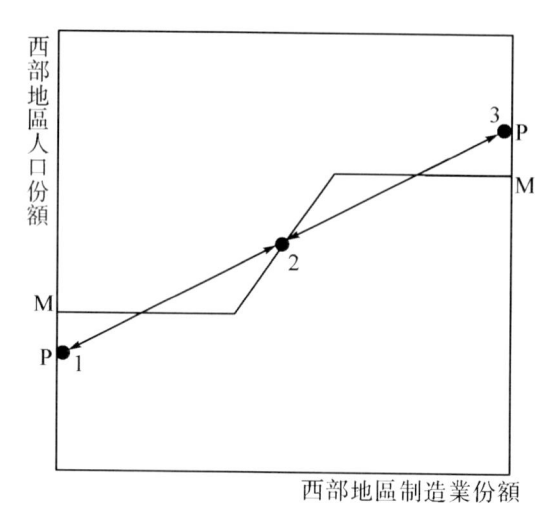

图 2-6　保羅·克魯格曼中心—外圍模型圖解

資料來源：PAUL R KRUGMAN. History and Industry Location: The Case of the Manufacturing Belt [J]. The American Economic Review, 1991, 81 (2): 80-83.

表製造業對人口分佈的反向作用。如果西部地區人口份額很小，則不足以導致製造業在該地聚集。反之，若西部地區人口份額很大，則製造業將在該地區聚集。西部地區的製造業份額越大，西部地區的人口份額也就越大，但兩者不會成比例變化，其原因在於不進行遷移的農業人口的存在。製造業不斷地向均衡水平調整的結果是存在三個均衡點，即集聚於圖中的 1、3 點或者均勻分佈於 2 點。

三、當代產業集聚理論

繼阿爾弗雷德·馬歇爾之后，阿爾弗雷德·韋伯在探討工業區位問題時，把影響工業區位的因素分為區域性因素和集聚因素。他把集聚因素分為兩個階段，即企業通過自身規模的擴大產生集聚優勢的初級階段，以及企業通過相互聯繫實現地方工業化的高級階段，后一階段可以被看作產業集聚問題。從此以后，產業集聚理論在相當長的時期內遊離於主流經濟學之外，直至 20 世紀 90 年代，邁克爾·波特和保羅·克魯格曼對該問題的傑出研究，使主流經濟學家重新關注產業集群問題。鑒於保羅·克魯格曼的中心—外圍理論已經在當代區位理論中有所涉及，此處只回顧邁克爾·波特的理論。

邁克爾·波特在其 1990 年出版的《國家競爭優勢》一書中，以其獨創的

「鑽石體系」國家競爭優勢分析框架為基礎，重新闡釋了有關產業集聚的經濟理論。他認為產業集聚是規模經濟、範圍經濟和外部經濟共同作用的結果。按照邁克爾·波特的解釋，「集群即指在某一特定領域，存在著一群相互關聯的公司和機構的地理上的集中。集群包括一系列有相互關聯的產業和其他對競爭有重要作用的實體」[1]。產業集群可以降低交易成本、提高效率，並且可以改進激勵方式、改善創新條件、加速生產率的成長等。

邁克爾·波特認為，對一國經濟來說，「有競爭力的產業通常不是均衡分佈的……國家競爭優勢的關鍵要素會組成一個完整的系統，是形成產業集群現象的主要原因」[2]。產業之間存在向前或后向的關聯，一個有競爭力的產業會帶動另一個產業的發展，並創造新的相關產業。產業集群形成之後，集群內部的產業之間就會有互動關係，使得集群的整體競爭力大於各個部分的競爭力之和。為了追求利益最大化，國家將把更多的資源投向產業集群從而使集群得以強化。

邁克爾·波特指出，產業集群通常發生在特定的地理區域，如某個城市或者地區。此時由於企業的擴散效果最容易在原發公司附近出現，所以地理集中性會鼓勵產業新手出現。同時，地緣因素會增加信息和活動的集中，便於形成特殊的溝通模式等，最終的地理集中性使得產業集群內部的互動更加完善。另外，他還研究證實了大學、研究中心、職業培訓機構以及外商直接投資等對於產業集群的作用。

產業集群並不是永久存在的，一旦競爭優勢喪失產業集群就會解體。邁克爾·波特認為，生產要素的惡化，國內需求跟不上國際步調，本地客戶不夠挑剔，技術變化導致不利因素出現或相關產業出現缺口，所設定的目標限制了投資程度，企業推動自我調整的彈性，國內競爭者停戰[3]等因素會導致產業集群失去競爭優勢。如果進一步發展，「當產業集群的地理集中性很顯著時，它本身也隱含自我崩潰的因子……如果產業集群內部依賴創新的產業喪失其優勢，其所屬集群內的相關產業會紛紛脫離、解散」[4]。

---

[1] MICHAEL E PORTER. Clusters and the New Economics of Competition [J]. Harvard Business Review, 1998 (Nov. -Dec.) : 77-90.
[2] 邁克爾·波特. 國家競爭優勢 [M]. 李明軒, 邱如美, 譯. 北京: 華夏出版社, 2002: 139-140.
[3] 邁克爾·波特. 國家競爭優勢 [M]. 李明軒, 邱如美, 譯. 北京: 華夏出版社, 2002: 156-159.
[4] 邁克爾·波特. 國家競爭優勢 [M]. 李明軒, 邱如美, 譯. 北京: 華夏出版社, 2002: 161.

第四節　國際貿易理論與產業佈局理論的關係

　　國際貿易理論與產業佈局理論的關係甚為密切。首先，兩種理論都可以看作分工理論，都研究產業空間佈局的合理化。國際貿易理論研究的是國際分工問題，產業佈局理論研究的是區域分工問題，國際分工是區域分工的重要形式之一，因此，產業佈局理論的研究包括的內容更廣。無論是研究國際分工還是研究區域分工，都著重強調了自然條件的影響。雖未直接言明，古典經濟學家亞當·斯密、大衛·李嘉圖等人在討論國際貿易問題，創立國際貿易理論時都涉及產業佈局問題。

　　其次，國際貿易理論和產業佈局理論在研究的思路和內容方面較為相似。古典和新古典的國際貿易論都強調，各國開展國際貿易要結合本國的優勢。區位理論的研究也一直貫穿著結合區位優勢發展區域經濟的思想。無論是阿爾弗雷德·韋伯主張的成本最小化，還是奧古斯特·勒施主張的利潤最大化，其目的都是為了結合區位優勢更好地發展區位經濟。

　　最后，國際貿易理論和產業佈局理論存在一種近似的替代關係，這一傳統源自於兩個理論發軔之時，在理論發展的早期階段體現得更為明顯。亞當·斯密、大衛·李嘉圖等人在討論國際貿易問題時，假設要素不能流動，商品卻可以自由流動，而約翰·馮·杜能則假設勞動力等要素可以自由流動，商品的流動需要支付成本。[1] 他們都是研究同一問題，只是假設條件有所差別。后續的國際貿易理論大多考慮商品流動而要素不流動問題，產業佈局理論則更多地考慮要素流動而商品不流動問題。兩種理論都是討論分工問題，且存在一定的替代關係，共同構成本書的理論基礎。

本章小結

　　按照空間經濟學的研究方法，本章對經典的國際貿易理論和區位理論、產業集聚理論進行了較為系統的梳理回顧，中間也穿插著一些評述。本章對國際

---

[1] PAUL A SAMUELSON. Thünen at Two Hundred [J]. Journal of Economic Literature, 1983, 21 (4): 1,468-1,488.

貿易理論和區位理論各自分為古典理論、新古典理論和當代理論三個階段分別進行回顧。因為產業集聚是產業佈局的重要方式之一，學者對此也有很多研究，故本章也把產業集聚理論分為新古典產業集聚理論和當代產業集聚理論兩個階段進行回顧。

　　古典國際貿易理論主要回顧了亞當‧斯密的絕對優勢貿易理論，大衛‧李嘉圖的比較優勢貿易理論；新古典國際貿易理論主要介紹了埃利‧赫克歇爾、伯特爾‧俄林的要素稟賦貿易理論；當代國際貿易理論主要涉及斯戴芬‧伯倫斯坦‧林德的收入變動貿易理論，雷蒙德‧弗農的產品生命週期貿易理論，保羅‧克魯格曼的規模經濟貿易理論。古典區位理論主要回顧了約翰‧馮‧杜能的農業區位論，阿爾弗雷德‧韋伯的工業區位論；新古典區位理論主要介紹了沃爾特‧克里斯塔勒的中心地理論，奧古斯特‧勒施的市場區位理論；當代區位理論主要涉及沃爾特‧艾薩德的區位和空間經濟理論，威廉姆‧阿朗索的單中心城市模型，保羅‧克魯格曼的中心—外圍理論。新古典產業集聚理論主要回顧了阿爾弗雷德‧馬歇爾的理論；當代產業集聚理論主要介紹了邁克爾‧波特的理論。

第三章　國際貿易影響產業佈局的理論分析

依據宏觀經濟學的邏輯，國際貿易是拉動一國經濟增長的三駕馬車之一。它的大規模開展既可以影響全球範圍內的產業佈局，也可以影響一個國家或地區內部的產業佈局。同時，國際貿易對不同發展水平、不同類型國家的產業佈局有著不同的影響。國際貿易的不斷擴大勢必導致各國專業化水平的進一步提高，產業也會逐漸向著更有效率的區位轉移，它對產業佈局的影響是全方位、多層次的，其影響隨著國際貿易的不斷開展而逐步強化。國際貿易總量、國際貿易結構、國際貿易方式、國際貿易內容以及國際貿易政策等都會對產業佈局產生深遠的影響，並且對產業佈局的影響方式、途徑、機制、效果等並不相同，本章將對此展開理論分析。

第一節　國際貿易總量對產業佈局的影響

國際貿易總量大小及其增減變化會直接影響一個地區的產業佈局。與此同時，大規模的國際貿易會強化國際貿易的方式、結構、內容對產業佈局的影響。簡單說來，國際貿易總量對產業佈局的影響表現在兩個方面：首先，從絕對量來看，國際貿易總量越大，對產業佈局的影響就越大；反之也成立。其次，從相對量來看，國際貿易的相對比例也即貿易依存度越高，對產業佈局的影響就越大；反之也成立。

一、國際貿易的絕對量對產業佈局的影響

國際貿易絕對量的大小決定國際貿易對產業佈局的影響程度。國際貿易的絕對量是指以貨幣或者實物表示的國際貿易的總量。在國際貿易的總量較大時，儘管長途運輸存在規模經濟，但隨著運輸邊際成本的遞增，為國際貿易支

付的運輸成本總額仍然相對較大。此時將產業的部分產能直接轉移到進口國生產銷售，不僅可以規避運輸成本，而且可以接近消費地，減少因為距離而導致的信息不對稱，從而可以獲得更好的經濟效益。產業也可以佈局到進口國密集的幾個國家中地理位置、生產條件較好的國家進行生產，以短距離國際運輸的方式滿足進口國的消費需求。同時，消費者的數量要遠遠大於廠商的數量，他們對商品信息進行甄別的總成本相對較高。單個消費者的消費量較小並且一般不具備專業的知識，他們專門甄別貿易商品信息的現實可能性較小。再者，進口原材料的經濟主體一般具有相關的專業知識，且原材料種類較少、品質差異更明顯，在原材料貿易中的信息不對稱程度較低。總之，進口商品的經濟主體不一定具備相關的專業知識，且製成品的品質差異大，更難以鑑別，在製成品的貿易中信息不對稱程度更高，從而信息搜尋成本較大。產業的部分產能轉移到進口國可以大幅度降低因為距離導致的信息不對稱，降低消費者的產品信息甄別成本，對整個經濟體而言是一種帕累托改進。

隨著國際貿易總量的增加，進口國消費進口品的消費者數量將有一定的增加。雖然進口國消費進口品規模的增加和消費者數量的增加之間不存在嚴格的函數關係，但是消費某種商品的消費者數量增加所帶來的示範效應仍不可忽視，他們不僅改變自己的消費偏好，同樣在一定程度上影響周圍其他消費者的消費偏好。這部分消費者的數量增加后，示範效應的作用會更加顯著，一些沒有消費過進口商品的消費者也逐漸對進口商品產生需求，進一步擴大進口商品的消費需求總額和進口規模。同時，既有消費者也可以向潛在消費者提供部分有關商品的信息，讓潛在消費者對商品有更加清楚的認識，提高潛在消費者的消費積極性。此時，廠商不在本國生產並開展出口貿易，而選擇直接到進口國生產並銷售就會更加有利。產業出現向進口國轉移的壓力，產業佈局也有改變的動力。

相比而言，國際貿易總量越大越有利於產業的專業化集聚。若沒有國際貿易，各國只能按照自給自足的方式建立完整的經濟體系，以滿足居民的消費需求。人口規模小，經濟總量小，在某一方面具有突出優勢的國家出現產業專業化集聚的可能性就會大大降低。因為國際貿易的存在，產品的潛在需求者不僅包括本國居民，也包括外國居民，專業化生產的大量產品便因此擁有巨大的市場需求，有利於產品的銷售。甚至本國可以專門集中生產一種或一類產品，對其他產品的需求可以通過國際貿易的方式得到滿足。例如，2010年石油輸出國組織（OPEC）中，伊朗和委內瑞拉的燃料出口分別占該國出口總額的

70.8%和93.4%①，這些國家之所以能夠集聚大規模的石油生產並出口到國外，既有資源禀賦優勢，又得益於國際石油市場的大規模需求。同時也得益於國際貿易，他們可以通過國際貿易換取外匯，購買進口商品滿足其對石油以外的其他產品的需求，從而可以集中精力生產石油。

二、國際貿易的相對量對產業佈局的影響

國際貿易的相對量在此處是指外貿依存度，即國際貿易總額占一國 GDP 的比例。對於一個國家來說，外貿依存度越高，國際貿易對一國的經濟發展影響就越顯著。政府機構在做出決策和制定政策時就會對國際貿易給予更多的關注，並可能從政策層面相應地給予優惠，比如為外向型產業發展提供良好的政策環境，通過區域經濟政策為外向型產業發展提供足夠的地域空間。儘管產業佈局變化是中觀層面的產業轉移、微觀層面的廠商選址共同作用的結果，但無論是產業轉移還是廠商選址，他們都是按照理性的原則做出決策。如果重新選址可以帶來更好的效益，則重新選址就是一個理性的選擇。從這個角度來看，政府機構從宏觀層面給予的政策優惠，可以改變或部分改變行業和廠商行為選擇的成本收益。特別是通過合理的制度設計可以降低選址的成本，增加廠商重新選址的收益，最終促進了產業轉移和廠商改變選址，產業佈局也因此而受到國際貿易相對量的影響。總之，在外貿依存度較高時，國際貿易對一國經濟發展影響更大，政府有制定政策促進國際貿易的激勵措施，各類經濟主體也樂意在做決策時對國際貿易予以更多的關注，國際貿易對產業佈局的影響也會越顯著。

第二節　國際貿易結構對產業佈局的影響

在國際貿易總量影響產業佈局的同時，國際貿易的結構也會對產業佈局產生影響。國際貿易的結構包括多種，此處重點分析國際貿易的產業結構和地區結構對產業佈局的影響。國際貿易的產業結構是指國際貿易的標的物的產業構成。國際貿易的地區結構是指國際貿易中出口產品目的國家的地區構成，以及進口品貨源地國家的地區構成。國際貿易的兩種結構本身及其變化都會影響產業佈局。

---

① 中華人民共和國國家統計局. 國際統計年鑒：2013 [Z]. 北京：中國統計出版社，2013：322.

一、國際貿易的產業結構對產業佈局的影響

總體來看，不同的國際貿易產業結構對產業佈局的影響不同。在國際貿易中，無論農產品、初級產品在貿易品總量中占的比重是高是低，對產業佈局的影響都相對較小。這主要是由以下原因所致：首先，農產品及初級產品的生產對自然條件具有較大的依賴性。從成本的角度看，改變農產品及初級產品產業佈局的成本較高；從收益的角度看，農產品及初級產品本身的特性，以及長期形成的國際分工格局導致其價格相對較低，產品的附加值不高。儘管發展中國家大多依賴農產品及初級產品的出口創匯，但也並沒有因此而顯著改變農產品及初級產品的生產佈局。其次，就世界各國國際貿易的現實情況看，農產品及初級產品的貿易量占貿易總量的比例較低，為了開展國際貿易而進行巨額的投資以改變其佈局並不是一個理性的決策。由表 3-1 可知，全球和不同發展水平國家的進出口貿易結構中，農業原材料、食品和燃料所占的比例均很低。尤其重要的是，這種情況並非個例而是在全球範圍內普遍存在。如 2010 年農業原材料出口所占比例最高的國家為蒙古國，但也只有 12.4%，食品進口所占比例最高的國家為孟加拉國，但也只有 22.5%。[①] 所以，國際貿易中農產品及初級產品的比重大小，其比重是否發生改變對產業佈局的影響一般不太顯著。

表 3-1　　2010 年全球及不同發展水平國家的進出口貿易結構　　單位：%

	地區及國家類型	農業原材料	食品	燃料	礦物和金屬	製成品	其他
出口	世界	1.7	8.2	12.1	4.5	68.9	4.6
	高收入國家	1.7	7.5	9.6	4.1	71.8	53
	中等收入國家	1.9	10.6	21.6	6	58.3	1.6
進口	世界	1.4	7.4	15.8	4.1	68.4	3
	高收入國家	1.3	7.4	16	3.7	68.5	3.2
	中等收入國家	2	7.6	14.5	5.6	68.2	2.1
	低收入國家	3.4	15.8	16.4	2.4	59.6	2.5

數據來源：中華人民共和國國家統計局. 國際統計年鑒：2013 [Z]. 北京：中國統計出版社，2013：322-323.

與農產品及初級產品的貿易相比，工業製成品的貿易量占貿易品總量的比例及其變化對產業佈局的影響尤為突出。特別是在加工生產過程中失重較少的

[①] 中華人民共和國國家統計局. 國際統計年鑒：2013 [Z]. 北京：中國統計出版社，2013：322-323.

產品，以及製成品不便於遠距離運輸的產品，這些產品的生產廠商一般會按照接近消費地的原則進行佈局。此舉一方面是為了節省運輸成本，另一方面也是為了縮短與消費者的距離，降低信息不對稱程度，增加消費者對產品的購買量，提高市場佔有率，從而獲取更大的利潤。另外，與農產品比較起來，工業製成品的生產對自然條件的依賴相對較低，改變其區位佈局的成本也相對較低，進行區位選擇的自由度相對較大。再者，由表3-1可知，從全球及不同發展水平國家國際貿易的產品結構來看，工業製成品所占比例較高，這一格局勢必對各國貿易政策的制定、行業發展及廠商選址造成更大的影響，各類經濟主體也會按照便利國際貿易的原則進行相應的佈局。由此一來，國際貿易中工業製成品的比例較高會導致產業佈局發生相對較大的改變。

二、國際貿易的地區結構對產業佈局的影響

按照一般的理解，國際貿易的地區結構影響產業佈局主要是出於降低運輸成本的考慮。但考慮到信息的傳遞成本隨著距離的增加而增加，信息不對稱的程度也隨著距離的增加而加劇等因素，國際貿易的地區結構之所以能夠影響產業佈局，其機理在於國際貿易中的信息不對稱問題更加突出。此時通過合理的產業佈局有助於更好地傳遞信息，從而降低國際貿易中信息傳遞的成本，降低信息不對稱程度，讓供求雙方都能夠更好地從中獲益。穩定的國際貿易地區結構一方面可以降低信息不對稱程度，另一方面也使得貿易夥伴間既有的國際貿易格局得到進一步強化，鞏固各國既有的產業佈局。

國際貿易的地區結構通過主導國際產業轉移方向的方式影響產業佈局。國際貿易與生產要素的跨國轉移存在相互替代關係，選擇國際貿易還是要素的跨國轉移主要是依據其行為的成本和收益對比。與要素的跨國流動相比，國際貿易發生的頻率較高，每次交易的金額較小，要素跨國轉移發生的頻率較低，每次交易的金額較大。在保護性貿易政策逐漸盛行，特別是各類隱性的保護手段越來越受到各國政府青睞的情況下，開展商品國際貿易的收益在降低而其成本卻在增加，以要素跨國流動為特徵的國際產業轉移就會越來越受到各類經濟主體的青睞。這最終將導致國際產業轉移大量出現，其轉移的方向是從貿易出口國轉移到該國產品的主要進口國。因此，穩定的國際貿易地區結構可以主導國際產業轉移的方向，改變產業佈局。

最后，國際貿易的地區結構也可以鞏固既有的產業佈局。對一個國家或地區來說，受到政治因素、經濟因素、意識形態等各方面的影響，在開展國際貿易的過程中，其貿易的地區結構一般具有相對的穩定性。換句話說，在短時間

內,各國的主要貿易夥伴一般不會發生較大的改變,各國將依據本國的優勢進行生產經營並開展國際貿易。國際貿易的不斷開展導致各個貿易夥伴的比較優勢愈發明顯,國際間的分工格局會在一定時期內持續穩定地存在,國與國之間的分工行為也將得到強化,從而使各貿易國的產業結構和佈局得以持續存在。中國的情況就印證了這一點。

改革開放以來,中國的國際貿易急速增長,進出口總額由1978年的206.4億美元增至2013年的41,596.93億美元[1],絕對數增長了200倍,年均增長18.1%,比改革開放前的28年提高了5.51個百分點[2]。然而,由表3-2可知,中國的主要貿易夥伴並沒有因為國際貿易的急遽增長而發生大的變化,歐盟、美國、日本、中國香港、東盟等一直是中國主要的貿易夥伴。加入世界貿易組織(WTO)以後,前十位貿易夥伴與中國的貿易額占中國國際貿易總額的比例基本穩定在80%。

表3-2　　　　　　　　中國主要的進出口貿易夥伴

年份 排名	1999	2005	2006	2007	2008	2009	2010	2011	2012	2013
1	日本	歐盟	歐盟	歐盟	歐盟	歐盟	歐盟	歐盟	歐盟	歐盟
2	美國	美國	美國	美國	美國	美國	美國	美國	美國	美國
3	歐盟	日本	日本	日本	日本	中國香港	日本	東盟	東盟	東盟
4	中國香港	中國香港	中國香港	東盟	東盟	東盟	東盟	日本	中國香港	中國香港
5	東盟	東盟	東盟	中國香港	中國香港	日本	中國香港	中國香港	日本	日本
6	韓國	韓國	韓國	韓國	韓國	韓國	韓國	韓國	韓國	韓國
7	中國臺灣	中國臺灣	中國臺灣	中國臺灣	中國臺灣	印度	中國臺灣	中國臺灣	中國臺灣	中國臺灣
8	澳大利亞	俄羅斯	俄羅斯	俄羅斯	澳大利亞	澳大利亞	澳大利亞	澳大利亞	澳大利亞	澳大利亞
9	俄羅斯	澳大利亞	澳大利亞	澳大利亞	俄羅斯	中國臺灣	巴西	巴西	俄羅斯	巴西
10	加拿大	加拿大	印度	印度	印度	俄羅斯	印度	俄羅斯	巴西	俄羅斯

資料來源:《中國商務年鑒》相關各年。

---

[1] 中華人民共和國國家統計局. 2013年國民經濟和社會發展統計公報 [EB/OL]. [2014-02-24]. http://www.stats.gov.cn/tjsj/zxfb/201402/t20140224_514970.html.
[2] 國家統計局. 新中國60年 [Z]. 北京:中國統計出版社,2009:68.

第三節　國際貿易方式對產業佈局的影響

國際貿易方式有多種分類方法，此處只分析產業間貿易和產業內貿易兩種貿易方式。產業間貿易以比較優勢貿易理論、要素稟賦貿易理論為理論基礎，產業內貿易則以強調規模經濟的貿易理論為理論基礎。[①] 雖然產業內貿易理論並沒有否定產業間貿易理論，甚至從根本上來看後者是對前者的修正和進一步發展，但以其為理論基礎所開展的兩種不同方式的貿易對產業佈局產生的影響各不相同，且這種影響效果在全球範圍內更為顯著。

一、產業間貿易對產業佈局的影響

產業間貿易是指同一個國家在一段時期內，同一個產業部門在參與國際貿易的過程中只進行產品的出口或進口。按照一般的國際貿易理論，產業間貿易是以各國的比較優勢為基礎的，因此，在產業間貿易情況下，同一產業產品在國際貿易中基本上是單向流動的。其結果是，產業間貿易的開展將導致產業在全球範圍內集中佈局，生產並出口某一類產品的國家充分利用自己的比較優勢進行大規模的生產，其產出份額和市場佔有率均較高；進口該產品的國家則因為不具有比較優勢從而少量甚至是不生產這些產品。此時，站在全球的角度看，產業間貿易將促進產業集中佈局在產品出口國。

產業間貿易對產業佈局的影響有逐漸弱化的趨勢，這主要源於以下三個方面：第一，隨著國際貿易的開展，產業間貿易的規模在逐步縮小，占貿易總額的比例也在逐漸降低，這一現象直接決定了產業間貿易對產業佈局的作用將會逐漸降低。第二，經濟的發展不僅表現為經濟總量的增長，而且也有結構調整因素貫穿其中，配第—克拉克定理、霍夫曼經驗定理已經給出了中肯的解釋。隨著全球經濟的不斷發展，各國和地區將陸續進入工業化、信息化時代，其產業結構有逐步趨同的趨勢，直接決定了開展產業間貿易不再具備現實條件。第三，各國越來越注意到合理的產業結構可以有效地保障一國的經濟安全和產業安全，各國都在積極地調整產業結構，以促進經濟發展並維護其主權。除非一國生產某種產品的成本特別高，或者是完全不具備生產某種產品的條件，否則

[①] 王炳才. 產業間貿易理論與產業內貿易理論比較研究 [J]. 國際貿易問題，1997（8）：26–28.

他們將會適度發展一些不具有比較優勢的產業，防止受制於他人。這也可以在一定程度上抵消產業間貿易所導致的產業集聚，弱化產業間貿易對產業佈局的影響。

二、產業內貿易對產業佈局的影響

產業內貿易是指一個國家在某一時期內，同一個產業部門在參與國際貿易的過程中既出口又進口某一產品，也即各國進行國際貿易時，基本上交易的是相同或相似的產品。導致產業內貿易出現的主要原因是產品的差異化、規模經濟、壟斷競爭或者寡頭壟斷、跨國公司的活動①，以及消費者的偏好差異等。與產業間貿易對產業佈局的影響相比，產業內貿易對產業佈局的影響較為複雜，並且影響的方向和途徑也更為多樣化。

產業內貿易既可以促進產業在部分國家集聚，也可以促成產業在全球範圍內分散佈局。首先，產業內貿易條件下，各國都在同一產品的生產上具有一定的生產能力，他們生產的產品既可以供給國內的消費需求，也可以滿足國際市場的產品消費需求。各國在生產同一產品的過程中，部分國家和地區會因為規模經濟等原因而在該產品的生產上具備優勢，通過累計因果循環的作用，其優勢地位不斷得以強化，最終導致這些國家在該產品的生產上所具有的優勢地位為其他國家所不可比擬，產業將隨之集聚在這些國家。其次，因為各國開展產業內貿易時，他們都有生產某一產品的能力，部分國家想擁有產品生產的絕對優勢難度相對較大，並且因為消費者的消費偏好是有差異的，他們傾向於消費不同國家的產品，最終有利於產業在全球範圍內分散佈局。

隨著產業內貿易規模的不斷擴大，以及產業內貿易占貿易總額的比例不斷提升，產業內貿易對產業佈局的影響正在逐步凸現。第二次世界大戰以來，產業內貿易得到長足發展。1962年產業內貿易只占全球貿易總額的25%，進入21世紀后，產業內貿易占全球貿易總額的比例超過了50%。② 產業內貿易占貿易總額比例的增加並非是個別現象，「從原油到天然氣等初級產品、從汽車零部件到電腦熱線服務，到食品飲料等終極產品，所有商品和服務的產業內貿易比例都增加了」③。總之，產業內貿易的逐漸增加必將逐步強化國際貿易對產

---

① 尹翔碩. 國際貿易教程 [M]. 上海：復旦大學出版社，1996：113.
② 世界銀行. 2009年世界發展報告 [M]. 胡光宇，等，譯. 北京：清華大學出版社，2009：172.
③ 世界銀行. 2009年世界發展報告 [M]. 胡光宇，等，譯. 北京：清華大學出版社，2009：172.

業佈局的影響。消費者的消費需求多樣化程度正在逐步提高，也會刺激產業內貿易規模進一步擴大，這也是產業內貿易對產業佈局的影響不斷擴大的重要原因。

第四節　國際貿易內容對產業佈局的影響

不僅國際貿易總量、國際貿易結構、國際貿易方式可以影響產業佈局，國際貿易內容同樣會對產業佈局產生影響。具體而言，國際商品貿易、國際服務貿易、國際技術貿易、國際資本流動等都對產業佈局有不同的影響。

一、國際商品貿易對產業佈局的影響

國際商品貿易對產業佈局造成影響的途徑主要有兩個，即商品貿易規模和商品貿易的標的物。

（一）國際商品貿易的規模對產業佈局的影響

國際商品貿易的規模對產業佈局的影響，有賴於貿易商品生產的原材料運輸成本和商品本身運輸成本的對比。如果原材料運輸成本較高，且在生產過程中失重較大，則產業將佈局在原材料豐富的國家和地區；如果商品本身運輸成本較高，則產業將佈局在商品大規模消費的國家和地區。前一種情況主要體現了自然資源稟賦對產業佈局的影響，其直接結果是產業佈局在原材料豐富的國家和地區，通過國際貿易的方式滿足國外消費者的需求，其對產業佈局的影響是促進產業在資源稟賦優越的國家和地區集聚。后一種情況是商品本身運輸成本較高，這將激勵產業在消費地區集聚。

（二）國際商品貿易的標的物對產業佈局的影響

國際商品貿易的標的物對產業佈局的影響主要來源於標的物的附屬屬性、標的物的生產條件、標的物所處的產品生命週期的階段。

對出口國和進口國都能夠生產的商品而言，國際商品貿易增加了消費者的選擇範圍，影響了消費者的偏好，改變了各地區消費需求的比例關係，進而影響產業佈局。消費者消費一種商品或服務的目的是為了獲得心理滿足，增加自己的效用水平。對他們而言，從商品的消費中獲得效用滿足不僅來自商品本身的屬性，還來自於商品的附屬屬性。就同一種商品而言，購買本土商品和購買進口商品所帶來的效用滿足是不同的。這部分是源於商品本身的差異，部分是源於消費者的主觀心理。在經濟發展水平逐步提高的情況下，消費者購買商品

時不僅關注商品本身的實用性,而且更多地關注商品的附屬屬性所帶來的效用滿足。購買進口商品,特別是來自特定國家的進口商品,是消費者身分、階層、地位、個人品位的象徵,可以讓消費者獲得更多的心理滿足。此時,把產業佈局在進口國以外的國家,儘管要面臨著較大的信息搜尋成本和運輸成本,但仍然可以從中獲益。

　　國際商品貿易有可能導致產業逐漸向進口國轉移。以農業為代表的第一產業對氣候、降水、光照等自然條件的依賴性比較高,進口國可能不具備生產特定農產品的自然條件,直接決定了廠商沒有條件到進口國進行生產。對於工業品而言,在生產過程中失重較多的商品到進口國生產的優勢不是特別明顯,而在生產過程中失重較少的商品,以及在進口國可以獲得充足原材料的商品,到進口國直接生產的優勢十分突出。廠商就地生產和銷售就可以有效地規避信息搜集成本和運輸成本,同時也可以根據當地的消費需求適當改進工藝,以利於廠商更好地獲利。在后一種情況下,廠商選擇到進口國進行生產並銷售正是由國際商品貿易所引起。

　　同時,國際商品貿易的標的物所處的產品生命週期的階段不同,同樣可以對產業佈局造成影響,這一點已被雷蒙德·弗農的產品生命週期理論所證實。

二、國際服務貿易對產業佈局的影響

　　國際服務貿易[1]影響產業佈局的方式主要有兩個,即國際服務貿易改變了產業發展的要素供給和需求條件,降低了商品跨國交易成本。國際服務貿易的分離式服務、消費者所在地服務、生產者所在地服務以及流動服務等[2],不同的服務貿易類型都可以對產業佈局產生影響。

　　國際服務貿易中的勞動力跨國流動可以影響產業佈局。勞動力作為產業發展的一個重要因素,其跨國流動可以改變世界各國和地區的勞動力數量及其比例,也即改變了世界各國的勞動力供給,從而可以從供給一方影響勞動力的價格並作用於產業佈局。按照托達羅等人的人口流動理論,勞動力流動的目的無非是為了獲得更高的預期收入,這意味著勞動力的流向是由工資低的國家和地

---

[1]　國際服務貿易有廣義和狹義之分。狹義的國際服務貿易指發生在國家之間的服務輸入和輸出活動。廣義的國際服務貿易包括有形的勞動力輸出輸入、無形的提供者與使用者在沒有實體接觸情況下的交易活動。按照廣義的國際服務貿易,勞動力的跨國流動屬於國際服務貿易。根據國際貿易理論,勞動力的跨國流動可歸於要素跨國流動的範疇。本書的研究主題是國際貿易對產業佈局的影響,為了行文方便,本書採用廣義的國際服務貿易,把勞動力的跨國流動作為國際服務貿易的一種加以分析。

[2]　王紹媛. 國際服務貿易 [M]. 大連:東北財經大學出版社,2007:22.

區流向工資高的國家和地區，為產業在勞動力稀缺、工資水平較高的國家和地區進行佈局提供了條件。由此看來，勞動力的跨國流動對於特定產業特別是勞動密集型產業佈局的影響不容忽視。同時，勞動力的跨國流動改變了國家之間的勞動力比例和結構，因為勞動力本身也是消費者，也可以從需求方面影響產業佈局。

國際服務貿易可以降低商品的跨國交易成本，改變廠商的收益狀況。商品跨國交易需要額外支付關稅，廠商跨國投資需要瞭解東道國的法律制度等，兩者都需要支付較高的跨國交易成本。國際服務貿易則有助於降低廠商的跨國交易成本。國際服務中的國際運輸、跨國銀行、國際投融資及其他金融服務、勞務輸出、國際商業批發和零售服務以及官方開展的國際服務項目等，可以直接降低商品的跨國交易成本。另外，一些國際服務項目如國際信息處理和傳遞服務、國際諮詢服務、國際交流服務等，可以豐富廠商的信息來源，弱化信息不對稱狀況，降低廠商的信息搜尋成本，從而間接地降低廠商的跨國交易成本。跨國交易成本的降低既可以促進廠商在本土生產，開展更多的國際貿易活動，也可以刺激廠商到其他國家和地區投資。前者的例子如國際運輸服務可以為廠商提供價格低廉的運輸服務，廠商不必專門進行產品的國際運輸，有利於廠商開展產品出口貿易。后者的例子如跨國銀行、國際融資公司等其他金融服務，滿足了廠商將盈利匯入自己國家的需求，提高了廠商到其他國家和地區投資的積極性。

與國際貨物貿易相比，未來國際服務貿易對產業佈局的影響將逐步加強。在后工業化社會或者服務經濟中，服務業的地位將逐步提高，在經濟總量中的份額也將逐步擴大，服務業對整體經濟的影響作用會進一步擴大。信息技術的進步直接推動了以高新技術跨國服務為代表的國際服務貿易得到更快發展，國際服務貿易的行業結構、地區結構也正在發生積極的變化，這將進一步刺激國際服務貿易加速發展，並強化其對全球產業佈局的影響。與此同時，國際服務貿易發展的地理分佈不均衡，不同類型的國家在國際服務貿易中的比較優勢（如表 3-3）、地位差異等，也會導致國際服務貿易向部分國家集聚，從而導致服務產業中的部分行業在部分國家和地區出現集聚的趨勢。

表 3-3　發達國家和發展中國家服務貿易部門比較優勢的差異

比較項目	發達國家	發展中國家
有比較優勢的服務貿易部門數量	較多	較少
有比較優勢服務貿易部門的分佈	集中	分散

表3-3(續)

比較項目	發達國家	發展中國家
有比較優勢的服務貿易部門類型	資本、技術密集型部門	資源密集型部門
服務貿易部門比較優勢波動幅度	較小	較大

資料來源：王紹媛. 國際服務貿易 [M]. 大連：東北財經大學出版社，2007：85-86.

三、國際技術貿易對產業佈局的影響

國際技術貿易對產業佈局的影響主要是擴大了適宜於產業佈局的地理範圍，推動產業向經濟發展條件惡劣的地區佈局。

首先，國際技術貿易可以提高各國的整體技術水平，降低產業發展對勞動、資本、原材料的依賴。新技術研發的成本較高，高額的研發成本決定了並不是所有國家都有實力開展新技術研發，也即新技術研發一般集中在部分的發達國家和地區。從經濟學的角度看，資源相對於人類的無限慾望而具有稀缺性是一個不可改變的事實，這決定了各國在進行新技術研發時，關注的焦點之一就是用新技術提高資源利用率，減少既定產出的資源消耗。換言之，技術研發總在向著節約資源的方向發展。購買並推廣和使用新技術的成本較低，技術落後的欠發達國家可以從國外購買技術，提升本國的技術水平。通過國際技術貿易的方式，欠發達國家和地區購買發達國家和地區的技術，改善產業發展的生產條件和生產技術，提高其生產效率和對各種資源的利用率，從而降低生產活動對勞動、資本、原材料的依賴程度。發達國家同樣可以以技術諮詢和技術服務的方式與發展中國家開展國際技術貿易，以更低的成本解決發展中國家經濟發展中面臨的技術制約問題，擴大產業佈局的範圍。

其次，技術貿易提高世界各地的技術水平，使原來不利於大規模開展某項生產活動的地區有條件進行生產活動。世界各國的技術進步並不是同步進行的，各國特定的條件決定了其在某些領域的技術創新和進步速度會高於其他國家。以以色列的農業節水灌溉技術為例，以色列水資源嚴重匱乏，國土面積的60%以上處於乾旱與半乾旱狀態，因而該國長期致力於農業節水技術的研發以最大限度地節約水資源。該國在農業生產中將壓力灌溉技術、滴灌技術、埋藏式灌溉技術、噴灑式灌溉技術以及散布式灌溉技術並用，灌溉系統的操作採用計算機自動處理，為農業生產提供了技術支持。由於長期研發推行節水灌溉技術，以色列自1948年建國后的50年中，農業生產增長了12倍，而農業用水

量僅增長了 3.3 倍。① 可以預見的是，以色列節水灌溉技術為主要從事農產品生產和加工的廠商到干旱、半干旱地區進行佈局提供了現實可能。另外，國際技術貿易提高了技術水平，並可能帶動一些新的專門用於產品檢驗的技術和產品出現，提高各類經濟主體對商品信息的甄別能力，減少國際貿易中的信息不對稱，為產業佈局提供更大的選擇餘地。再者，國際技術貿易中的許可貿易可以使技術水平落後的國家合法取得專利、商標、專有技術的使用權。此舉一方面維護了技術所有人的權益，另一方面可以使技術購買方充分利用本國的各種優勢，降低生產成本，提高產品在國際市場上的競爭力，為技術密集型產業在全球範圍內分散佈局提供技術支持。

最後，國際技術貿易也可以通過把技術嵌入機械產品的方式作用於產業佈局。在雷蒙德·弗農看來，產品進入標準化階段之後，發展中國家能夠大量生產創新國的產品並出口，其根本原因在於新產品生產的技術已經鑲嵌至生產設備之中，發展中國家在向發達國家購買機器設備的同時，購買了發達國家的先進生產技術。合成化肥產業在20世紀初產生於德國，到了20世紀90年代卻在全球100多個國家都有生產②，導致合成化肥產業的生產佈局從德國擴散至全球的動力正是國際技術貿易。

國際技術貿易市場格局的極度不平衡會削弱其對產業佈局的影響。在當今國際分工條件下，儘管發展中國家的國際技術貿易發展速度很快，但因其國際技術貿易發展的起點較低，發展中國家在國際上的發言權依然較小，國際技術貿易仍然呈現單軌性特徵，發達國家壟斷國際技術貿易的市場格局並沒有明顯的改觀，國際技術貿易的市場格局極度不平衡依然存在。這不僅不利於國際技術貿易的發展，也不利於國際技術貿易有效發揮其對產業佈局的影響。

四、國際資本流動對產業佈局的影響

作為改變全球各地資本供給的方式，國際資本流動對產業佈局的影響不可忽視。國際資本流動包括資產組合投資和外商直接投資兩大類③，不同的國際資本流動方式對產業佈局有不同的影響。

資產組合投資中的國際借貸，尤其是外國政府貸款、國際金融組織貸款一

---

① 駐以色列使館商務處. 以色列農業節水灌溉情況簡介 [EB/OL]. [2009-09-27]. http://www.mofcom.gov.cn/aarticle/i/dxfw/gzzd/200909/20090906531169.html.
② KEITH CHAPMAN. Industry Evolution and International Dispersal: The Fertiliser Industry [J]. Geoforum, 2000, 31 (3): 371-384.
③ 海聞，P 林德特，王新奎. 國際貿易 [M]. 上海：上海人民出版社，2003: 210-216.

般為軟貸款。這種貸款期限較長而利息較低,為資本短缺的國家改善其基礎設施,增強產業發展能力提供了資本支持,有利於改善這些國家的產業佈局。如世界銀行、亞洲開發銀行向中國提供的各種貸款利息較低且期限較長,貸款主要用於完善基礎設施,為經濟落後資本短缺的中西部地區改善經濟發展的基礎條件提供了資本來源,增強了中西部地區產業發展的能力,為產業在中國的三大區域之間進行梯度轉移提供了條件。國際證券投資為發行債券的國家提供資本用於發展本國生產和服務業,提高資本流動性,分散投資風險。此舉有利於資本不足的國家發展資本技術密集型產業,利於資本充裕的國家將資本技術密集型產業轉移到發展中國家,促進產業的國際轉移從而影響產業佈局。

外商直接投資的區位選擇也會影響產業佈局。國內外的研究一再表明,對外直接投資具有區位選擇的特點[1],外商直接投資的區位選擇同時關注微觀和宏觀層面。出資方一般選擇到經濟條件較好的國家進行投資活動,他們的投資行為會豐富東道國的資本存量,降低產業發展過程中的融資價格,為東道國產業佈局的優化提供資本支持。同時,理論分析和實證檢驗都表明,外商直接投資和國際貿易之間存在互補和替代關係[2],外商直接投資也可以通過影響國際貿易來間接影響產業佈局。外商直接投資在一定程度上可以替代國際貿易,若廠商到東道國進行生產只供應東道國市場而不考慮國際市場,大規模開展外商直接投資活動的結果是降低國際貿易的規模,弱化國際貿易對產業佈局的影

---

[1] SHARMISTHA BAGCHI-SEN. The Location of Foreign Direct Investment in Finance, Insurance and Real Estate in the United States [J]. Geografiska Annaler. Series B, Human Geography, 1991, 73 (3): 187-197. 賀燦飛,魏后凱. 信息成本、集聚經濟與中國外商直接投資區位 [J]. 中國工業經濟, 2001 (9): 38-45. 魏后凱. 加入 WTO 后中國外商投資區位變化及中西部地區吸引外資前景 [J]. 管理世界, 2003 (7): 87-75. 魏后凱,賀燦飛,王新. 外商在華直接投資動機與區位因素分析——對秦皇島市外商直接投資的實證研究 [J]. 經濟研究, 2001 (2): 66-76.

[2] 理論方面的研究,羅伯特·蒙代爾和雷蒙德·弗農認為,國際貿易和 FDI 之間存在替代效應,而小島清則認為國際貿易和 FDI 之間存在互補關係;實證方面的分析,Andrew Schmitz & Pelter Helmberger、梁琦和施曉蘇對中國的國際貿易和 FDI 實證研究認為,兩者之間的互補效應大於替代效應, Munisamy Gopinath、Daniel Pick & Utpal Vasavada 的實證研究結論則與此相反。詳見: ROBERT A MUNDELL. International Trade and Factor Mobility [J]. The American Economic Review, 1957, 47 (3): 321-335. RAYMOND VERNON. International Investment and International Trade in the Product Cycle [J]. The Quarterly Journal of Economics, 1966, 80 (2): 190-207. 小島清. 對外貿易論 [M]. 周寶廉,譯. 天津: 南開大學出版社, 1987: 414-415. ANDREW SCHMITZ, PERTER HELMBERGER. Factor Mobility and International Trade: The Case of Complementarity [J]. The American Economic Review, 1970, 60 (4): 761-767. 梁琦,施曉蘇. 中國對外貿易和 FDI 相互關係的研究 [J]. 經濟學 (季刊), 2004 (3): 839-858. MUNISAMY GOPINATH, DANIEL PICK, UTPAL VASAVADA. The Economics of Foreign Direct Investment and Trade with an Application to the U. S. Food Processing Industry [J]. American Journal of Agricultural Economics, 1999, 81 (2): 442-452.

響。外商直接投資與國際貿易又有互補關係，廠商到東道國進行投資，可以利用東道國的優勢生產條件生產更多的產品，並通過出口貿易的方式滿足其他國家的需求。伴隨著外商直接投資規模的增加，國際貿易的規模也有相應的增加，國際貿易對產業佈局的影響也相應凸顯。不論如何，外商直接投資過程中有技術和管理的交流，從而可以適時地影響產業佈局。

資本可以自由流動的水平同樣影響著產業佈局。依據 Kazuhiro Yamamoto 的研究，如果資本可以在國家之間完全自由流動，隨著產品運輸成本的下降，製造業廠商的集聚將會加速。[1] 在運輸成本很低時，受資本投資本土化偏好的影響，即使是市場廣大的國家也可以實現完全的集聚。相反，如果資本不能夠在國家之間自由流動，市場廣大的國家產業集聚會隨著資本流動的一體化而加速。同時，如果製造業產品的運輸成本較低，因為資本的國際投資需要支付成本，此時所有的資本擁有者將撤回在外國的投資而只在本土投資，減少國際產業轉移。

第五節 國際貿易政策對產業佈局的影響

國際貿易政策可以分為自由貿易政策和保護貿易政策兩種，前者鼓勵自由貿易，鼓勵商品自由進出口，倡導國內外廠商在國際市場上自由競爭，對國際貿易設置的各種制度障礙較低，對進出口不進行管制或者很少管制；后者則反對自由貿易，往往鼓勵商品出口限制商品進口，保護本國廠商而打擊外國廠商，以徵收關稅、設置較高的產品檢驗標準等方式限制商品進口。作為產業佈局的重要方式之一，產業的集聚可以看作政治的集聚在產業層面的再現，制度對於產業佈局有著重要的影響[2]，國際貿易政策同樣如此。國際貿易政策對產業佈局的影響不僅限於國與國之間，而且可影響一國內部的產業佈局。從經濟發展的總體趨勢看，經濟全球化、經濟網絡化、貿易自由化的趨勢越來越明顯，自由貿易政策將對產業佈局產生更大的影響。但就政策本身而言，保護性貿易政策是以保護國內產業和改善國際收支為目的的，可以直接限制各類經濟

---

[1] KAZUHIRO YAMAMOTO. Location of Industry, Market Size, and Imperfect International Capital Mobility [J]. Regional Science and Urban Economics, 2008, 38 (5): 518-532.

[2] MARC L BUSCH, ERIC REINHARDT. Industrial Location and Protection: The Political and Economic Geography of U. S. Nontariff Barriers [J]. American Journal of Political Science, 1999, 43 (4): 1,028-1,050.

主體的經濟活動，對產業佈局的影響更直接。

一、自由貿易政策對產業佈局的影響

自由貿易政策可以促進產業在一個國家大規模集聚，有利於產業在全球範圍內進行合理佈局。貿易政策較為寬鬆時，產業可以根據各國的供求條件進行生產佈局。在自由貿易條件下，當一國因為資源禀賦、專門技術、傳統工藝等，導致其在生產某種產品方面具有其他國家無可比擬的優勢時，該國可以在本國集中優勢進行產品的大規模生產，通過國際貿易的方式占領國際市場，滿足國外消費者的需求，讓消費者獲得效用滿足的同時讓自己獲利。該國通過國際貿易滿足國內消費者對其他商品的消費需求。只要國際貿易帶來的運輸成本、信息搜尋成本的增加不高於改變生產佈局的成本，具有優勢的國家就可以以專業化生產的方式從國際貿易中獲利。總之，自由貿易政策條件下，產業可以依照經濟效益的目標在全球範圍內進行合理的佈局，促進全球經濟效益的優化。

自由貿易政策也可以促進產業在一個國家內部具有優勢的地區進行大規模的集聚，優化一國內部地區之間的產業分工。對於國土面積較大的國家來說，國家內部不同區域的比較優勢是不同的，沿海地區開展國際貿易的優勢明顯高於內陸地區。這是由沿海地區在國際貿易中運輸成本較低、信息搜尋成本較低的客觀條件所決定的。一國開展國際貿易的目的無非是為了使本國的福利水平最大化，在國際貿易開展的過程中，國家將不斷地進行產業結構和產品結構的升級換代以取得更好的經濟效益。實現這一目標自然需要在國家內部的不同地區之間進行合理的產業分工，讓地區之間的產業發展具有一定的梯度差異。國際貿易的開展可以讓具有優勢的地區更好地發展，優化產業佈局。中國的現實情況就是如此。改革開放后，中國逐漸融入世界經濟，國際貿易規模迅速提高，東部沿海地區的優勢很快得到彰顯，工業迅速發展起來。這一局面的形成不僅僅是因為中國具有廉價勞動力的比較優勢，更是因為中國實行改革開放便於國際貿易的開展，為東中西三大區域的產業分工提供了政策支持，為東部沿海地區利用自身優勢迅速崛起提供了機遇。

此外，出口導向型的貿易政策也間接地促進了對技術要求較低的勞動密集型產業，如制衣、制襪和家具製造等行業向低工資國家的集聚[1]。

---

[1] ALLEN J SCOTT. The Changing Global Geography of Low-Technology, Labor-Intensive Industry: Clothing, Footwear, and Furniture [J]. World Development, 2006, 34 (9): 1,517-1,536.

二、保護貿易政策對產業佈局的影響

保護貿易政策促成產業在全球範圍內分散佈局，不利於集聚經濟優勢的發揮。如果以國際貿易中的大國和小國來分析，則在大國貿易保護政策不變的情況下，小國國際貿易保護政策的加強將更有利於產業在該國集聚，甚至可能出現較大國更多的產業在小國佈局。[①] 在保護貿易政策實施的國家，進口商品需要交納較高的關稅，接受嚴格的檢驗標準的檢驗，國外廠商在本土生產並把產品出口到實施保護貿易的國家往往得不償失。對此，為了提高產品在進口國市場上的競爭力，獲取更大的利潤，廠商理性的選擇就是直接到進口國投資並就地銷售，從而避開保護貿易政策所帶來的各種不利影響。事實上，一些大型的跨國公司在全球多個國家同時進行生產銷售，其原因之一正是為了規避關稅所導致的競爭優勢喪失。不論如何，因為保護性貿易政策的存在，產業很難在一個國家獲得大的發展，進行大規模的集聚，國際分工難以有效開展。在這種條件下，不論自身產業發展條件如何，各國只有採用自給自足的發展戰略，為產業的均衡發展創造條件，以避免在國際市場上受制於他國。每一個國家都採取這種策略的結果是，產業在全球範圍內分散佈局，產業集聚的優勢在國際層面上難以實現。

以關稅為例，關稅政策可以影響產業在國際和國內的佈局。關稅既可以鼓勵出口也可以限制進口，它使國際間的分工合作變得更加困難，不利於開展專業化生產。「關稅問題是改變轉運條件的一個方面，它影響著國內和國際間的工業佈局。」[②] 對原材料徵收關稅將刺激廠商到原材料所在地國家投資，對製成品徵收關稅將刺激廠商到產品進口國投資。無論如何，廠商在國家間的選址都或多或少地受到關稅政策的影響。不僅如此，廠商在一國內部的選址同樣受關稅的影響。如果一國徵收較重的出口關稅，將激勵廠商把選址從接近國際市場的地區轉到國內人口密集的地區，從沿海港口地區轉移到內地。瑞典曾經實施的關稅政策有利於南方的農業而不利於北方的農業，為應對這一政策，南方的農民生產糧食，北方的農民則選擇冬季在森林裡工作。其結果是瑞典的糧食

---

① 熊文，王錚. 貿易保護、產業集聚與經濟增長——一個兩地區模型分析 [A] //佚名. 中國地理學會百年慶典學術論文摘要集. 北京：[出版者不祥]，2009：35.
② 伯特爾·俄林. 區際貿易與國際貿易 [M]. 逯宇鐸，等，譯. 北京：華夏出版社，2008：223.

生產絕大部分集中在該國的南方，北方農民生產的糧食卻不能滿足自身的消費。①

隨著國際貿易的發展，保護貿易政策不再局限於徵收關稅等傳統手段，更多地假借環保、國民健康、安全和社會責任等名目，以抬高市場准入門檻、提高產品質量檢驗標準、設定嚴格的環境保護標準等面目出現。新的貿易保護方式具有更強的保護性、靈活性、多樣性、隱蔽性，因而受到各國的歡迎並為各國所廣泛採用。在不考慮國家通過新的貿易保護政策，故意為出口國設置障礙的情況下，新的貿易保護措施可以有效打擊質量低劣的產品進入國際市場，有利於產品質量較高、環保標準較好的國家提高其產品在國際市場上的競爭力，為其進行大規模生產創造了條件，從而在一定程度上有利於國際間產業佈局的優化。但是，嚴格的保護措施也會在一定程度上阻礙產業的國際轉移，導致國際間的產業梯度差異持續存在，不利於產業在國際間的協調發展，從而對產業佈局造成不利影響。

本章小結

本章全面就國際貿易的總量、結構、方式、內容以及國際貿易政策等對產業佈局所產生的各種影響進行總括性的理論分析。本章把國際貿易總量分為絕對量和相對量，國際貿易結構分為產業結構和地區結構，國際貿易方式分為產業內貿易和產業間貿易，國際貿易內容分為國際商品貿易、國際服務貿易、國際技術貿易、國際資本流動，國際貿易政策分為自由貿易政策和保護貿易政策等分別分析其對產業佈局的影響。

就國際貿易總量而言，國際貿易總量越大、貿易依存度越高，對產業佈局的影響就越顯著。此外，國際貿易總量的增大還會強化國際貿易的結構、方式、內容對產業佈局的影響。就國際貿易的結構而言，不同的國際貿易產業結構對產業佈局的影響不同，工業品占貿易總量的比重越大影響越顯著。穩定的國際貿易地區結構有進一步強化既有產業佈局的傾向。就國際貿易方式而言，產業間貿易可以有效促進產業集聚，但產業間貿易占貿易總量的比例在逐漸縮小，其對產業佈局的影響正在逐漸降低。產業內貿易既有利於產業集聚，也可

---

① 伯特爾·俄林. 區際貿易與國際貿易 [M]. 逯宇鐸，等，譯. 北京：華夏出版社，2008：239.

能導致產業擴散，其對產業佈局的影響也隨其所占比重的增加而日益顯著。就國際貿易內容而言，國際商品貿易、國際服務貿易對產業佈局的影響較為複雜；國際技術貿易有利於擴大產業佈局的範圍，推動產業向經濟發展條件惡劣的地區佈局；國際資本流動有利於產業的國際轉移。就國際貿易政策而言，自由貿易政策更有利於產業集聚，也更有利於產業的合理佈局，但保護貿易政策可以直接限制經濟主體的行為，對產業佈局的影響更直接。

第四章　國際貿易對廠商選址的影響

廠商是區位理論最基本的研究單位。[1] 地理位置對廠商的形成及行為方式非常重要，進行合理的選址也是廠商開展空間管理的一個重要方面。廠商要為國際貿易支付額外的運輸成本和信息搜尋成本，為了降低成本，實現利潤最大化的目標，其有可能改變選址。眾多同類廠商選址的變化反應到產業層面來，就是產業佈局的變化。換言之，廠商選址的改變不僅是產業佈局變化的直接誘因，而且這一變化積聚到一定程度將直接導致產業佈局發生變化。本章將著重分析國際貿易對廠商選址的影響，首先討論國際貿易對廠商選址決定因素的影響，其次討論國際貿易影響單個廠商選址的原因與條件，並分析了兩國國家、兩個廠商的選址行為和多個國家、多個廠商的選址行為，最后運用進化博弈模型，分析國際貿易對廠商群體選址的影響。

第一節　國際貿易對廠商選址決定因素的影響

廠商開展各項經濟活動的目的無非是為了追求利潤最大化。新古典經濟學假定，整個世界是勻質的，地區差異被完全消除。因此，新古典經濟學家分析廠商的行為選擇時，無需考慮廠商的選址問題，廠商能否實現利潤最大化與選址無關。現實情況是，整個世界是非均勻的，各地的差異很大，廠商選址是一項有長期影響的投資，他們能否根據現實條件進行合理的選址將直接影響其競爭優勢[2]，關係到利潤最大化這一目標能否順利實現。廠商進行選址的主要原

---

[1] COLIN HILL. Some Aspects of Industrial Location [J]. The Journal of Industrial Economics, 1954, 2 (3): 184-192.

[2] 邁克爾・波特. 區位、集群與公司戰略 [A] //GORDON L CLARK, MARYANN P FELDMAN, MERIC S GERTLER. 牛津經濟地理學手冊. 劉衛東, 等, 譯. 北京: 商務印書館, 2005: 257-278.

因有兩個，即更好地服務於當地市場和以較低的價格獲得投入要素。[1] 服務於當地市場可以降低運輸成本，低價格獲得投入要素則往往面臨高的運輸成本，廠商需要在降低運輸成本和要素成本之間進行抉擇，但實現利潤最大化的目標一直沒有改變。這一點在哈羅德·霍特林（Harold Hotelling）的線性城市廠商選址模型[2]、史蒂芬·薩洛普（Steven C. Salop）的考慮外部性的圓周城市廠商選址模型[3]中有很好地體現。

一、封閉經濟中廠商選址的決定因素

在不考慮國際貿易時，廠商選址主要受三類因素的影響，即供給方面的因素、需求方面的因素以及制度層面的因素。上述三類因素單獨作用或者是共同作用，可以有效地影響廠商的選址。

（一）供給方面的因素

供給方面的因素是影響廠商選址的首要因素。事實上，要素的地理分佈非常重要，廠商的活動必須適應不同區域所帶來的供給條件的改變。其原因在於，只有充足的要素供給才能滿足廠商的各類引致需求。對廠商而言，影響其選址的供給方面的因素包括相關產業和支持產業的發展、基礎設施的完善與否、要素供給能否充足供應。廠商一般不能包攬從原材料供應到製成品的最終銷售等所有的環節，相關產業和支持產業在廠商獲取利潤、提升競爭力等方面發揮著重要作用。基礎設施影響經濟活動主要通過不需支付費用的生產要素，提高其他投入要素的生產率，吸引外來投資，刺激對基礎設施的需求和其他服務的需求等來實現。[4] 充足和優越的基礎設施可以有效降低廠商的投資成本，減少其所支付的交易成本，細化分工以促進經濟增長[5]，增強廠商的營利能力。實證研究也證實了這一點，利用美國的數據進行的研究表明，基礎設施存

---

[1] 霍華德·塞茲，安瑟尼·維納布爾斯. 國際投資地理學 [A] //GORDON L CLARK, MARYANN P FELDMAN, MERIC S GERTLER. 牛津經濟地理學手冊. 劉衛東，等，譯. 北京：商務印書館，2005：125-146.

[2] HAROLD HOTELLING. Stability in Competition [J]. The Economic Journal, 1929, 39 (Mar.)：41-57.

[3] STEVEN C SALOP. Monopolistic Competition with Outside Goods [J]. The Bell Journal of Economics, 1979, 10 (1)：141-156.

[4] RANDALL W EBERTS, DANIEL P MOMILIEN. Agglomeration Economics and Urban Public Infrastructure [A] //PAUL CHESHIRE, EDWIN S MILLS. Handbook of Regional and Urban Economics. Vol. 3：1,455-1,495.

[5] 楊小凱. 經濟學：新興古典與新古典框架 [M]. 北京：社會科學文獻出版社，2003：103-104.

量每增加1%，私人資本產出增加0.39%，即基礎設施的產出彈性為0.39。[1]基於印度的數據進行的研究證明，基礎設施對投資增長具有顯著的促進作用。[2] 要素供給對於廠商選址的影響更無需多言，資本、勞動力、原材料是廠商進行各種生產活動不可或缺的要素，其供給是否充足直接影響到廠商的生產活動能否順利開展。

(二) 需求方面的因素

廠商實現利潤最大化不僅要求有充足的要素供給，而且要求有足夠的市場需求。需求方面影響廠商選址的因素包括GDP總量和人均量、人口特徵、消費者偏好等。GDP總量代表一個地區的經濟發展總體水平，體現了一個地區的市場容量。按照約翰‧梅納德‧凱恩斯的絕對收入假說，消費由收入決定，消費和收入之間存在穩定的函數關係，收入增加將帶來消費增加。他認為，「消費傾向是一個比較穩定的函數……總消費量主要是決定於總所得量，消費傾向本身之改變可以看作是次要的。」[3] 一個地區GDP總量大意味著經濟發展水平高，市場容量較大，廠商到這些地區投資獲利的可能性更大。消費者的消費結構與人均收入密切相關，這在表4-1中有很好的反應。廠商通過瞭解人均GDP水平，把握消費者的消費水平、消費結構和消費層次，從而確定自身的產品定位。

表4-1　　　　　　亞洲居民的收入和消費特點

年收入	消費特點
1,000美元以下	主要集中於基本食品消費；鮮有可自由支配的消費開支
1,000~2,000美元	部分消費品開支；開始在外吃飯；超級市場購買極其有限的部分產品
2,000~3,000美元	在超級市場大量購買食品；娛樂和休閒的開支比重提高；耐用消費品的開支增加，購買個人使用的摩托車和小型汽車
3,000~5,000美元	飲食消費、休閒開支多樣化、旅遊度假；耐用消費品消費範圍很廣，購買非必需的耐用消費品；健身開支增加；增加對汽車的購買

---

[1] DAVID ALAN ASCHAUER. Is Public Expenditure Productive? [J]. Journal of Monetary Economics, 1989, 23 (2): 177-200.

[2] PRAVAKAR SAHOO, RANJAN KUMAR DASH. Infrastructure Development and Economic Growth in India [J]. Journal of the Asia Pacific Economy, 2009, 14 (4): 351-365.

[3] 約翰‧梅納德‧凱恩斯. 就業利息和貨幣通論 [M]. 徐毓枬, 譯. 北京：商務印書館, 1963: 84-85.

表4-1(續)

年收入	消費特點
5,000~10,000 美元	在外吃飯的開支增加，冷凍的加工食品替代基本食品；休閒開支開始用於海外度假、購買奢侈品；投資出現
10,000 美元以上	投資；購買奢侈品；家庭娛樂

資料來源：菲利普‧科特勒，洪瑞雲，梁紹明，等. 市場營銷管理（亞洲版）：上冊 [M]. 郭國慶，等，譯. 北京：中國人民大學出版社，1997：16. 尹世杰. 消費經濟學 [M]. 北京：高等教育出版社，2003：105.

人口密度、年齡結構等人口特徵也影響消費需求，廠商選址時對此也密切關注。同等面積條件下，人口密度越大市場需求越大，生活必需品的消費更是如此。人口的年齡結構也可以影響消費需求。首先，人口的年齡結構影響邊際消費傾向。相比而言，老年人的邊際消費傾向更高[1]，老年人口較多對擴大消費需求有積極影響。其次，消費者的消費慾望和能力隨年齡的增長而變化，年齡結構作為一個非經濟因素可以影響消費結構。[2] 依據弗朗科‧莫迪利安尼的生命週期消費理論，小孩和老人較多的家庭撫養系數較高，個人的消費需求較低；年輕人和老年人的比例較大，整個社會的消費傾向會較高，中年人的比例較大，則消費傾向會下降。[3]

消費者的習慣和偏好是決定產品能否順利銷售的關鍵因素，也可以影響廠商選址。約翰‧梅納德‧凱恩斯認為，客觀因素會影響消費需求，消費者個人的謹慎、遠慮、改善、獨立、自豪與貪婪等主觀因素也會影響消費需求。[4] 消費者的偏好可以在一定程度上提高他們的支付意願，降低消費者的需求價格彈性，為廠商獲取更大的利潤提供了條件。文化因素，不論是文化還是亞文化均在消費者行為中起著最廣泛、最深刻的影響。[5] 受風俗習慣、宗教禁忌、種族文化、民族文化、地理文化的影響，一些地區嚴禁消費某些產品，由此形成的

---

[1] 於學軍. 中國人口老化的經濟學研究 [J]. 中國人口科學，1995 (6)：24-34.
[2] 尹世杰. 消費經濟學 [M]. 北京：高等教育出版社，2003：28.
[3] FRANCO MODIGLIANI, RICHARD BRUMBERG. Utility Analysis and the Consumption Function: An Interpretation of Cross-section Data [A] //FRANCESCO FRANCO. The Collected Papers of Franco Modigliani, Vol. 6. Cambridge: The MIT Press, 2005: 3-46. ALBERT ANDO, FRANCO MODIGLIANI. The「Life Cycle」Hypothesis of Saving: Aggregate Implications and Tests [J]. The American Economic Review, 1963, 53 (1): 55-84.
[4] 約翰‧梅納德‧凱恩斯. 就業利息和貨幣通論 [M]. 徐毓枬，譯. 北京：商務印書館，1963：93-95.
[5] 加里‧阿姆斯特朗，菲利普‧科特勒. 科特勒市場營銷教程 [M]. 6版. 俞利軍，譯. 北京：華夏出版社，2004：215-220.

消費偏好具有長期穩定性，廠商若生產這些產品則沒有銷路。

(三) 制度方面的因素

制度是經濟社會主體博弈的結果，它對經濟社會發展的作用重大，個體行為和社會制度結構的關係十分密切①，制度完善與否事關廠商的利益能否得到有效保護。合理的制度可以降低交易成本，為實現合作創造條件，提供激勵機制，將外部性內部化等②，也可為廠商的生產經營提供良好的環境。廠商在選址時，必須做到與特定的制度相容，依照具體制度制定自己的選址和生產決策，方能更好地營利。具體而言，影響廠商選址的制度層面的因素包括保障產權的制度、收入分配制度、環境保護制度以及制度執行的成本等。

產權制度明確合理可以保護廠商的合法權益。H. 德姆塞茨認為，「產權包括一個人或其他人受益或受損的權利」，產權的一個主要功能是提供將外部性內部化的激勵③，盡可能減少負外部性行為對廠商利益的損害。能否最大限度地提供將外部性內部化的激勵，是判定產權制度是否有效的標準。廠商投資的目標是追求利潤最大化，其合法利益受到威脅和損害時將尋求制度的保護。如果一個地區的產權制度不明晰，廠商的所有權、收益權和剩餘索取權等都不能夠得到有效的保障，則意味著他們投資的風險極大，並將降低他們到該地區投資的積極性。「產權能夠限制開發資源的速度」④，合理的產權還能夠保障廠商所需的資源供給。

收入分配制度通過影響消費作用於廠商選址。消費者的消費動機會受到收入分配制度的影響。⑤ 不合理的收入分配制度將拉大貧富差距，直接導致低收入群體的潛在需求難以轉化為現實需求，抑制消費水平提升。同時，收入分配制度作為一種重要的正式制度，如果制度設計不合理，將降低部分居民工作的積極性，阻礙生產活動的順利開展，不利於 GDP 總量的增加，也會制約消費水平的提升。所以，收入分配制度也是影響廠商選址的一個重要的制度性因

---

① MARK GRANOVETTER. Economic Action and Social Structure: The Problem of Embeddedness [J]. The American Journal of Sociology, 1985, 91 (3): 481-510.
② 盧現祥. 西方新制度經濟學 [M]. 北京: 中國發展出版社, 1996: 52-60.
③ H 德姆塞茨. 關於產權的理論 [A] //R 科斯, A 阿爾欽, D 諾斯. 財產權利與制度變遷——產權學派與新制度學派譯文集. 上海: 上海三聯書店, 1991: 96-11.
④ 道格拉斯 C 諾斯. 經濟史中的結構與變遷 [M]. 陳鬱, 羅華平, 等, 譯. 上海: 上海三聯書店, 1991: 95.
⑤ 約翰·梅納德·凱恩斯. 就業利息和貨幣通論 [M]. 徐毓枬, 譯. 北京: 商務印書館, 1963: 95.

素。另外，稅收制度可以直接影響廠商的選址①，也可以調節居民的收入差距，間接影響廠商選址。

產權制度和收入分配制度是廠商選址時考慮的因素，而環境保護制度則是投資的東道地區決定是否同意接納廠商投資的因素。隨著經濟發展水平的提高，環境污染和生態破壞在加劇，各類經濟主體的環保意識在逐漸增強，反應到制度上來就是環境保護制度更加嚴格，各類環境保護的標準一再提高。此舉既是保護人類共同生活的家園，也是為了維護居民享有良好生存環境的權利。如果廠商的各種環境保護配套設施不完善，對污染物不能做到先治理后排放，則引資地區勢必會拒絕廠商到該地投資，從而影響廠商的選址。

制度執行成本的高低同樣對廠商的選址有重要影響。制度規則完備只是保障廠商正當合法權益的必要條件，有完備的制度並且執行成本較低才是制度層面保障廠商利益的充要條件。在廠商的正當利益受到侵害，需要借助制度來尋求保護時，過高的制度執行成本將讓廠商望而卻步，於保障廠商的利益而言制度便成為一紙空文。在開放經濟條件下，廠商到國外投資參與國際競爭，不可避免地面臨著文化、風俗、法律等差異，通過求助於法律等制度維權的成本高低將直接影響廠商的選址。

二、國際貿易引起的廠商選址決定因素的變化

國際貿易可以進一步擴充廠商選址的決定因素。除了第四章第一節第一部分所述的三類影響因素外，國際貿易中為信息不對稱支付的信息搜尋成本，為遠距離運輸支付的運輸成本也是廠商選址的決定因素。對異質性廠商而言，國際貿易成本的降低會吸引更多低成本廠商定位於中心區域，而高成本廠商定位於外圍區域，國際貿易成本的進一步降低將導致高成本廠商也定位於中心區域。② 鑒於區位理論對運輸成本問題已經有很好的研究，本書的主要創新是將信息搜尋成本作為國際貿易影響產業佈局的主要成因之一，且下文對信息搜尋成本的分析同樣適用於運輸成本③，故此處主要分析信息不對稱及信息搜尋成本問題。

---

① TIMOTHY J BARTIK. Business Location Decisions in the United States: Estimates of the Effects of Unionization, Taxes, and Other Characteristics of States [J]. Journal of Business & Economic Statistics, 1985, 3 (1): 14-22.
② 梁琦，李曉萍，呂大國. 市場一體化、企業異質性與地區補貼——一個解釋中國地區差距的新視角 [J]. 中國工業經濟，2012 (2): 16-25.
③ 這一分析方法和思路在第四章第二節同樣適用，故第四章第二節在進行分析時也是以信息搜尋成本為例，意在突出強調本書的創新之處。

（一）信息不對稱

信息是由「可以導致個人的主觀可能性或者信念的分佈發生改變的事件組成」①，它可以減少經濟主體面臨的不確定性，影響各類經濟行為，信息的獲取需要支付成本。新古典經濟學認為信息是完全的，市場的每一個參與者對各類信息有完全的瞭解。隨著經濟學理論的發展完善，這一抽象的假定逐漸為后續學者所詬病。這是因為，完全信息的假定意味著可以無成本地獲取信息，價格已經傳遞了所有與商品交易有關的信息。而現實經濟中一個經濟主體知道其他經濟主體所不知道的信息是常有的事②，也即信息不對稱問題在現實中廣為存在，商品交易雙方的信息擁有量並不相同。作為一種有價值的資源，信息的搜集、獲取需要支付一定的成本。③ 更為重要的是，在信息的傳遞過程中會出現噪音導致信息失真。

不完全信息使廠商擁有市場勢力，④ 激勵廠商重新決策。概括而言，廠商所需要的信息主要包括以下幾類：政策環境信息、原材料供應商的信息、市場上消費者的需求信息等。前兩類信息主要依靠信息搜尋來實現，通俗地說就是自己主動去瞭解他人。后一類信息則需要廠商主動發送，特別是有關產品質量、性能、特色等方面的信息，通俗地說是主動為他人瞭解自己提供便利。廠商不能夠有效獲得前兩類信息將會增加自己的生產成本，缺失后一類信息則不利於其吸引消費者並占領市場。總之，信息缺失不利於廠商利潤最大化目標的實現。

（二）信息傳遞的成本⑤

廠商能否有效獲得信息將影響其利潤最大化目標的實現，這將激勵廠商為佔有足夠的信息而努力。然而，信息並不是無成本地傳遞，其傳遞需要支付一

---

① JACK HIRSHLEIFER. Where Are We in the Theory of Information? [J]. The American Economic Review, 1973, 63 (2): 31-39.

② 哈爾·瓦里安. 微觀經濟學 [M]. 周洪，等，譯. 北京：經濟科學出版社，1997：469-500.

③ GEORGE J STIGLER. The Economics of Information [J]. The Journal of Political Economy, 1961, 69 (3): 213-225.

④ 約瑟夫 E 斯蒂格利茨. 產品市場上的不完全信息 [A] //理查德·施馬蘭西，羅伯特 D 威利格. 產業組織經濟學手冊：第 1 卷. 李文溥，等，譯. 北京：經濟科學出版社，2009：670-734.

⑤ 信息傳遞成本主要是針對信息發送方，而信息搜尋成本主要是針對信息接收方。對於信息發送方來說，為了讓其發送的信息被接收方順利接收，需要支付的成本可以看作信息傳遞成本。對於信息接收方來說，為了有效搜集信息，需要支付的成本可以看作信息搜尋成本。本書認為，站在發送方的角度說信息傳遞成本，站在接收方的角度說信息搜尋成本更便於表達，故對兩者不加細分。

定的成本，在某些情況下有可能很高。整個信息傳遞過程包括發送信息和獲取信息兩個方面。信息搜尋成本主要來源於兩部分：第一部分是直接成本，即為獲取信息本身所需要支付的搜尋、接收成本，這部分成本包括時間成本和交通費用[①]；第二部分是間接成本，即獲得的信息質量高低對后續經濟活動成本的影響。信息質量越高越有助於后續經濟行為的決策，從而降低成本支付；信息質量越低或者信息嚴重失真，則越不利於后續經濟行為決策，從而提高成本支付。

信息傳遞成本與其傳遞距離有一定的關係，隨著傳遞距離增加信息傳遞成本也在增加。另外，獲取信息都要支付一定的初始成本，這決定了信息傳遞成本曲線並非從零點出發，而是截距為正的曲線。圖4-1展示了信息傳遞成本與傳遞距離間的關係。橫軸表示信息傳遞的距離，縱軸表示信息傳遞的成本，信息傳遞成本曲線向上傾斜，意味著隨信息傳遞距離的增加，信息傳遞成本也在增加。

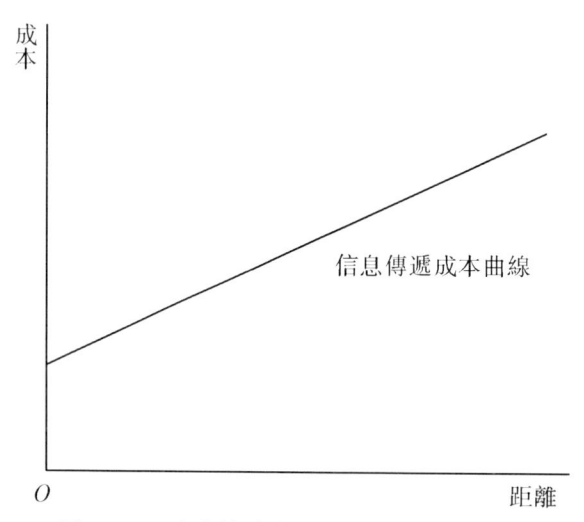

圖4-1　不考慮節點時的信息傳遞成本曲線圖

除了信息傳遞的距離外，信息傳遞過程中的節點轉換也影響信息傳遞成本。對信息傳遞來說，每增加一個節點，信息傳遞成本都會發生不連續的跳躍式上升，從而增加信息傳遞的成本。圖4-2展示了考慮信息傳遞節點的信息傳遞成本曲線，橫軸表示信息傳遞的距離，縱軸表示信息傳遞成本，A、B、C、

[①] GJ斯蒂格勒. 產業組織和政府管制 [M]. 潘振民，譯. 上海：上海人民出版社、上海三聯書店，1996：78-83.

D 分別為信息傳遞的節點。該圖形象地反應了信息傳遞成本隨著距離的增加而增加，每經過一個節點都會出現跳躍式增加。

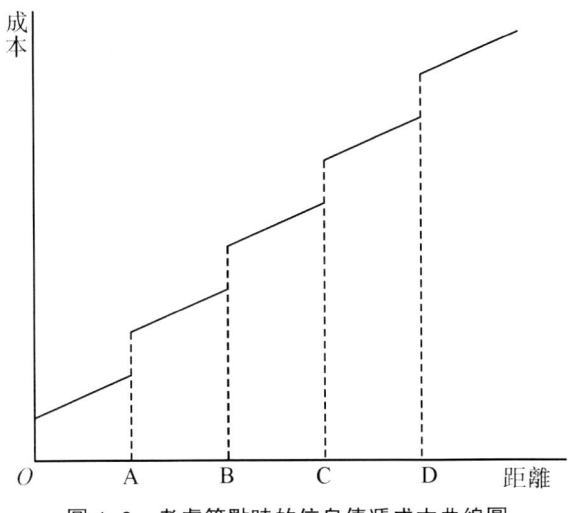

圖 4-2　考慮節點時的信息傳遞成本曲線圖

廠商在面對嚴重的信息不對稱時，很難與供應商和消費者建立穩定的交易關係，他們將試圖靠近擁有大量的供應商和潛在消費者的地區進行選址。① 總的來看，廠商做出上述選址決策的目的主要是便於信息的傳遞，可以稱其為積極傳遞信息的選址模式。一般而言，廠商在選址時以積極傳遞信息的模式居多，也有極少數行業的廠商在選址時努力阻止信息的有效傳遞。比如各國的軍工行業、壟斷性的高技術消費品行業等，這些廠商為防止競爭對手和消費者獲取自身的生產技術等信息，在選址時有意識地進行精心選擇，以提高信息傳遞成本。

(三) 國際貿易中信息不對稱加劇的原因

與國內開展的各項貿易活動相比，國際貿易面臨更大的距離，這進一步加劇了信息不對稱。所謂距離是指商品、服務、勞務、資本、信息和觀念穿越空間的難易程度，它用來衡量資本、勞務、商品和服務在兩個地區間流動的難易程度。② 此處的距離並不全是物理概念而是經濟概念，具體包括文化距離、制

---

① 邁克·斯多波. 全球化、本地化與貿易 [A] //GORDON L CLARK, MARYANN P FELDMAN, MERIC S GERTLER. 牛津經濟地理學手冊. 劉衛東，等，譯. 北京：商務印書館，2005：147-165.

② 世界銀行. 2009 年世界發展報告 [M]. 胡光宇，等，譯. 北京：清華大學出版社，2009：74.

度距離、經濟距離和空間距離,四種距離的存在將強化信息不對稱,提高信息搜尋成本。廠商若不能植根於有助於其發展的社會、政治、文化和制度背景中,則不僅難以實現利潤最大化的目標,甚至可能危及自身的生存。其根源在於,廠商所處的社會、經濟、文化環境對其生產行為有著巨大的影響,若環境不適宜,追求利潤最大化的目標足以促使廠商選擇逃脫既有的環境。

就文化距離而言,不同的國家具有不同的文化傳統,不同的民族具有不同的民族習慣,不同的地區具有不同的地方傳統,每一個民族都有自己特定的知識、思想和人際關係等,諸如此類的因素都會加大文化距離。一個國家或地區文化氛圍的形成是長期文化積澱的結果,一般具有較強的穩定性。換言之,文化距離的存在不僅客觀,而且難以有效縮短。全球經濟一體化條件下,各國的語言表達習慣並沒有發生大的改變就是佐證。因為語言不通,國際貿易中往往涉及翻譯,而由於各國的思維方式及語言表達習慣的差異,翻譯中經常難以真正做到信、達、雅,從而造成信息失真。總之,文化差異所造成的文化距離強化了國際貿易中的信息不對稱。

制度距離方面,不同的國家具有不同的政黨制度、外交制度、法律制度、貿易制度等,在全球性的制度條款尚未全面出抬並為各國所接受的情況下,不同國家的制度很難有效地對接。以至於國際貿易中往往出現在一個國家是合法的經濟行為,到另外一個國家卻變成違法的經濟行為。按照制度經濟學家的觀點,經濟主體的行為受歷史、制度、文化的影響,其戰略決策的做出取決於特定的制度環境和一系列的刺激因素。[1] 比如,在國際貿易中,貿易摩擦的出現大多與各國的產品質檢制度不同有關,從而造成了不必要的損失並損害貿易雙方的利益。可以說,制度距離的存在導致廠商在進行國際貿易時困難重重,單個廠商在開展國際貿易時不可能改變既有的制度,只能改變自身以適應制度規定並為之支付成本。在制度尚未在各國協調統一的情況下,各國都將採取措施保護地區利益,以制度的名義設置各種壁壘,打擊競爭對手,這同樣可以增加距離,加劇信息不對稱。

經濟距離方面,國家間的經濟距離要遠大於國內不同地區間的經濟距離。2012年中國各地區居民人均收入中,城鎮居民人均可支配收入最高的省份上海市為40,188.34元,最低的甘肅省為17,156.89元;農村居民人均可支配收

---

[1] 道格拉斯C諾斯. 制度、制度變遷與經濟績效 [M]. 杭行,譯. 上海:格致出版社、上海三聯書店、上海人民出版社,2008:14-36.

入最高的省份上海市為17,803.68元，最低的甘肅省為4,506.66元。① 無論是城鎮居民還是農村居民，同類群體的人均收入相差不超過4倍。2011年世界人均GDP最高的國家盧森堡人均GDP為115,038美元，最低的國家剛果（金）人均GDP僅為231美元②，前后相差近500倍。可見，人均收入在國家間的差距遠大於一國內部地區間的差距。第四章第一節第一部分的分析已經表明，人均收入是影響廠商選址的需求因素之一。國家間存在的人均收入差距，增加了廠商瞭解居民消費水平和消費習慣的難度，加劇了信息的不對稱。

空間距離方面，國際貿易中產品的運輸距離通常比國內運輸距離更長，也即國際貿易的空間距離會更大。無論是廠商還是消費者，空間距離的延長都不利於他們有效獲取信息。巨大的空間距離既影響廠商的利潤最大化，也不利於消費者效用最大化。如1985—1995年，中國一個省來自另外一個省的移民比例隨著兩省間地理距離的增加而下降，地理上非毗鄰省區間進行移民要支付額外的成本。③ 廠商謀求在空間上的臨近，無非是謀求以較低的搜尋成本和交易成本，迅速獲得足夠的資源供給和市場空間，空間距離的存在和增加不利於這一目標的實現。

四種距離並不是彼此割裂，而是有機聯繫相互強化的關係。一般而言，文化距離和經濟距離的增加導致制度距離增加，制度距離的增加會加劇文化距離和經濟距離。空間距離的增加將導致文化距離、經濟距離和制度距離增加，文化距離、經濟距離和制度距離的增加從精神和文化方面「延長」了空間距離。儘管廠商的最終目標是實現利潤最大化，但其在國際貿易中卻不得不面臨這些問題。

信息不對稱可以影響廠商的選址。信息的部分特徵是其他商品所不具有的，經濟主體進行有效決策必須及時獲取準確的信息。從信息擁有方來看，信息具有無形擴散的特徵，從信息尋求方來看，信息的質量高低需要監控④，這就為信息不對稱條件下經濟行為主體改變自己的行為提供了充分的理由。廠商

---

① 中華人民共和國國家統計局. 中國統計年鑒：2013 [Z]. 北京：中國統計出版社，2013：388、401.

② 中華人民共和國國家統計局. 中國統計年鑒：2013 [Z]. 北京：中國統計出版社，2013：29-32.

③ MATTHEW J SLAUGHTER. Trade Liberalization and Per Capita Income Convergence：A Difference-in-Differeces Analysis [J]. Journal of International Economics，2001，55（1）：203-228. 世界銀行. 2009年世界發展報告 [M]. 胡光宇，等，譯. 北京：清華大學出版社，2009：75.

④ JACK HIRSHLEIFER. Where Are We in the Theory of Information？[J]. The American Economic Review，1973，63（2）：31-39.

作為一類經濟主體，其存在和發展壯大除了依賴於廠商間的知識溢出①，依賴於人際關係、規則和習俗之外，他們更需要足夠精準的信息，以便於在不確定或複雜條件下做出正確的選擇。四種距離的存在直接導致廠商在國際貿易中面臨更多的信息不對稱，增加廠商的交易成本，不利於廠商利潤最大化目標的實現，此時廠商可能採取相應的對策以降低或者消除信息不對稱所帶來的負面影響。雖然把廠商的管理和優勢整體轉移到另一個國家並不現實②，但通過廠商的重新選址，特別是跨國投資將有助於廠商降低信息搜集成本、信息傳遞成本和運輸成本，並實現利潤最大化。

第二節　國際貿易對單個廠商選址的影響

如第四章第一節第二部分所述，考慮國際貿易后，廠商的選址除了受供給因素、需求因素和制度因素影響外，信息搜尋成本、運輸成本對廠商選址也有影響。在經濟全球化大背景下，國際市場上的競爭對單個廠商發展所起的作用，逐漸弱化了廠商與特定國家間的關係，此時廠商做出各種決策必須充分考慮國際經濟往來。一方面，雖然運輸技術提高、單位產品重量下降后③，運輸成本在廠商總成本中的比例不斷下降，但在國際貿易中這部分成本仍不可忽視。公路、鐵路和航空運輸的成本大大下降，海運經過集裝箱革命，運輸能力大大增強。1817—1825年建造的伊利運河使布法羅和紐約市的運輸成本降低了85%，鐵路體系使運輸成本降低了80%左右，1978—1998年，火車運輸成本降低了33%。④ 即使如此，國際貿易中的遠距離運輸風險較大，需要採取的安全措施較多，其成本仍然比較高，廠商在決策時仍不得不考慮這一因素。另一方面，國際貿易中信息不對稱更加突出，因此，信息搜尋成本也是影響廠商選址的重要因素。

---

① MARYANN P FELDMAN. An Examination of the Geography of Innovation [J]. Industrial and Corporate Change, 1993, 2 (3): 417-437.

② HU YAOSU. The International Transferability of the Firm's Advantages [J]. California Management Review, 1995, 37 (4): 73-88.

③ 邁克·斯多波. 全球化、本地化與貿易 [A] //GORDON L CLARK, MARYANN P FELDMAN, MERIC S GERTLER. 牛津經濟地理學手冊. 劉衛東，等，譯. 北京：商務印書館，2005：147-165.

④ 世界銀行. 2009年世界發展報告 [M]. 胡光宇，等，譯. 北京：清華大學出版社，2009：170-193.

一、國際貿易影響單個廠商選址的原因與條件

以中東歐國家為樣本進行的實證研究表明，與本地市場效應、市場潛力等產業集聚力量相比，由於比較優勢引發的國際貿易對廠商選址的影響作用更大。[1]

(一) 國際貿易影響單個廠商選址的原因

在國際貿易條件下，廠商解決信息不對稱、降低運輸成本的方法有很多，其中之一是廠商可能改變選址。首先，在信息不對稱且要支付運輸成本的情況下，通過交易本地化的方式才能確定潛在的廠商和消費者。[2] 這一做法在中世紀曾經出現過。通過禁止在特定市場或者在非市場交易時期買賣特定商品的方式提高市場效率。[3] 國際貿易條件下，可供廠商選址的地理範圍大大擴大。與此同時，廠商在選址時也面臨更大的信息不對稱和遠距離運輸問題。換句話說，從信息搜尋和運輸的角度看，把選址定在國內還是國外成了廠商在開放經濟條件下不得不考慮的問題。國界也因此而成為廠商獲取信息的一個節點，它的存在將作用於廠商的信息傳遞成本曲線，影響廠商的選址。運輸成本是每一次國際貿易商品運輸時都必須支付的成本，通過合理的選址，縮減運輸距離，則可以一次性地解決這一問題。

其次，廠商選擇到國外投資，將產品出售給東道國的消費者可以減少運輸成本。對於信息搜尋來說，在投資前期廠商要在東道國尋找投入品、瞭解當地市場潛力以及招聘員工等。[4] 進入東道國之初，面對陌生的環境仍然有信息不對稱的情況[5]，但此舉可以有效融入東道國的文化之中，降低文化距離和制度距離。面對信息不對稱，廠商若不採取有效的解決辦法，而試圖通過跨越巨大的距離與供應商和消費者建立聯繫所需要花費的成本和時間更多。同時，廠商在國內重新選址，也可以有效地向外界發送與自身總體實力、產品性能、產品質量等有關的信息，贏得消費者的信賴，增加產品銷售額，從而獲得更大的利

---

[1] GIANFRANCO DE SIMONE. Trade in Parts and Components and the Industrial Geography of Central and Eastern European Countries [J]. Review of World Economics, 2008, 144 (3): 428-457.

[2] 喬治 J 斯蒂格勒. 產業組織 [M]. 王永欽, 薛鋒, 譯. 上海: 上海三聯書店、上海人民出版社, 2006: 232.

[3] GEORGE J STIGLER. The Economics of Information [J]. The Journal of Political Economy, 1961, 69 (3): 213-225.

[4] RICHARD E CAVES. International Corporations: The Industrial Economic of Foreign Investment [J]. Economica, 1971, 38 (2): 1-27.

[5] 劉志彪. 國際貿易和直接投資: 基於產業經濟學的分析 [J]. 南京大學學報: 哲學·人文科學·社會科學, 2002 (3): 43-54.

潤。從消費者的角度看，除了有意識地進行信息搜尋之外，消費者獲取信息的一個重要途徑是消費者群體之間的互動。① 廠商通過選址所傳遞的信息即使只為少數消費者所獲取，這部分消費者通過與其他消費者互動的方式擴散信息，仍然可以起到降低信息不對稱程度的作用。

再者，廠商重新選址后將可能支付較低的信息搜尋成本和運輸成本，可以在一定程度上降低所供給商品的價格。消費者消費商品的目的是為了獲取效用滿足，獲取盡可能多的消費者剩餘。同等條件下，價格越低消費者獲取的消費者剩餘將越多，他們的有效消費需求也越大，因此，消費者會為了支付較低的價格而進行價格信息搜尋。但消費者不會為了獲取低價而進行無休止的價格信息搜尋，因為信息搜尋是有成本的，一旦信息搜尋的邊際收益小於其邊際成本，則消費者再進行信息搜尋就變得無利可圖。② 廠商改變選址降低產品出口價格的做法可以吸引更多的消費者，且所吸引的消費者數目以遞增的速度增加。③ 總之，在國際貿易中存在更多信息不對稱的條件下，廠商通過改變選址，用要素的跨國流動替代產品的國際貿易來降低信息不對稱，縮減運輸距離，在很大程度上可以達到一勞永逸的效果，因此，該策略無疑是廠商的一個最佳選擇。

（二）國際貿易影響單個廠商選址的條件

雖然廠商面對國際貿易中的信息不對稱和運輸成本會有改變選址的激勵，但這並不意味著廠商一定會為之而改變選址。廠商改變選址是有條件的，他最終是否採用重新選址的策略，取決於改變選址的預期淨收益與不改變選址的淨收益的比較。若改變選址的預期收益減去為之支付的成本，即預期的淨收益大於不改變選址的淨收益，則廠商將改變選址。反之，若改變選址的預期淨收益小於不改變選址的淨收益，則廠商將延續既有的選址策略。經過成本收益的對比分析後，廠商定奪是否改變選址。

二、兩個國家、兩個廠商的選址

為了便於分析，我們考慮兩個國家兩個廠商的情形。假定兩個國家甲國和

---

① 約瑟夫 E 斯蒂格利茨. 產品市場上的不完全信息 [A] //理查德·施馬蘭西，羅伯特 D 威利希. 產業組織經濟學手冊：第 1 卷. 李文溥，等，譯. 北京：經濟科學出版社，2009：670—734.
② 丹尼斯·卡爾頓，杰弗里·佩羅夫. 現代產業組織：下冊 [M]. 黃亞鈞，等，譯. 上海：上海三聯書店、上海人民出版社，1998：815—819.
③ 喬治 J 斯蒂格勒. 產業組織 [M]. 王永欽，薛鋒，譯. 上海：上海三聯書店、上海人民出版社，2006：23.

乙國，兩個廠商 1、2 分別隸屬於甲國和乙國。圖 4-3 直觀地描述了廠商選址的決策機制及其變化，在該圖中，橫軸表示信息傳遞的距離，縱軸表示信息傳遞成本，O'F 為國界線，左側為甲國，右側為乙國。在沒有國際貿易時，A_1B_1、A_1E 為廠商 1 在本國甲國的信息傳遞成本曲線，A_2B_2、A_2E 為廠商 2 在本國乙國的信息傳遞成本曲線。如果兩國開展國際貿易，則廠商為追求利潤最大化而有占領他國市場的衝動。因為跨國交易將面臨很多新問題，從而國界於廠商而言是一個信息傳遞的節點，此時廠商 1、2 跨越國界的信息傳遞成本曲線便不再連續，A_1EFC_1、A_2EFC_2 分別代表廠商 1、2 跨國交易的信息傳遞成本曲線，它們展示的情況就是如此。

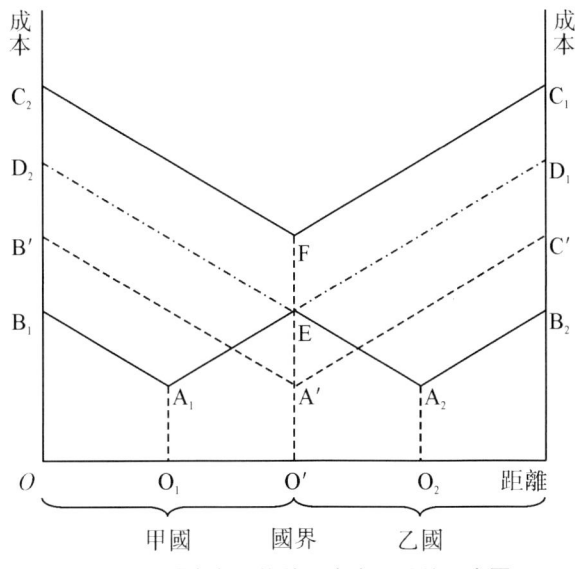

圖 4-3　國際貿易條件下廠商選址的示意圖

首先考慮封閉經濟條件下的情況。在沒有國際貿易時，因為競爭的存在，廠商的選址受到國內其他廠商選址的影響。此時只涉及本國廠商的問題，按照 Harold Hotelling 的分析方法，甲國的廠商 1 只需把選址定在本國的中點位置 O_1 即可，乙國的廠商 2 也會根據甲國廠商的選址方式把選址定在 O_2 點。在該點，廠商處於國內的中心位置，距國內所有地方的空間距離之和最低，信息搜尋成本和運輸成本自然也最低。因此，定位在此處的廠商便沒有改變選址的需求，此時各方達到了均衡。

上述情況只是在封閉經濟條件下的均衡策略，一旦有國際貿易發生，廠商的市場將不再局限於本國，則廠商的選址將會發生改變。以廠商 1 為例，於信

息傳遞而言國界無疑是一個節點，按照圖 4-2、圖 4-3 的分析，跨越國界後廠商的信息傳遞成本曲線將出現跳躍式上升，即 A_1EFC_1 曲線。從選址的角度看，此時廠商將會為了降低信息傳遞成本，增加其收益而改變選址，具體的做法就是把選址定位在 O' 處。這一做法有助於廠商增加與國外市場的交流，可以淡化甚至消除國界這一信息傳遞的節點，降低信息傳遞成本，特別有利於廠商低成本瞭解國外信息，且有助於國外消費者瞭解廠商自身及其產品信息，從而擴大對乙國市場的滲透。廠商的信息傳遞成本曲線為 $A'B'$、$A'C'$，可以看出信息傳遞成本較低。

上述局面的形成是因為在產品尚未完全標準化階段，有關產品的各類信息不僅複雜而且易變，廠商和消費者不能確保信息的真實準確性。本國廠商在瞭解國內信息時幾乎不存在文化距離和制度距離，廠商把選址定在國境邊界處會增加國內部分消費者瞭解廠商的信息搜尋成本，也會增加廠商瞭解國內遠距離消費者的信息搜尋成本。但與國外信息搜尋成本下降的幅度相比，因為幾乎不存在文化距離和制度距離，國內信息搜尋成本的增加顯得相對較小，把選址定在國境邊界處對廠商來說是一個更優的策略，更有利於其實現利潤最大化的目標。此時不論乙國廠商的選址策略如何，廠商 1 的選址都是一個最優的選擇。

這種分析思路同樣適用於乙國的廠商 2。至此，我們可以看到國際貿易中，廠商為了降低信息傳遞成本，在條件適宜時，將會改變自己的選址。最終的結果是廠商在國界處選址的情況變得十分常見。同時，這一分析思路也可以應用於運輸成本。

三、多個國家、多個廠商的選址

上述分析仍然局限於兩個國家兩個廠商，他們在開展國際貿易時從降低信息傳遞成本和運輸成本的角度出發來選址，並且把自己的選址定位在國界處或者是直接進入外國進行投資。然而，現實世界並不是線性的，而且不只包括兩個國家，這時廠商的選址將會如何呢？上面的分析已經表明，在國際貿易條件下廠商的選址會發生改變，並且改變的路徑有兩個，到國外投資以及在本國範圍內或國界處重新選址。這種分析思路同樣適用於三個或者三個以上的廠商。

圖 4-4 描述了 5 個國家、5 個廠商的情形，在這種情況下，廠商仍然會從降低信息不對稱的角度出發做出選址決策，其決策機制如上文分析。此處只是考慮了毗鄰國家的信息傳遞問題，信息在國家之間傳遞時只有一個節點，對於地理上的非毗鄰國而言，信息傳遞的節點更多、距離更遠、成本更高，對廠商選址的影響也更為顯著，同樣可以運用此處的分析方法加以分析。對於信息不

图 4-4　國際貿易條件下廠商選址的擴展圖

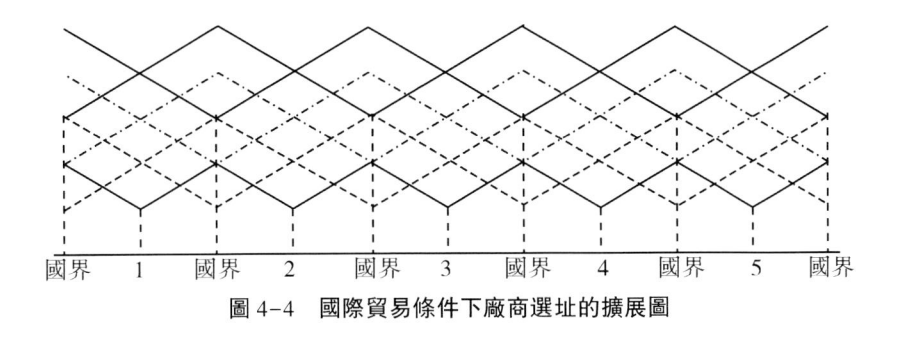

對稱的分析思路和方法也同樣適用於對運輸成本的分析，此處不再贅述。

第三節　國際貿易對廠商群體選址的影響

空間相互依賴性的存在導致不同廠商的選址具有依存關係。廠商的選址並不完全是單個廠商的個體行為選擇，同樣會受其他廠商選址的影響並影響其他廠商，不同廠商的選址交互影響。同時，廠商與區域之間存在互動關係，不同的區域塑造不同的廠商，廠商也會對區域經濟社會發展產生影響。[1] 從產業佈局的角度看，沒有廠商選址的變化，產業佈局將不會發生改變，但單個廠商選址的變化並不足以導致產業佈局的變化。產業佈局的最終改變是多個廠商的選址發生改變后累積到一定程度的結果。正是從這個角度看，僅有第四章第二節的針對單個廠商的分析仍然不夠，本書必須分析廠商群體的選址決策。本節將利用進化博弈的方法分析國際貿易對廠商群體選址的影響。

一、博弈模型選擇與博弈方的得益

國際貿易中存在嚴重的信息不對稱，每一個廠商獲取信息的時間有先后之別，廠商根據其所獲取的有效信息進行決策也有時間先后，因此，可以採用進化博弈模型，分析國際貿易對廠商群體選址的影響。在此，把全球範圍內生產同一種產品的廠商作為一個整體進行研究，在這一個群體中，所有的廠商都可以根據自己的實際情況進行決策。對每一個廠商來說，可供他們選擇的策略包

---

[1] PETER DICKEN, NIGEL THRIFT. The Organization of Production and the Production of Organization: Why Business Enterprises Matter in the Study of Geographical Industrialization [J]. Transactions of the Institute of British Geographers, 1992, 17 (3): 279-291.

括以下兩個：首先，根據國際貿易的方向和規模確定自己的選址，這一舉措可以降低因為國際貿易所帶來的信息搜尋成本和運輸成本的增加，記為策略Ⅰ；其次，按照現有的選址繼續進行生產，支付國際貿易的成本並且規避因為改變選址帶來的成本的增加，記為策略Ⅱ。

為了便於表述，此處選擇兩個代表性的廠商進行分析，分別記為廠商1和廠商2，他們的策略分別記為Ⅰ、Ⅱ。兩個廠商進行對稱博弈，當廠商1和2同時採用策略Ⅰ時各自的得益記為a，當廠商1和2同時採用策略Ⅱ時各自的得益記為b，當廠商1採用策略Ⅰ而廠商2採用策略Ⅱ時各自的得益分別為c和d，當廠商1採用策略Ⅱ而廠商2採用策略Ⅰ時各自的得益分別為d和c。兩個廠商的得益矩陣見圖4-5。廠商具體採用哪種策略依賴於其他廠商的選擇。以廠商1為例，其策略選擇依賴於以下條件：第一，在廠商2採用策略Ⅰ時，廠商1改變選址前后淨收益的變化情況；第二，在廠商2採用策略Ⅱ時，廠商1改變選址前后淨收益的變化情況。

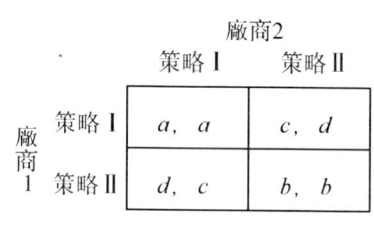

	廠商2策略Ⅰ	廠商2策略Ⅱ
廠商1 策略Ⅰ	a, a	c, d
廠商1 策略Ⅱ	d, c	b, b

圖4-5　廠商1、2的得益矩陣

圖4-5中的第一個字母代表廠商1的得益，第二個字母代表廠商2的得益。由於本書認為廠商是理性的博弈方，他們選擇的每一個策略都是經過比較，能夠使自己利潤最大化的策略，因此，廠商根據另一博弈方的策略所確定的自己的策略選擇之間沒有必然的優劣關係。換言之，每一個廠商所面臨的4種得益沒有嚴格的大小關係，在不同的情況下得益的排序會有所不同。a、b、c、d之間沒有嚴格的大小關係，並且不會全等。

二、廠商群體的得益及行為選擇

現在考慮整個廠商群體的情況，假設廠商只有兩個策略Ⅰ、Ⅱ供選擇，他們必須在兩個策略中選擇其一。如果在生產同一種產品的廠商群體中有比例為x的廠商選擇策略Ⅰ，則剩下的比例為$1-x$的廠商必定選擇策略Ⅱ。因為廠商的策略會隨時間的變化而相應地做出調整，則選擇策略Ⅰ、Ⅱ的廠商的比例是時間t的函數，記為$x(t)$。採用策略Ⅰ、Ⅱ的期望得益和整個群體平均期望

得益分別為：

$$\pi^{\mathrm{I}} = x(t)a + (1-x(t))c \qquad (4.1)$$

$$\pi^{\mathrm{II}} = x(t)d + (1-x(t))b \qquad (4.2)$$

$$\overline{\pi} = x(t)\pi^{\mathrm{I}} + (1-x(t))\pi^{\mathrm{II}} \qquad (4.3)$$

其中，π^{I}、π^{II}、$\overline{\pi}$分別表示採用策略Ⅰ、Ⅱ的期望得益和整個群體平均期望得益。

以採用策略Ⅰ類型的廠商的比例為例，其動態變化速度的複製動態微分方程可以表示為：

$$\begin{aligned}\frac{dx(t)}{dt} &= x(t)(\pi^{\mathrm{I}} - \overline{\pi}) = x(t)\{\pi^{\mathrm{I}} - [x(t)\pi^{\mathrm{I}} + (1-x(t))\pi^{\mathrm{II}}]\} \\ &= x(t)(1-x(t))(\pi^{\mathrm{I}} - \pi^{\mathrm{II}}) \\ &= x(t)(1-x(t))[x(t)(a-d) + (1-x(t))(c-b)] \end{aligned} \qquad (4.4)$$

對於上述方程，只要給定參數a、b、c、d的值就可以得出$x(t)$的單元函數$dx(t)/dt$。進而可以在此基礎上討論該博弈的進化穩定策略。

依據上述動態微分方程不難發現，其等於零的三個可能的解是$x(t)=0$、$x(t)=1$和$x(t)'=(c-b)/(a-b-d+c)$，此時複製動態微分方程有三個穩定狀態，與之對應的複製動態相位圖見圖4-6、圖4-7。而如果第三個解與前兩個解中的某一個相同，則只剩下兩個穩定狀態，與之對應的複製動態相位圖見圖4-8、圖4-9。

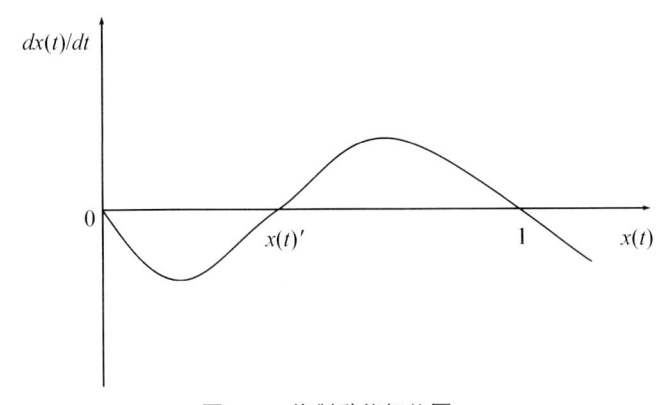

圖4-6　複製動態相位圖一

圖4-6所示的是$a-d>0$且$c-b<0$的情況。此圖代表的情形是，若其他廠商不改變選址，廠商個體單獨改變選址將減少其個體收益，所有的廠商都不會改變選址。若其他廠商改變選址，廠商個體隨之改變選址將增加其個體收

益，最終的結果是所有廠商都改變選址。這表明個體廠商的選址受到其他廠商的影響。

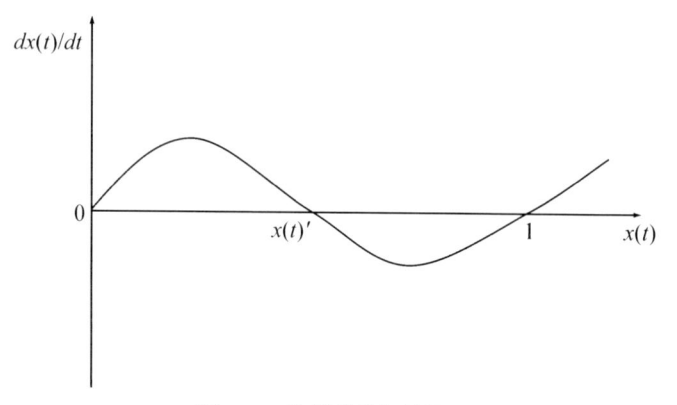

圖 4-7　複製動態相位圖二

圖 4-7 所示的是 $a-d<0$ 且 $c-b>0$ 的情況。此圖代表的情形是，若其他廠商不改變選址，廠商個體單獨改變選址將增加其個體收益，部分廠商會受此影響而改變選址。若其他廠商改變選址，廠商個體隨之改變選址將減少其個體收益，也有部分廠商受此影響不改變選址。穩定結果是有比例為 $x(t)'$ 的廠商改變其選址。

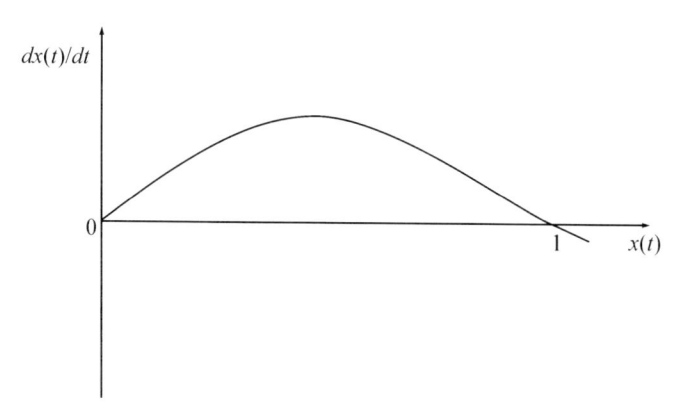

圖 4-8　複製動態相位圖三

圖 4-8 所示的是 $a-d>0$ 且 $c-b>0$ 的情況。此圖代表的情形是，不論其他廠商是否改變選址，廠商個體單獨改變選址都將增加其個體收益。所有的廠商都以此為激勵改變選址，最終的結果必然是所有的廠商都改變選址。

圖 4-9 所示的是 $a-d<0$ 且 $c-b<0$ 的情況。此圖代表的情形是，不論

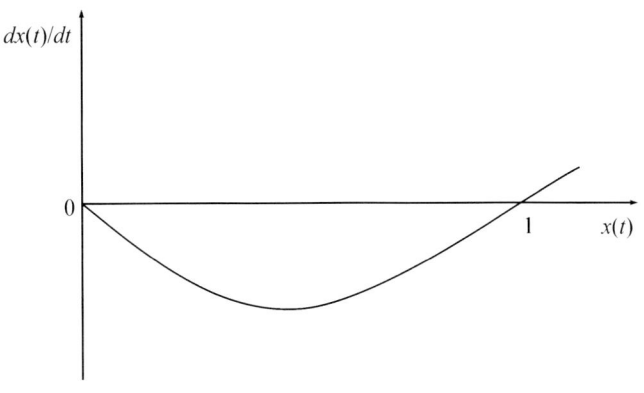

图 4-9　複製動態相位圖四

其他廠商是否改變選址，廠商個體單獨改變選址都將減少個體收益。單個廠商完全沒有改變選址的激勵，最終的結果必然是所有的廠商都不改變選址。

圖 4-6、圖 4-7、圖 4-8、圖 4-9 所示的四種情況出現的原因在於，廠商在國際貿易中要支付更多的信息搜尋成本和運輸成本，這是國際貿易影響廠商選址的根本原因。而廠商具體是否改變選址要進行成本收益的對比分析，若改變選址優於不改變，則廠商會選擇改變選址；反之，若不改變選址優於改變，則廠商會選擇不改變選址。同時，廠商的生產經營受市場外部環境和其他廠商的影響，他們的選址自然也受外部環境和其他廠商的影響。

三、廠商群體博弈的進化穩定策略

根據微分方程的穩定性定理，在均衡點 $x(t)^*$ 附近，當 $x(t) > x(t)^*$ 時，博弈方通過不斷地學習向均衡點 $x(t)^*$ 調整，從而使 $x(t)$ 減小；當 $x(t) < x(t)^*$ 時，博弈方通過不斷地學習向均衡點 $x(t)^*$ 調整，從而使 $x(t)$ 增大。[1] 從而對於均衡點 $x(t)^*$ 有

$$\frac{dx(t)^*}{dt} \begin{cases} > 0, & if\, x(t) < x(t)^* \\ < 0, & if\, x(t) > x(t)^* \end{cases} \qquad (4.5)$$

即 $[dx(t)^*/dt]' < 0$。換言之，複製動態方程的相位圖與 $x(t)$ 相交，且交點處斜率為負的點，方為博弈的進化穩定策略。

從博弈論的角度看，作為進化穩定策略的點 $x(t)^*$，首先要滿足本身必須

---

[1] 馬知恩，周義倉. 常微分方程定性與穩定性方法 [M]. 北京：經濟科學出版社，2001：41-64.

是均衡點的條件，其次要滿足如果某些博弈方由於偶然的錯誤偏離了他們，複製動態仍然會使 $x(t)$ 回到均衡點 $x(t)^*$。① 據上述標準判斷，圖 4-6 中的 0、1 點，圖 4-7 中的 $x(t)'$ 點，圖 4-8 中的 1 點和圖 4-9 中的 0 點為該博弈在不同情況下的進化穩定策略。

進一步根據策略的經濟含義分析可以發現，進化穩定策略均衡點 1 意味著，博弈的結果是所有的廠商都選擇策略 I，他們根據自己的國際貿易方向和規模確定選址，規避國際貿易帶來的信息搜尋成本和運輸成本的額外增加。此時廠商將到國際貿易規模較大的國家進行選址，或者到進口規模較大的國家進行選址。

進化穩定策略均衡點 0 意味著，博弈的結果是所有的廠商都選擇策略 II，廠商不會根據國際貿易確定自己的選址，國際貿易對廠商原有的選址結果沒有影響。造成這一局面的原因在於，廠商的選址並不只是受到國際貿易的影響，其行為的改變是在各種影響因素的共同作用下，廠商不斷權衡選擇的結果。第四章第一節的分析已經表明，既有的供給條件、需求條件、制度條件等都會影響廠商的選址，這些一般的影響因素在國際貿易條件下仍然存在，甚至在一定程度上會對廠商的選址起到決定性的作用。

進化穩定策略均衡點 $x(t)'$ 意味著，有比例為 $x(t)'$ 的廠商選擇了策略 I，而比例為 $1-x(t)'$ 的廠商選擇了策略 II，此時比例為 $x(t)'$ 的廠商將根據國際貿易的規模和流向確定選址，而比例為 $1-x(t)'$ 的廠商將維持原有的區域佈局。廠商通過改變選址來實現利潤最大化，這本身就是一個動態的過程。因為廠商選址之間存在相互的影響作用，隨著其他廠商選址的變化，留存下來的廠商面臨的經濟社會環境也在逐漸改變。儘管此時部分廠商自身沒有改變其選址，但其他廠商的選址同樣會在特定條件下推動自身利潤最大化目標的實現。

附錄：進化博弈的複製動態相位圖

為了更直觀地分析第四章第三節進化博弈的複製動態相位圖，此處採用賦值的方法，運用 OriginPro7.5 軟件做了進化博弈的複製動態相位圖。為簡化分析並與書中保持一致，此處只討論 a、b、c、d 全不相等的情況，即四個得益中沒有任何兩個是相等的，廠商每做出一個決策都對應一個唯一的收益。

---

① 謝識予. 經濟博弈論 [M]. 上海：復旦大學出版社，2002：233-262.

$a-d>0$ 且 $c-b<0$ 的複製動態相位圖見圖 4-10。$a-d=4$ 且 $c-b=-3$ 對應圖中的虛線加雙點線，$a-d=3$ 且 $c-b=-3$ 對應圖中的實線，$a-d=3$ 且 $c-b=-4$ 對應圖中的虛線。

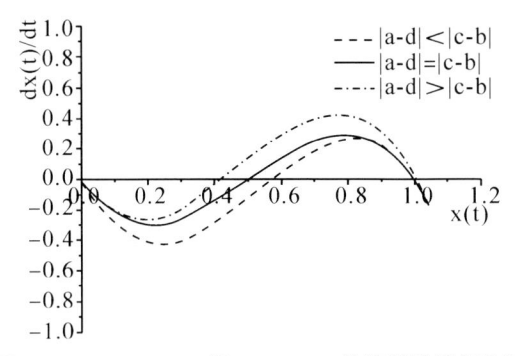

圖 4-10　$a-d>0$ 且 $c-b<0$ 的複製動態相位圖

$a-d<0$ 且 $c-b>0$ 的複製動態相位圖見圖 4-11。$a-d=-3$ 且 $c-b=4$ 對應圖中的虛線，$a-d=-3$ 且 $c-b=3$ 對應圖中的實線，$a-d=-4$ 且 $c-b=3$ 虛線加雙點線。

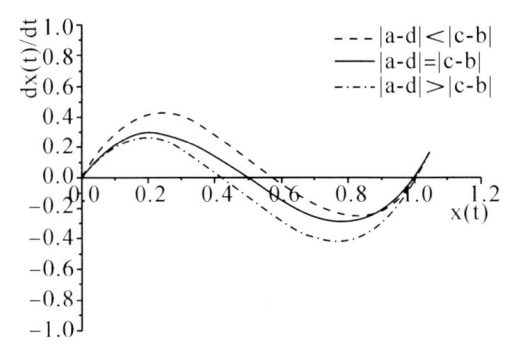

圖 4-11　$a-d<0$ 且 $c-b>0$ 的複製動態相位圖

$a-d>0$ 且 $c-b>0$ 的複製動態相位圖見圖 4-12。圖中的實線是 $a-d=3$ 且 $c-b=3$ 的情況。因為當 $a-d$、$c-b$ 的差值變化時，相位圖的弧度會發生變化，但其穩定狀態的個數及其位置都不會變化，故此處只模擬了一種情況。圖 4-13 也是如此。

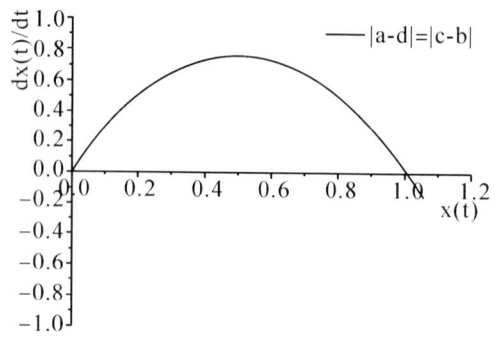

圖4-12　$a-d>0$且$c-b>0$的複製動態相位圖

$a-d<0$且$c-b<0$的複製動態相位圖見圖4-13。圖中的實線是$a-d=-3$且$c-b=-3$的情況。

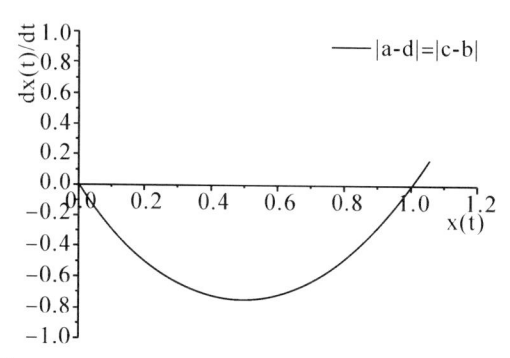

圖4-13　$a-d<0$且$c-b<0$的複製動態相位圖

本章小結

本章綜合分析國際貿易對廠商選址的影響。本章首先從供給、需求和制度三個方面分析廠商選址的決定因素，著重強調了國際貿易對廠商選址決定因素的影響；其次分析國際貿易影響廠商選址的成因與條件，在此基礎上分析國際貿易對單個廠商選址的影響；最后運用進化博弈模型，分析國際貿易對廠商群體選址的影響。

國際貿易中的制度距離、經濟距離、文化距離和空間距離更大，導致廠商進行國際貿易時需要支付更高的信息搜尋成本和運輸成本，這是促使廠商在國際貿易中改變選址的根本原因。由於廠商的選址同時受到供給、需求和制度等

因素的影響，廠商的選址並不會因為國際貿易而必然發生變化。廠商受國際貿易影響改變選址是有條件的，具體的條件為：若改變選址的預期收益減去為之支付的成本，即預期的淨收益大於不改變選址的淨收益，則廠商將改變選址；反之，若改變選址的預期淨收益小於不改變選址的淨收益，則廠商將延續既有的選址策略。同時，廠商的決策受外部經濟環境和其他廠商的影響，國際貿易也因此而影響廠商群體的選址，但影響結果不盡一致。

第五章　國際貿易對產業集聚和產業擴散的影響

第四章的分析表明，國際貿易可以影響廠商個體和群體的選址，當廠商的選址受國際貿易的影響所發生的改變積聚到一定程度時，將導致產業佈局發生變化。產業集聚和產業擴散作為兩種重要的產業佈局方式，並沒有嚴格的優劣之分。產業集聚和產業擴散分別適合於不同的經濟條件，與經濟發展條件相適應的佈局方式就是最優的。雖然產業集聚在世界各地廣泛存在，但是產業擴散同樣受人關注，經濟活動分散佈局增加的趨勢不容忽視。雖然產業更多的是在區域間組織的，但也不完全囿於國家的空間①，因此，國際貿易也會影響全球和個別國家的產業集聚和產業擴散，只不過對產業集聚的影響更大。本章將著重探討國際貿易對產業集聚和產業擴散誘發因素的影響，國際貿易對產業集聚區位的影響，以及國際貿易對產業集聚和產業擴散生命週期的影響。

第一節　國際貿易對產業集聚和產業擴散誘發因素的影響

產業集聚和產業擴散是產業佈局的兩種重要方式，產業發展過程中產業集聚和產業擴散兩種佈局方式交替出現。封閉經濟條件下，諸多的自然因素、經濟因素和制度因素促成了產業集聚和產業擴散。在國際貿易中額外支付的貿易成本和運輸成本，以及信息搜尋成本將成為產業集聚和產業擴散的新增誘發因素。並且，從信息傳遞的角度看，產業佈局是在向外界傳遞信息。

一、封閉經濟中產業集聚和產業擴散的誘發因素

產業集聚的成因有多種，國內外學者已經給出了不同的解釋。總體來看，

---

① MARYANN P FELDMAN. The New Economics of Innovation, Spillovers and Agglomeration: A Review of Empirical Studies [J]. Economics of Innovation and New Technology, 1999, 8 (1): 5-25.

导致产业集聚和产业扩散的因素有自然因素、经济因素和制度因素三大类。

自然因素可以直接导致产业集聚和产业扩散，如气候、土壤、资源分布、水路运输便利与否等都会导致产业集聚。英国「斯塔福夏郡生产的各种陶器，一切原料都由远地输入。但该地有廉价的煤和制造重型『火泥箱』——即烧制陶器用的箱子——所需要的优良黏土；制草帽用的麦秆的主要产地是贝德福夏郡，该地的麦秆含有比例适中的二氧化矽，韧性好又不脆；白金汉夏郡的毛榉为威科姆制造椅子提供所需的原料；设菲尔德有利器业，主要是因为该地有磨利器的优良沙石可做磨刀石」[1]。可见，原材料等自然条件在产业集聚中发挥着重要作用。自然因素影响产业集聚和产业扩散的机理还在于，自然因素可以通过改变成本和收益间接地促成产业集聚和产业扩散。以运输成本为例，它的高低在很大程度上受到自然因素的影响。运输成本的存在，经常导致对运输成本有较高依赖性的产业发生集聚。[2] 在阿尔弗雷德·韦伯看来，运输成本是导致产业集聚和产业扩散的重要原因之一。厂商与其他厂商进行业务往来或者向消费者出售产品，都要支付一定的运输成本。运输成本大小与空间距离远近关系密切，空间距离越远运输成本越高，空间距离越近运输成本越低。国际贸易尚未完全自由化时，厂商进行国际贸易需要支付额外的跨国交易成本，并且运输成本也极有可能比国内贸易高。此时，如果厂商集聚经营所获取的集聚经济效益能够抵消远距离运输所带来的成本增加并有所盈余，则厂商将在国内或者某一个地区集聚，获取更大的集聚经济效益以实现利润最大化。反之，厂商将为了支付较低的运输成本而分散于全球各地，产业分散布局的局面随之出现。产业集聚区生态环境恶化，居民为降低环境污染对生活的危害，寻求好的生活环境也会产生产业扩散。[3]

经济因素也是影响产业集聚和产业扩散的重要因素，经济学家已给出了中肯的解释。如新古典经济学家阿尔弗雷德·马歇尔认为，劳动力市场共享、中间产品投入和技术外溢等因素导致了产业集聚。[4] 迈克尔·波特认为，产业集

---

[1] 阿尔弗雷德·马歇尔. 经济学原理 [M]. 廉运杰，译. 北京：华夏出版社，2005：227.
[2] 徐康宁. 产业集聚形成的源泉 [M]. 北京：人民出版社，2006：116-129.
[3] MORIKI HOSOE, TOHRU NATIO. Trans-boundary Pollution Transmission and Regional Agglomeration Effects [J]. Papers in Regional Science, 2006, 85 (1)：99-120.
[4] 阿尔弗雷德·马歇尔. 经济学原理 [M]. 廉运杰，译. 北京：华夏出版社，2005：226-243.

聚是由廠商之間的競爭引起的，產業集聚有助於提升國家競爭力和產業競爭力。① 保羅·克魯格曼認為，產業集聚是廠商層面上的報酬遞增、運輸費用和要素流動相互作用的結果。② 此外，基礎設施建設水平、市場規模等也是導致產業集聚的重要經濟因素。總之，獲得更好的經濟效益是導致產業集聚的根本原因，一旦這一目標不能實現，則產業將會出現分散佈局的趨勢。與產業集聚相比，產業擴散可以在提高一些成本的同時降低另外的成本。具體而言，廠商通過把選址從產業集聚區轉移到邊緣地區，可以從較低的土地價格中獲益，規避集聚地區交通運輸的經常性堵塞從而降低運輸成本，並可以降低工人的通勤成本等③，這些因素將導致產業擴散。

制度因素同樣可以導致產業集聚和產業擴散。④ 在新廠商進入門檻較高、金融發展滯后、法制不健全、約束機制繁多的國家產業集聚程度更高。同時，不可貿易的投資驅動型產業（Investment-intensive Industries）的集聚與制度的關係更為密切。⑤ 如果政府向廠商徵收高額的環境稅，則產業集聚的規模就會縮減，集聚的速度就會降低，從而稅收制度就會引發產業擴散。⑥ 另外，還有很多具體的正式制度可以直接作用於產業集聚和產業擴散。

二、國際貿易中產業集聚和產業擴散的新增誘發因素

國際貿易條件下，第五章第一節第一部分所述的三類產業集聚和產業擴散的誘發因素仍然發揮著重要的作用，但是一些新增的誘發因素，如貿易成本和運輸成本、信息搜尋成本等也會促成產業集聚和產業擴散。

---

① 邁克爾·波特. 區位、集群與公司戰略 [A] //GORDON L CLARK, MARYANN P FELDMAN, MERIC S GERTLER. 牛津經濟地理學手冊. 劉衛東, 等, 譯. 北京: 商務印書館, 2005: 257-278.

② 保羅·克魯格曼. 「新經濟地理學」在哪裡? [A] //GORDON L CLARK, MARYANN P FELDMAN, MERIC S GERTLER. 牛津經濟地理學手冊. 劉衛東, 等, 譯. 北京: 商務印書館, 2005: 49-60.

③ MICHELLE J WHITE. Urban Areas with Decentralized Employment: Theory and Empirical Work [A] //PAUL CHESHIRE, EDWIN S MILLS. Handbook of Regional and Urban Economics. Vol. 3: 1,315-1,412.

④ MARC L BUSCH, ERIC REINHARDT. Industrial Location and Protection: The Political and Economic Geography of U. S. Nontariff Barriers [J]. American Journal of Political Science, 1999, 43 (4): 1,028-1,050.

⑤ TODD MITTON. Institutions and Concentration [J]. Journal of Development Economics, 2008, 86 (2): 367-394.

⑥ MORIKI HOSOE, TOHRU NATIO. Trans-boundary Pollution Transmission and Regional Agglomeration Effects [J]. Papers in Regional Science, 2006, 85 (1): 99-120.

(一) 貿易成本和運輸成本

國際貿易影響產業集聚和產業擴散的根本原因在於，國際貿易可以影響產業集聚和產業擴散的收益。國際貿易條件下，廠商進入外國市場的途徑有兩條，即直接到國外投資並就地生產和銷售，以及在國內投資建廠而將產品銷售到國外。如果運輸成本較高，且到國外投資能夠充分利用國內所不具有的優勢條件降低生產成本，獲取更大的經濟效益，則廠商將積極到國外投資。此時，產業將出現在全球範圍內分散佈局的局面。如果運輸成本較低，產業將在某些具備比較優勢的國家集聚，通過國際貿易的方式滿足其他國家居民的消費需求。此時具備比較優勢的國家的政府會以產業區、技術區等方式鼓勵產業向本國進一步集聚，通過出口導向的方式促成出口導向型專業化產業集群的形成。總之，集聚所產生的經濟效益不足以抵銷高額的貿易成本和運輸成本，是產業分散佈局在全球各地而不積極追求集聚經濟效益的重要原因之一。

(二) 信息搜尋成本

國際貿易中較高的信息搜尋成本也會導致產業集聚和產業擴散。一國內部地區間的差異要小於國家間的差異，國家間存在的某種自然邊界要比國家內部更為顯著。國際貿易中的經濟距離、制度距離、文化距離和空間距離更大，國際貿易有效開展跨越的距離增加，文化差異更大，從而使廠商面臨更多的信息不對稱。廠商進行跨國交易將面臨國內貿易所不具備的匯兌風險、代銷風險、政治風險等風險。正是如此，英國重商主義的代表托馬斯·孟在17世紀就專門討論了進行國際貿易的商人所必須具備的素質，除了基本的會計、稅收、貿易、金融、外語等知識外，一個從事國際貿易的全才商人還「應該知道每個國家哪些商品有多余，哪些商品短缺，還有這些商品的供給情況，即它們在何時以何種方式進入該國……他應該知道什麼商品在哪些國家是禁止出口或進口的，否則在工作中就會遇到巨大的風險……對於一切商品和貨物，他如果不具備完全的知識，起碼也應該具備基本的常識，以使自己看上去像是個各行各業的行家」[1]。在作者看來，托馬斯·孟之所以強調國際貿易的商人應是全才，其與國際貿易中有更大的信息不對稱有關。

國際貿易中產業集聚是出於降低信息搜尋成本的需要[2]，產業擴散同樣是出於該目的，兩者都是為了降低信息傳遞成本。按照第四章第二節的分析，如

---

[1] 托馬斯·孟.英國得自對外貿易的財富 [M].李瓊，譯.北京：華夏出版社，2006：1-5.

[2] 魏劍鋒.搜尋成本、制度安排與產業集群的形成機制 [J].產業經濟研究，2010 (1)：24-30.

果廠商能夠以較低的成本有效獲取貿易國的相關信息，他們將會在國內進行集中的生產佈局，進行商品出口以獲取更大的利潤。此時將會形成產業集聚。反之，如果廠商在進行國際貿易時，信息的搜尋成本很高，直接到國外投資可以更好地瞭解當地的市場需求，有助於實現利潤最大化，他們將到國外投資。此時廠商在某一個國家或地區集聚的優勢將不再明顯，產業將出現分散佈局的局面。雖然以互聯網、大數據、雲計算、智能電話、傳真等為代表的通信技術和信息傳遞技術迅速發展，可以部分降低信息搜尋成本，但是隨著技術的進步，各種保密技術也在迅速發展，由此也會導致信息搜尋成本的增加。如果再考慮到因為信息技術發展導致信息增多，進而引起信息甄別成本增加的情況，則信息搜尋成本會更多。總之，產業集聚可以彰顯實力[1]，產業擴散可以減少信息傳遞距離，兩者都可以降低信息不對稱的程度，減少信息搜尋成本。

信息搜尋成本對產業集聚和產業擴散的作用將與日俱增。傳統的區位理論一直強調運輸成本對廠商選址的影響，他們的這一論調是基於要素在全球範圍內非均勻分佈和要素流動性不高的假定做出的。顯然，運輸成本是距離和重量的函數，隨著科技的發展和生產工藝的改進，產品的重量有逐漸降低的趨勢，運輸成本的作用將逐漸降低。消費者消費商品和廠商購買投入要素時，更關注產品和要素的質量，質量的鑑別需要以充分的信息為基礎，信息搜尋成本的重要性也將因此而增強。雖然技術進步降低了距離對信息傳遞的阻礙，但信息的跨地區流動仍然不是無成本的自由流動，知識的外溢更是如此。[2] 制度距離和文化距離與自然人的空間流動壁壘有著一定的空間相關性。[3] 信息不對稱對產業佈局的影響不僅僅停留在理論層面，在現實生活中也有具體的例子。如以勞動力份額比重為基礎指標的研究表明，隨著信息技術的進步，信息交流的成本逐步降低，直接導致美國加利福尼亞州呈現出產業擴散的佈局態勢，這種趨勢也出現在美國其他州。[4]

沿海地區的產業集聚也是信息傳遞成本對產業佈局的影響與日俱增的表現。就運輸成本和信息搜尋成本而言，兩者在產業集聚的不同階段所起的作用

---

[1] 陳英武等人在研究生產者服務的區位選擇時同樣認為，高層級的生產者服務到大城市選址的原因正是為了彰顯自身的質量與水平高低。詳見：陳英武，鄭江淮，高彥彥. 信息不對稱、城市聲譽與生產者服務的區位選擇 [J]. 經濟學家, 2010 (3): 12-19.

[2] DAVID B AUDRETSCH, MARYANN P FELDMAN. R&D Spillovers and the Geography of Innovation and Production [J]. The American Economic Review, 1996, 86 (3): 630-640.

[3] 錢爭鳴，鄧明. 文化距離、制度距離與自然人流動政策的溢出 [J]. 國際貿易問題, 2009 (10): 68-78.

[4] JED KOLKO. Changes in the Location of Employment and Ownership: Evidence from California [J]. Journal of Regional Science, 2008, 48 (4): 717-743.

不同。在產業集聚的初級階段，沿海地區憑藉海運成本較低的優勢，在國際貿易中的優勢突出，導致了產業集聚。在產業集聚的高級階段，運輸成本的優勢仍然存在，但通過產業集聚而樹立的品牌等開始發揮作用，沿海地區以產業集聚的方式向外界發送相關的信息，降低其他經濟主體對集聚區相關信息搜尋的難度，信息搜尋成本的優勢也開始逐步呈現，運輸成本和信息搜尋成本共同起主導作用促進產業集聚。沿海地區之所以能夠通過產業集聚向外界發送信息，是因為產業集聚本身就是信息傳遞的機制之一。與此同時，因為產業集聚的規模較大，區域內競爭過於激烈，產業擴散也開始逐步孕育。

第二節　國際貿易影響產業集聚和產業擴散的模型及案例分析

隨著經濟的發展，產業集聚的趨勢越來越明顯，產業擴散也在不斷出現，經濟活動分散佈局的情況在不斷增加。產業集聚和產業擴散並沒有嚴格的優劣之分，兩者的出現都是廠商的理性選擇在產業層面的再現。阿爾弗雷德·馬歇爾曾言及：「每當交通工具跌價，每當相距甚遠的兩地之間的思想自由交流有了新的方便條件時，就會使那些決定工業地區化分佈的種種因素的作用也隨之發生變化。一般來說，我們必然會這樣說：貨物運費和關稅的降低，會使每個地方都從遠處購買更多的所需要的東西，因而就會使專門的工業集中在專門的地方。然而，凡是令人們更願意從一處遷往別處的事情，都會使有特殊技能的工人向購買他們的貨物的消費者靠近，以竭力發揮他們的技能。」[1] 國際貿易既可以促進產業集聚，也可以強化產業擴散。Fabien Candau 的研究已證實，表面看來國際貿易自由化將會導致產業集聚，但是根據貿易自由化的程度不同，產業在兩個或者三個地區集聚，也即產業呈現擴散的態勢也是均衡的結果。[2] 事實上，在經濟學家對產業集聚津津樂道的同時，20 世紀全球的產業擴散有了實質性的提高。[3]

---

[1] 阿爾弗雷德·馬歇爾. 經濟學原理 [M]. 廉運杰, 譯. 北京：華夏出版社, 2005：230-231.

[2] FABIEN CANDAU. Entrepreneurs' Location Choice and Public Polices：A Survey of the New Economic Geography [J]. Journal of Economic Surveys, 2008, 22 (5)：909-952.

[3] DONALD R DAVIS, DAVID E WEINSTEIN. Bones, Bombs, and Break Points：The Geography of Economic Activity [J]. The American Economic Review, 2002, 92 (5)：1,269-1,289.

一、國際貿易影響產業集聚和產業擴散的模型分析

保羅·克魯格曼運用迪克西特—斯蒂格利茨壟斷競爭模型①、保羅·薩繆爾森提出的冰山成本②、動態演化以及計算機數值模擬技術建立了著名的中心—外圍模型。這一模型的提出為后續學者研究國際貿易和產業集聚以及產業擴散提供了理論基礎。本節將以這一模型為理論基礎，著重考慮國際貿易中的信息傳遞成本和運輸成本問題，討論國際貿易對產業集聚和產業擴散的影響。

（一）基礎理論模型

保羅·克魯格曼的中心—外圍模型假定如下：第一，區域分為南方和北方兩個區域，用1、2表示；第二，部門分為傳統農業部門和現代工業部門兩個部門，農業部門代表完全競爭部門，工業部門代表不完全競爭部門，廠商具有規模報酬遞增的特徵；第三，要素有可流動的生產要素（工業部門的勞動力）和不可流動的生產要素（農業部門的勞動力）兩種要素。③

在上述假定下，代表性消費者兩類產品的效用函數為柯布—道格拉斯型函數：

$$U = M^{\mu}A^{(1-\mu)} \tag{5.1}$$

其中，M 代表工業製成品消費量的綜合指數，即 M = (m_1, m_2, …, m_i, …, m_n)，n 為工業製成品的種類；A 代表消費者的農產品消費量；μ 為常數，代表總支出中對工業製成品的支出份額。工業製成品的消費量函數為不變替代彈性函數，且該函數為：④

$$M = \left[\int_0^n m(i)^{\rho}di\right]^{1/\rho}, (0 < \rho < 1) \tag{5.2}$$

其中，ρ 作為參數代表消費者對於工業製成品多樣性的偏好程度。當 ρ 趨近於

---

① AVINASH K DIXIT, JOSEPH E STIGLITZ. Monopolistic Competition and Optimum Product Diversity [J]. The American Economic Review, 1977, 67 (3): 297-308.

② PAUL A SAMUELSON. The Transfer Problem and Transport Costs: The Terms of Trade When Impediments are Absent [J]. The Economic Journal, 1952, 62 (Jun.): 278-304. PAUL A SAMUELSON. The Transfer Problem and Transport Costs, II: Analysis of Effects of Trade Impediments [J]. The Economic Journal, 1954, 64 (Jun.): 264-289.

③ 藤田昌久，保羅·克魯格曼，安東尼 J 維納布爾斯. 空間經濟學——城市、區域與國際貿易 [M]. 梁琦，等，譯. 北京：中國人民大學出版社，2005：53-71.

④ 此處只給出了工業製成品之間的差別化是連續型的情況，若工業製成品之間的差別化是離散型的，則工業製成品的消費量函數為 $M = \left[\sum_{i=1}^{n} m(i)^{\rho}\right]^{1/\rho}$，$(0 < \rho < 1)$。詳見：安虎森. 空間經濟學原理 [M]. 北京：經濟科學出版社，2005：37.

1時，消費者的多樣化偏好程度很低，工業製成品幾乎可以完全替代；當 ρ 趨近於 0 時，消費者的多樣化偏好程度很高，工業製成品之間的替代性近乎喪失。此時可令：

$$\sigma \equiv 1/(1-\rho) \tag{5.3}$$

則 σ 代表任意兩種工業製成品之間的替代彈性。

如果給定收入 Y 和一組價格，並且用 p^A 代表農產品的價格，$p(i)$ 代表每種工業製成品的價格，則此時消費者所面臨的問題可以看作，以 5.4 式作為預算約束條件使得效用函數 5.1 式最大化。

$$p^A A + \int_0^n p(i)m(i)di = Y \tag{5.4}$$

通過兩階段的預算約束處理方法，最終可以得到 8 個方程來描述即時均衡，具體可以分為 4 組。① 若分別用下標 1、2 代表地區 1、2，則第一組為兩個地區兩個部門收入決定方程：

$$Y_1 = \mu\lambda w_1 + \frac{1-\mu}{2} \tag{5.5}$$

$$Y_2 = \mu(1-\lambda)w_2 + \frac{1-\mu}{2} \tag{5.6}$$

第二組為價格指數的決定方程：

$$G_1 = [\lambda w_1^{(1-\sigma)} + (1-\lambda)(w_2 T)^{(1-\sigma)}]^{1/(1-\sigma)} \tag{5.7}$$

$$G_2 = [\lambda (w_1 T)^{(1-\sigma)} + (1-\lambda)w_2^{(1-\sigma)}]^{1/(1-\sigma)} \tag{5.8}$$

第三組為勞動者名義工資的決定方程：

$$w_1 = [Y_1 G_1^{(\sigma-1)} + Y_2 G_2^{(\sigma-1)} T^{(1-\sigma)}]^{1/\sigma} \tag{5.9}$$

$$w_2 = [Y_1 G_1^{(\sigma-1)} T^{(1-\sigma)} + Y_2 G_2^{(\sigma-1)}]^{1/\sigma} \tag{5.10}$$

第四組為勞動者實際工資的決定方程：

$$\omega_1 = w_1 G_1^{-\mu} \tag{5.11}$$

$$\omega_2 = w_2 G_2^{-\mu} \tag{5.12}$$

其中，Y 代表兩個地區的收入，λ 代表地區 1 的製造業份額，$(1-\lambda)$ 代表地區 2 的製造業份額，w 代表名義工資，ω 代表實際工資，T 代表兩地區之間的信息傳遞成本和運輸成本，② G 代表製成品的價格指數，且：

$$G \equiv \left[\int_0^n p(i)^{\rho/(\rho-1)} di\right]^{(\rho-1)/\rho} = \left[\int_0^n p(i)^{(1-\sigma)} di\right]^{1/(1-\sigma)} \tag{5.13}$$

---

① 具體的推導過程詳見：藤田昌久，保羅·克魯格曼，安東尼J維納布爾斯. 空間經濟學——城市、區域與國際貿易 [M]. 梁琦，等，譯. 北京：中國人民大學出版社，2005：53-71.

② 在保羅·克魯格曼的模型中 T 代表兩地之間的運輸成本，此處做了一點變更。

運用上述5.5~5.12式共8個聯立的非線性方程即可求出解析解。①

(二) 國際貿易中的產業集聚和產業擴散

受國際貿易中信息傳遞成本和運輸成本的影響，產業會出現集聚和擴散。具體而言，當信息傳遞成本和運輸成本比較低時，將會促成產業的集聚；當信息傳遞成本和運輸成本比較高時，將會導致產業擴散。此處繼續運用保羅·克魯格曼等人的相關模型，具體分析國際貿易條件下的產業集聚和產業擴散問題。②

1. 基本的假定

第一，假定只包含兩個國家、兩個產業和一種生產要素，不存在農業部門；第二，每個國家擁有一單位的勞動力，且勞動力只能跨產業流動，不能跨國流動；第三，兩個產業都是壟斷競爭性產業，都使用勞動作為投入要素；第四，兩個產業具有相同的消費需求參數，兩個產業平分消費者支出，且具有相同的需求彈性 σ；第五，兩個產業擁有相同的固定成本和均衡的企業規模，均按照柯布—道格拉斯函數的技術要求雇用勞動力、使用本產業或其他產業提供的中間產品，各自的投入產出矩陣如圖5-1所示。

	產業1	產業2
產業1	α	γ
產業2	γ	α
勞動力	β	β

圖5-1 兩個產業的投入產出矩陣

資料來源：MASAHISA FUJITA, PAUL R KRUGMAN, ANTHONY J VENABLES. The Spatial Economy: Cities, Regions, and International Trade [M]. Cambridge: The MIT Press, 1999: 286.

---

① 藤田昌久，保羅·克魯格曼，安東尼J維納布爾斯. 空間經濟學——城市、區域與國際貿易 [M]. 梁琦，等，譯. 北京：中國人民大學出版社，2005：56-77.

② 因為保羅·克魯格曼等人的研究主要考慮國際貿易中的冰山成本和運輸成本，而本書主要考慮國際貿易中的信息傳遞成本和運輸成本，保羅·克魯格曼等人的模型同樣適用於本書，故此處主要借鑒了其模型。詳見：MASAHISA FUJITA, PAUL R KRUGMAN, ANTHONY J VENABLES. The Spatial Economy: Cities, Regions, and International Trade [M]. Cambridge: The MIT Press, 1999: 263-308. 藤田昌久，保羅·克魯格曼，安東尼J維納布爾斯. 空間經濟學——城市、區域與國際貿易 [M]. 梁琦，等，譯. 北京：中國人民大學出版社，2005：311-365. 安虎森. 空間經濟學原理 [M]. 北京：經濟科學出版社，2005：362-390.

在該投入產出矩陣中，兩個產業間的系數是對稱的。每個產業來自於其他產業的投入在成本中所占的份額為 γ，來自於本產業的投入所占的份額為 α，勞動力所占的份額為 β，顯然 α + β + γ = 1

2. 模型的構成

若用上標 1、2 表示兩個產業，並在必要時在變量上面加「~」表示外國，通過標準化的方式可以得到本國每個產業的價格方程為[①]：

$$p^1 = (w^1)^\beta (G^1)^\alpha (G^2)^\gamma \tag{5.14}$$

$$p^2 = (w^2)^\beta (G^2)^\alpha (G^1)^\gamma \tag{5.15}$$

本國每個產業的價格指數方程為：

$$G^1 = [\lambda^1 (w^1)^{(1-\beta\sigma)} (G^1)^{-\alpha\sigma} (G^2)^{-\gamma\sigma} + \tilde{\lambda}^1 (\tilde{w}^1)^{(1-\beta\sigma)} (\tilde{G}^1)^{-\alpha\sigma} (\tilde{G}^2)^{-\gamma\sigma} T^{(1-\sigma)}]^{1/(1-\sigma)} \tag{5.16}$$

$$G^2 = [\lambda^2 (w^2)^{(1-\beta\sigma)} (G^2)^{-\alpha\sigma} (G^1)^{-\gamma\sigma} + \tilde{\lambda}^2 (\tilde{w}^2)^{(1-\beta\sigma)} (\tilde{G}^2)^{-\alpha\sigma} (\tilde{G}^1)^{-\gamma\sigma} T^{(1-\sigma)}]^{1/(1-\sigma)} \tag{5.17}$$

工資方程為：

$$[(w^1)^\beta (G^1)^\alpha (G^2)^\gamma]^\sigma = \beta[E^1 (G^1)^{(\sigma-1)} + \tilde{E}^1 (\tilde{G}^1)^{(\sigma-1)} T^{(1-\sigma)}] \tag{5.18}$$

$$[(w^2)^\beta (G^2)^\alpha (G^1)^\gamma]^\sigma = \beta[E^2 (G^2)^{(\sigma-1)} + \tilde{E}^2 (\tilde{G}^2)^{(\sigma-1)} T^{(1-\sigma)}] \tag{5.19}$$

支出方程為：

$$E^1 = \frac{w^1\lambda^1 + w^2\lambda^2}{2} + \frac{\alpha w^1\lambda^1 + \gamma w^2\lambda^2}{\beta} \tag{5.20}$$

$$E^2 = \frac{w^1\lambda^1 + w^2\lambda^2}{2} + \frac{\alpha w^2\lambda^2 + \gamma w^1\lambda^1}{\beta} \tag{5.21}$$

其中，λ 代表國內兩個產業雇用的勞動力數量，若假定國內勞動力供給總量為 1，則 $\lambda^1 + \lambda^2 = 1$，E 代表國內兩個產業的支出，其余字母所代表的含義與第五章第二節第一部分的字母所代表的含義相同。上述 5.14～5.21 式確定了本國的短期均衡。因為兩國之間具有對稱性，從而可以以同樣的方式確定外國的短期均衡。對於長期來說，勞動力將根據工資的差異在同一個國家的兩個產業間流動，但根據假設條件其不能跨國流動。

[①] 具體的推導方法見：藤田昌久，保羅·克魯格曼，安東尼 J 維納布爾斯. 空間經濟學——城市、區域與國際貿易 [M]. 梁琦，等，譯. 北京：中國人民大學出版社，2005. 安虎森. 空間經濟學原理 [M]. 北京：經濟科學出版社，2005.

3. 產業集聚和產業擴散

以上模型可能會支持兩種均衡，① 一種是產業集中佈局在一個國家即為產業集聚，另一種是產業分散佈局在兩個國家即為產業擴散，具體是產業集聚還是產業擴散取決於信息搜尋成本和運輸成本的高低。若 $\alpha-\gamma<0$，即產業間的關聯性 γ 大於產業內的關聯性 α，對於所有的 $T>1$ 或者 $w^2>w^1$，產業集聚的狀況不能持續存在，將會發生產業擴散。具體來說，產業在擴散時具有在國家之間依次擴散，勞動密集型、消費指向型以及中間投入品較少的產業首先擴散的特徵。② 若 $\alpha-\gamma>0$，即產業間的關聯性 γ 小於產業內的關聯性 α，此時若信息搜尋成本和運輸成本 T 足夠小，則產業的集聚將得以維持，γ 與 α 的差值絕對值越大，可以保證產業集聚得以維持的 T 值的取值範圍越大。③ 總之，當信息搜尋成本和運輸成本 T 值很高時，產業均勻分佈在兩個國家，呈現分散佈局的態勢；而當信息搜尋成本和運輸成本很低時，產業集中佈局在一個國家，此時經濟完全實現專業化，每個國家只保有生產一種產品的產業，通過國際貿易的方式來滿足居民的各類需求。

二、國際貿易影響產業集聚和產業擴散的案例分析

從歷史發展的角度看，國際貿易的確對產業集聚和產業擴散有影響。凱文·奧羅克（Kevin H. O'Rourke）、杰弗里·威廉姆森（Jeffery G. Williamson）對英國、美國的相關統計資料研究后，認為國際貿易的確導致產業分佈區域發生了明顯的變化。④ 唐納德·戴維斯（Donald R. Davis）、戴維·韋恩斯坦（David E. Weinstein）所做的有關日本的實證研究提供了更為有力的佐證。⑤ 他們研究了日本的有關數據，通過計算區域經濟密度（Variation in Regional Den-

---

① 產業集聚得以維持的條件，以及均衡被打破的條件及其推導過程詳見：藤田昌久，保羅·克魯格曼，安東尼 J 維納布爾斯. 空間經濟學——城市、區域與國際貿易 [M]. 梁琦，等，譯. 北京：中國人民大學出版社，2005：340-360. 安虎森. 空間經濟學原理 [M]. 北京：經濟科學出版社，2005：376-380.

② 安虎森. 空間經濟學原理 [M]. 北京：經濟科學出版社，2005：371-372.

③ 此處只分析了兩個國家、兩個產業、一種要素的情況，對於多個國家、多個產業、多種要素的分析以及此處的推理過程，詳見：藤田昌久，保羅·克魯格曼，安東尼 J 維納布爾斯. 空間經濟學——城市、區域與國際貿易 [M]. 梁琦，等，譯. 北京：中國人民大學出版社，2005：311-365.

④ KEVIN H O'ROURKE, JEFFERY G WILLIAMSON. From Malthus to Ohlin：Trade, Industrialisation and Distribution Since 1500 [J]. Journal of Economic Growth, 2005, 10 (1)：5-34.

⑤ DONALD R DAVIS, DAVID E WEINSTEIN. Bones, Bombs, and Break Points：The Geography of Economic Activity [J]. The American Economic Review, 2002, 92 (5)：1,269-1,289.

sity）來驗證有關經濟分佈的三種理論，即收益遞增理論（Increasing Returns Theories）、隨機增長理論（Random Growth Theory）和區域基礎理論（Locational Fundamentals Theory）。

　　1600年日本重新實現了統一，與西方國家的貿易往來也得以加強。17世紀30年代，日本開始了長達兩個世紀的閉關自守。特別是在1721年，資本和人口流入東京都受到日本政府的嚴格限制。19世紀70年代，日本經歷了內戰並且結束了幕府的統治，從自給自足的封閉經濟重新走向對外開放，對進口西方國家的技術進行進口補貼。20世紀20年代，日本成為絲綢和紡織品的主要出口國。然而，大約50%的勞動力仍然是農民。1998年日本成為一個高度工業化的國家，農民僅占該國總人口的5%，東京的人口達到1,200萬，成為世界上人口最多的城市之一。

　　日本產業佈局的變化與國際貿易的變化出現了較高的一致性。從公元前6000年到公元300年，也即日本經濟發展的早期階段，區域經濟密度相當高。公元700年至1600年，日本人口最多的5個區域的區域人口密度值約相當於現代人口密度值的三分之二至四分之三。氣候和自然資源禀賦是導致那時的日本人口高度集聚的重要因素之一。1721—1872年，也就是日本閉關鎖國的近兩個世紀中，日本人口最多的5個區域的區域人口密度值有了大幅度的下降。封閉經濟直接導致了日本出現產業擴散的情勢。1872年之後，日本重新實現對外開放並且發展現代經濟，人口最多的5個區域的區域人口密度值再度大幅度上升，產業重新集聚。可見，日本經濟發展的歷史印證了國際貿易對產業集聚和產業擴散有著重要的影響。

　　國際貿易對產業佈局的影響不僅發生在日本，在歐洲國家同樣有現成的例子。Rikard Forslid、Jan I. Haaland和Karen Helene Midelfart Knarvik結合歐洲國家進行的研究同樣證實了這一點。他們研究發現，冶金、化學製品和運輸器械行業的集聚程度與國際貿易的自由化之間呈現非線性關係。[1] 國際貿易首先促進了上述行業的集聚，隨著國際貿易的進一步開展，產業開始出現分散佈局的趨勢。此外，瑞士的鐘表、紡織機械以及醫藥產業的高度集聚也與該國這些行業的國際競爭力較高，從而可以充分利用國際貿易開拓占領海外市場有密切的關係[2]。

---

　　[1]　RIKARD FORSLID, JAN I HAALAND, KAREN HELENE MIDELFART KNARVIK. A U-shaped Europe? A Simulation Study of Industrial Location [J]. Journal of International Economics, 2002, 57（2）: 273-297.

　　[2]　張卉. 產業分佈、產業集聚和地區經濟增長：來自中國製造業的證據 [D]. 上海：復旦大學博士學位論文，2007：48.

第三節　國際貿易對產業集聚的其他相關影響

保羅・克魯格曼曾指出，產業在某一個地區集聚是由歷史的、偶然的因素引起的，但是這並不否認產業集聚對區位仍然有一定的選擇。在國際視野下，產業是在一個國家或地區集聚還是在幾個國家和地區集聚，就涉及產業集聚的區位選擇問題。產業發展需要有物質基礎，產業擴散也有一定的區位選擇，不論是國內還是國外，產業擴散都需要有相應的產業發展基礎作保證。只有產業的承接國具備了產業發展的基礎條件，產業才可以向這些國家和地區轉移。產業擴散的區位選擇相對更容易解釋，此處重點分析國際貿易對產業集聚區位選擇的影響。這裡所涉及的產業集聚區位選擇主要是產業在一個地區集聚還是在不同的地區集聚，是把集聚中心選擇在國內還是國外。

一、國際貿易對產業集聚規模的影響

供給和需求條件限制產業集聚的規模。集聚經濟的獲得最根本的原因是供求條件的變化。在產業集聚的情況下，集聚產業的原材料供給和產品需求都因為集聚而處於有利地位，廠商可以依靠集聚而低價獲得原材料供給，也可以依靠集聚而降低產品出售的交易成本，從而導致了集聚經濟的產生。換言之，集聚經濟是在供給和需求條件允許的情況下獲取的，也正是如此，供給和需求條件也影響集聚規模。在沒有國際貿易的情況下，集聚產業獲取集聚經濟所需要的原材料供給和市場需求都會並且只受到本國的限制，大規模的集聚更容易進入集聚不經濟階段。此時，廠商再進行集聚不僅不能保障其獲取更多的利潤，反而有可能因為集聚而受損。廠商也會因此而有意識地限制產業集聚的規模。

國際貿易更有利於產業在一個地區進行大規模的集聚。國際貿易活動的開展，為集聚廠商進行大規模生產提供了更加豐富的原料來源，也為集聚廠商創造了更加廣闊的市場需求。首先，廠商可以在市場需求不變的情況下，通過國際貿易以更低的價格獲取優質的原材料，降低生產成本，增加產品的市場競爭力，延長集聚經濟的獲取。其次，廠商可以在原材料供給條件不變的情況下，參與國際貿易以謀得更大的市場，為產品的出售創造條件，同樣可以擴大集聚經濟的獲取。2010年OPEC成員國中，伊朗和委內瑞拉的燃料出口分別占該國

出口總額的 70.8%和 93.4%，① 這些國家能夠集聚大規模的石油生產得益於國際石油市場的大規模需求。文萊作為東南亞第三大產油國和世界第四大液化天然氣生產國，2010 年其人口只有 39.9 萬，② 國內對石油和天然氣的消費十分有限，其燃料出口占到該國出口總額的 96.3%，③ 全球天然氣生產大規模集聚在文萊也是因為國際市場為其提供了廣闊的市場需求，使該國的天然氣生產不再受本國市場容量的嚴格限制。再次，在供給和需求的規模都因國際貿易而擴大的情況下，廠商就可以擴大生產規模，擴大在某一個地區產業集聚的規模。總之，非均衡的國際區域分工和區位模式，將會導致產業集聚規模的擴大，在國際貿易的推動下，超級的集聚不久也將成為現實④。

國際貿易可以強化專門生產單一產品的產業在一個國家和地區集聚的趨勢。很顯然，產業在一個地區集聚后，將會大量擠占經濟活動的空間，如果集聚的產業專門生產一種產品，由集聚所帶來的規模經濟使得該產品的供給十分充足。在國際貿易缺失的條件下，該產品在該地會嚴重地供過於求，而消費者對其他產品的需求卻不能得到滿足。此時，產業集聚不僅不能夠增加本地供給者的利潤，而且消費者的福利滿足也可能因此而受到極大損害，供求雙方理性的反應就是消除專門生產一種產品的產業集聚，實現產品供給的多樣化。只要供求雙方將這一想法付諸實施，產業集聚也將隨之消失。國際貿易的開展使得各國和地區可以互通有無，滿足消費者的多樣化需求，為生產者提供廣闊的市場，產業集聚的規模經濟優勢將會得到更好發揮，產業集聚的趨勢也會得到進一步強化。同時，國際貿易意味著專業化和規模生產，催生與大規模生產相適應的生產方法，增強勞動力的素質。這將進一步彰顯產業集聚的優勢，為產業集聚趨勢的強化提供條件。

二、國際貿易對產業集聚中心選擇的影響

（一）國際貿易對產業集聚中心在一國內部選擇的影響

國際貿易有利於一國內部的產業集聚中心轉向貿易條件較為優越的地區。

---

① 中華人民共和國國家統計局. 國際統計年鑒：2013 [Z]. 北京：中國統計出版社，2013：322.

② 中華人民共和國國家統計局. 國際統計年鑒：2013 [Z]. 北京：中國統計出版社，2013：101.

③ 中華人民共和國國家統計局. 國際統計年鑒：2013 [Z]. 北京：中國統計出版社，2013：322.

④ 邁克·斯多波. 全球化、本地化與貿易 [A] //GORDON L CLARK, MARYANN P FELDMAN, MERIC S GERTLER. 牛津經濟地理學手冊. 劉衛東，等，譯. 北京：商務印書館，2005：147－165.

国际贸易可以加速一国或地区的经济发展，在一国内部广泛开展国际贸易的地区经济发展速度更快，经济总体实力更强，厂商进行各项生产活动的条件更加优越。产业往往在经济发展条件较好的地区集聚，就是为了充分利用这些地区的优越条件获取更大的利润。在封闭经济条件下，产业集聚中心可以根据各地的生产经营条件来选择。而考虑到国际贸易时，产业集聚中心的选择将会发生变化，墨西哥在20世纪的经历就是一个典型的例子。

20世纪50年代至80年代中期，墨西哥政府采取保护性的贸易政策，该国有意识地提高关税壁垒并建立进口许可制度，经济处于高度封闭的状态，整个墨西哥的制造业在首都墨西哥城一带高度集聚。从1985年开始，墨西哥政府的国际贸易政策开始发生转变，政府采取大幅度削减关税税率等方式消除贸易障碍，此举导致制造业厂商为了从国际贸易中获取更大的利润而重新选址。墨西哥城一带的制造业就业份额从1980年的44.4%降至1993年的28.7%，而与美国接壤的边境地区的制造业就业份额从1980年的20.95%升至1993年的29.84%。原有的墨西哥制造业中心，除了化学制品业和碱性金属业，其余行业的就业份额从1985年开始均呈现负增长。[1] 国际贸易直接导致墨西哥制造业集聚中心由该国的中部地区向北部边境地区转移。

中国也有国际贸易导致产业集聚中心变化的例子。唐朝末年，东南地区肥沃的土地和便利的水路运输吸引了经济活动的重心从西向东移动[2]，东南沿海经济活动的兴旺发达程度远高于内地。到了近代，由于洋务运动、外商直接投资和民族工业的兴起，东部沿海地区集聚了中国近代工业的绝大部分。尽管新中国成立至改革开放这段时间，计划经济的行政命令取代了市场在资源配置中的基础性作用，各个省级单位的产业结构高度趋同。但从20世纪80年代开始，随着国际贸易的扩大，中国部分传统体制下的重要工业基地逐步向沿海地区靠拢。特别是进入20世纪90年代以来，中国的产业布局受到国际贸易的影响，再次大规模向东南沿海地区集聚，产业布局的地区不平衡也得到加强。[3]

（二）国际贸易对产业集聚中心在国家之间选择的影响

国际贸易为产业集聚中心在国家之间选择提供了现实可能。在没有国际贸易的情况下，如果某一个国家或地区对某种产品有需求，唯一的选择是在国内生产，生产该产品的厂商只能在国内选址。如果要满足国外消费者对该产品的

---

[1] 梁琦. 产业集聚论 [M]. 北京：商务印书馆，2004：3.
[2] 黄仁宇. 中国大历史 [M]. 北京：生活·读书·新知三联书店，1997：126.
[3] 黄玖立，李坤望. 对外贸易、地方保护和中国的产业布局 [J]. 经济学（季刊），2006 (3)：733-760.

需求，廠商只有到國外進行直接的生產經營活動，把產能部分轉移到國外。然而，根據比較優勢貿易理論和資源稟賦貿易理論，這種做法並不是一個最優的選擇。其原因在於，各國的比較優勢和資源稟賦並不相同，可能在一國大量生產的產品並不是本國具有比較優勢的產品，這就意味著把該產品的生產全部轉移到具有比較優勢的國家中去，以進口替代的方式滿足本國消費者的需求更有利。這一過程也意味著，產業集聚中心將由國內轉移到國外，但其能夠得以實現的前提是本國消費者的消費需求可以通過國際貿易得到滿足。如果沒有國際貿易，將某種不具有比較優勢的產品完全集聚在國外顯然得不到本國消費者的支持。

國際貿易為產業集聚中心在國家之間選擇創造了條件。國際貿易開展之後，在貿易成本較低的情況下，廠商在本國集聚可以獲得集聚經濟。只要廠商從集聚經濟中的獲益不低於因為國際貿易而導致的成本增加，廠商就會選擇集聚在國內進行生產。在國際貿易成本很高的情況下，到國外進行直接的投資生產就顯得更加有利，這將刺激廠商到國外進行直接的生產經營活動。如果國外生產銷售條件優越於國內，將導致廠商在國外進行大規模的集聚。產業集聚中心也隨之因為國際貿易而發生變化。

三、國際貿易對產業集聚國別轉移的影響

國際貿易促成了產業集聚中心由創新國轉入模仿國。在不參與國際貿易的情況下，技術跨國流動的速度非常慢，甚至完全沒有技術的跨國流動。創新國開展技術創新並進行大規模生產之後，製造創新產品的廠商將集聚在創新國，模仿國因為不具備技術創新的能力及相關條件，不能夠與創新國開展競爭。創新產品的生產廠商長期集聚在創新國，產業集聚中心的國別轉移活動趨於停滯。國際貿易活動的開展將誘發產業集聚中心由創新國轉入模仿國。國際商品貿易活動的開展，使創新國的創新產品進入模仿國，消費者開始逐漸對創新產品有了需求，刺激國內廠商為營利而進行創新產品的生產。同時，國際技術貿易活動的開展，為模仿國進行創新產品的生產提供了現實可能，模仿國的廠商可以購買、引進創新國的產品生產技術，通過進口替代的方式降低本國居民對創新國創新產品的依賴。

國際貿易加快了產業集聚中心由創新國轉入模仿國。如果國際技術貿易的開展比國際商品貿易的開展更加便捷，模仿國的廠商就會加速對創新產品生產技術的引進，而創新國的廠商也受利益的驅使更願意進行技術的出口，此時創新國的技術就很容易轉入模仿國。在創新產品的生產技術被模仿國的廠商掌握

以后，創新國生產創新產品的優勢就不再突出，創新國的廠商將會逐步放棄對創新產品的生產，進入新一輪的產品創新階段，此時原有創新產品生產的產業集聚中心將快速地由創新國轉入模仿國。

Rikard Forslid、Jan I. Haaland 和 Karen Helene Midelfart Knarvik 運用一個全規模的一般均衡模型（Full-scale CGE-Model），以歐洲 10 個地區 14 個行業 1992 年的數據為基礎，模擬了經濟一體化對製造業區位分佈的影響。10 個地區分佈於歐洲的 4 個地區，即北歐（芬蘭、冰島、挪威和瑞典）、南歐（希臘、義大利、葡萄牙和西班牙）、西歐（比利時、盧森堡、荷蘭經濟聯盟、愛爾蘭、法國和聯合王國）、中歐（奧地利、丹麥、德國和瑞士）。在可以自由地進行國際貿易的情況下，紡織和皮革製造向具有勞動力比較優勢的南歐集聚，而食品行業則從南歐向北歐和西歐遷移。① 換言之，國際貿易可以促使產業向具有比較優勢的國家和地區集聚。

第四節　國際貿易對產業集聚和產業擴散生命週期的影響

1966 年雷蒙德・弗農提出著名的產品生命週期理論，隨后經濟學中開始討論生命週期問題，產品、廠商、產業、產業集聚都有了生命週期。國際貿易在影響產業佈局的同時，也影響產業集聚和產業擴散的生命週期。產業集聚和產業擴散的生命週期是以產品和廠商的生命週期為微觀基礎的，但又不同於產品和廠商的生命週期。產業集聚的生命週期進入衰退期就意味著產業擴散生命週期的開始，從產業集聚進入衰退期到下一輪集聚開始的時間長短決定了產業擴散的生命週期。在產業集聚和產業擴散生命週期的交替輪迴中，國際貿易始終發揮著重要作用。

一、產業集聚和產業擴散的生命週期

基姆（Sukkoo Kim）通過考察 1860—1947 年美國製造業的空間分佈發現，在 1860 年至 20 世紀初這段時間，美國製造業的集聚和專業化水平一直呈穩步上升的態勢，在兩次世界大戰之間的這段時期出現了波動，而在 20 世紀 40 年代之後開始出現了持續穩步的下降。他發現，美國製造業在 20 世紀 90 年代的

---

① RIKARD FORSLID, JAN I HAALAND, KAREN HELENE MIDELFART KNARVIK. A U-shaped Europe? A Simulation Study of Industrial Location [J]. Journal of International Economics, 2002, 57 (2): 273-297.

專業化水平低於1860年的水平。產業集聚和專業化水平密切相關，隨著區域專業化水平的提高，產業集聚水平也提高；隨著區域專業化水平的降低，產業擴散的趨勢更加明顯。①

都邁斯（Guy Dumais）、格倫·埃利森（Glenn Ellison）和愛德華·格拉澤（Edward L. Glaser）在考察美國製造業的空間分佈時，提出了廠商的生命週期理論。他們把廠商的生命週期也分為4個階段，即誕生期、擴張期、收縮期和倒閉期。在生命週期的不同階段，廠商雇用不同數量的工人，而產業集聚是廠商生命週期不斷輪迴作用的結果。他們利用美國統計調查局所提供的美國製造業的數據研究發現，儘管產業集聚水平有輕微的下降，但是更多地區出現了產業集聚的趨勢。②

梁琦利用中國1949—2000年14種各省級單位主要工業產品產量和產值的數據，分析了工業產品生產的集聚和擴散趨勢。她發現，大多數產品在20世紀50年代和60年代的集聚水平比較高，在20世紀70年代以前集聚水平多半呈下降態勢，而在20世紀80年代和90年代前半期，集聚水平比較低。同時，不同行業的集聚和擴散趨勢有所不同。③ 他們的研究描述了產業集聚和產業擴散的動態生命週期，指出產業集聚和產業擴散是交替出現的。

也正是上述實證研究催生了產業集聚和產業擴散的生命週期理論。產業集聚的生命週期可以分為4個階段，即誕生期、增長期、成熟期和衰退期。產業集聚的誕生期是具有創新精神的企業家首先進入一定區域相互集聚的結果。增長期是產業集聚規模迅速擴張的階段。當產業集聚區擁有整體優勢和較強的國際競爭力時，就進入了成熟期。衰退期是指產業集聚區內的競爭趨於激烈而導致成本不斷上升，集聚不經濟現象出現的時期。④ 其實，若特定產業仍在存續，在產業集聚處於衰退期時，產業擴散的生命週期就開始了，只不過產業擴散的生命週期階段劃分不如產業集聚明顯。產業擴散的生命週期可以分為誕生期和衰退期，其分別對應產業集聚的衰退期和誕生期。

---

① SUKKOO KIM. Expansion of Markets and the Geographic Distribution of Economic Activities: The Trends in U. S. Regional Manufacturing Structure, 1860-1987 [J]. The Quarterly Journal of Economics, 1995, 110 (4): 881-908.
② GUY DUMAIS, GLENN ELLISON, EDWARD L GLAESER. Geographic Concentration as a Dynamic Process [J]. The Review of Economics and Statistics, 2002, 84 (2): 193-204.
③ 梁琦. 產業集聚論 [M]. 北京：商務印書館，2004：154-166.
④ 郭利平. 產業群落的空間演化模式研究 [M]. 北京：經濟管理出版社，2006：69-78.

二、國際貿易對產業集聚和產業擴散生命週期的影響

微觀經濟學理論認為，產品生產中存在規模報酬遞增現象。在市場規模大的區域開展生產活動，廠商便不用考慮市場容量的限制，可以大規模生產並獲得規模經濟效益，因而可以牟取更高的利潤。廠商都按照這一思路決策，將使得商品的生產傾向於集中在某一個區位。廠商大規模集聚於某一地區後，加劇了該地區的競爭。如果此時有小部分廠商選擇到其他地區生產，即使這些地區的市場規模較小，他們出口產品將面臨運輸成本問題，但是競爭壓力的減小同樣可以給他們帶來利潤，甚至由此帶來的利潤增加會超過新增的運輸成本，廠商將因此而選擇擴散。國際貿易對產業集聚和產業擴散的生命週期有著雙向的影響，既可以加速產業集聚和產業擴散生命週期，也可以延緩產業集聚和產業擴散的生命週期。

（一）國際貿易延緩產業集聚和產業擴散生命週期的機制

1. 國際貿易延緩產業集聚生命週期的機制

國際貿易延緩產業集聚的生命週期主要是通過延長集聚產業的成熟期來實現。產業集聚生產的大量產品需要國際貿易為其提供廣闊的市場。一般認為，產業集聚存在著巨大的集聚經濟。集聚會降低交易成本、提高效率、改進激勵方式、改善創新條件、加速生產率的成長等，從而使得集聚廠商的生產效率更高，產品的供給因此而大規模增加。在產業集聚進入成熟期時，集聚產業具有較強的整體優勢和競爭力，此時對原料供給市場和產品需求市場有更高的要求。

國際貿易通過擴大需求的方式延緩產業集聚的生命週期。因為產業集聚而帶來的整體優勢和競爭力是需要有相關的條件作保證的，從需求方面看就是要有足夠大的市場規模，讓集聚產業的產品有充足的市場需求，從而獲取利潤。國際商品貿易的開展擴大了集聚產業的市場規模，當集聚產業的國內市場萎縮，產品供過於求並且利潤下降時，國際商品貿易的開展可以促使集聚產業積極開闢國外市場，保障其獲取正常的利潤，確保整體優勢和競爭力的持續存在。國際貿易通過擴大需求的方式延長產業集聚的成熟期，從而延緩產業集聚的生命週期。

國際貿易也可以通過增加供給的方式延緩產業集聚的生命週期。國際貿易為集聚產業提供更加充足的生產要素供給，使集聚產業的要素供給免受國內要素稟賦的限制。產業集聚進入成熟期之後，集聚產業保持整體優勢和競爭力不僅僅要求廣闊的市場需求，同樣要有充足的要素供給，否則其生產經營活動仍

將難以為繼。與開放條件下的生產要素供給相比，一個國家或地區在封閉條件下的要素供給存在供給總量規模較小、種類單一、質量相對不高等問題。總之，當產業集聚進入成熟期後，集聚產業生產經營活動的開展需要有更廣闊的要素供給來源，國際貿易活動的開展可以有效滿足其對勞動力、原材料、技術、資本等要素的需求，進而延緩其從成熟期進入衰退期。

2. 國際貿易延緩產業擴散生命週期的機制

國際貿易延緩產業擴散生命週期主要是由國際貿易條件下信息更加不對稱所致。當產業集聚進入衰退期之後，產業擴散就逐步開始，新的產業集聚出現之前的這段時期可以統稱為產業擴散時期。第五章第三節第二部分的分析表明，國際貿易條件下，產業重新集聚面臨著更多的選擇。在封閉條件下，重新選擇產業集聚中心只需要在國內選擇，而國際貿易條件下產業集聚中心可以到國外選擇。此時，促成產業集聚的創新型廠商面臨著更多的選擇，信息不對稱使他們並不能快速且精準地確定最佳選址在何處。選址作為廠商的一項投資，對其后續生產經營有著重要的影響。在選址方面的謹慎將導致新的產業集聚誕生期不斷地推遲，產業擴散的生命週期也因此而得到延緩。

(二) 國際貿易加速產業集聚和產業擴散生命週期的機制

1. 國際貿易加速產業集聚生命週期的機制

國際貿易加速產業集聚的生命週期是通過縮短集聚產業的增長期來實現的。在集聚產業進入增長期後，國際貿易活動的開展為集聚產業生產的產品提供了相對更加廣闊的市場，集聚產業此時可以快速擴大生產規模，進入具有整體優勢和競爭力的成熟階段，從而縮短了集聚的增長期。同時，國際貿易可以在產業集聚進入增長期後，為集聚產業的進一步發展提供更多的技術、原材料、勞動力和資本支持，這也從供給方面加速了集聚產業由誕生期轉入成熟期，縮短了集聚的增長期。

國際貿易可以通過縮短產品生命週期的方式縮短產業集聚的生命週期。國際技術貿易活動的開展方便了各國之間的技術交流，為各國進行技術創新與模仿提供了更加優越的條件，技術創新活動將因此而加速開展，產品更新速度加快，生命週期縮短。在產品生命週期縮短之後，以技術落后的產品為主打產品的集聚活動將會加速進入衰退階段，甚至是從產業集聚的誕生期、增長期直接進入衰退期，從而縮短產業集聚的生命週期。

2. 國際貿易加速產業擴散生命週期的機制

國際貿易不僅可以延緩產業擴散的生命週期，而且可以加速產業擴散的生命週期。具體而言，國際貿易加速產業擴散生命週期的途徑主要有兩個，即國

際貿易完全缺失的情況下，產業必須均勻分佈於各個國家和地區，以及國際貿易的開展，導致部分國家和地區的比較優勢得到急遽凸顯，產業在這些國家和地區迅速集聚，從而扭轉了產業擴散的趨勢，縮短了產業擴散的生命週期。

在國際貿易不能有效開展時，產業在全球範圍內擴散的速度會顯著加快，從而加速產業擴散的生命週期。完全的自由貿易只是經濟學家在理論研究時所必需的一個假定，現實生活中並不存在。換言之，即使是在最理想的狀態下，國際貿易也只是部分的自由貿易。一旦各國政府因為政治因素，社會團體因為經濟利益因素，民眾因為意識形態因素等抵制國際貿易，則國際貿易將會因為各種抵制行為而減少甚至是終止。然而，居民消費習慣改變的速度遠趕不上因為抵制而終止國際貿易的速度。國際貿易的終止並不意味著貿易國的居民會終止對貿易商品的消費，居民的消費習慣和消費需求並不會立即發生大的改變，他們仍然對貿易商品有著巨大的有效需求。在本國對終止貿易的商品的生產能力不足時，為滿足居民的消費需求，將會有國外的投資者直接進入國內投資，或者是本國的投資者進入相關的產業，兩者都將刺激終止商品貿易的產業在本國發展，產業將會逐步擴散。本章對於所有的貿易國的分析都遵循這樣的邏輯，此處不再贅述。在此過程中，居民的消費需求要求本國要加快發展終止貿易的產業，產業擴散的局面需要快速形成，否則仍然無法有效滿足本國居民的消費需求，因此，將從需求方面發揮作用以加速產業擴散的生命週期。

與上述影響機制相反的是，國際貿易的開展強化各國的比較優勢，導致產業集聚快速形成，縮短產業擴散的生命週期。國際貿易的有效開展也可以迅速提升並強化貿易各國的比較優勢，降低具有比較優勢國家的產品生產成本，提高這些國家的產品在國際市場上的競爭力，不具有比較優勢的國家在國際貿易和產品生產中的劣勢將會進一步地凸顯。擁有比較劣勢的貿易國對貿易產品的供給能力將迅速下降，產業向具有比較優勢的國家集聚的速度將快速提高，刺激產業集聚在具有比較優勢的國家加速形成。比較優勢一旦形成，便會因為路徑依賴，循環累積效應而被放大，產生鎖定效應。在其他國家不具備發展貿易產業的優勢時，部分貿易國快速形成的比較優勢可以加速產業集聚，縮短了產業擴散。這一過程表面看來是加速了產業集聚的形成過程，但是因為產業集聚和產業擴散是此消彼長的關係，產業集聚的加速形成意味著產業擴散的快速終止，因此，該過程同樣會加速產業擴散的生命週期。

本章小結

　　本章重點分析以下 4 個問題：第一，國際貿易對產業集聚和產業擴散誘發因素的影響，把信息不對稱作為國際貿易條件下產業佈局的新增誘發因素，指出從國際貿易的角度看，產業佈局是傳遞信息的方式之一；第二，運用模型分析國際貿易對產業集聚和產業擴散的影響，並結合案例進行分析；第三，從國家和國家內部不同地區兩個層面，分析國際貿易對產業集聚區位選擇、產業集聚規模的影響；第四，分析國際貿易對產業集聚和產業擴散生命週期的影響，重點闡述了其加速或延緩產業集聚和產業擴散生命週期的機制。

　　當廠商群體的選址因為國際貿易而發生變化后，國際貿易對產業佈局的影響開始在中觀的產業層面凸顯。在沒有國際貿易時，自然因素、經濟因素和制度因素導致產業集聚和產業擴散，此時信息搜尋成本和運輸成本的作用不一定顯著。國際貿易開展之後，運輸成本和信息搜尋成本對產業集聚和產業擴散的影響開始逐步加大。具體而言，當運輸成本和信息搜尋成本較低時，國際貿易將導致產業的集聚；當運輸成本和信息搜尋成本較高時，國際貿易會促成產業的擴散。從產業集聚的角度看，產業集聚可以獲取集聚經濟，抵償部分運輸成本和信息搜尋成本，保持產業集聚的競爭優勢。同時，因為產業集聚區內部經濟密度較高，空間競爭更加激烈，位於集聚區內部的廠商可以通過產業集聚的方式彰顯其實力，向上下游廠商和消費者傳遞有關的信息，降低信息不對稱程度。產業擴散可以直接縮減各種距離，降低運輸成本和信息搜尋成本。

　　相對於沒有國際貿易的情況，國際貿易的開展更有利於產業的大規模集聚和專業化集聚，也更有利於一國內部的產業集聚中心向貿易條件較為優越的地區轉移。同時，國際貿易為產業集聚中心在國家之間選擇提供了可能和現實條件，促成產業集聚中心由創新國轉入模仿國。最後，國際貿易對產業集聚和產業擴散的生命週期有著雙向的影響，既可以加速產業集聚和產業擴散的生命週期，也可以延緩產業集聚和產業擴散的生命週期。

第六章　國際貿易對三次產業佈局的影響

　　本書認為，國際貿易對產業佈局有著不容忽視的影響，但產業具有異質性，不同產業的發展對要素有不同的要求，不同產業在國際貿易中的地位也不同，直接決定了國際貿易對不同產業的佈局有不同的影響。基於此，本章將著重分析國際貿易對不同產業佈局的不同影響。在具體分析時，一方面，鑒於三次產業所涵蓋的經濟領域較為廣泛，這一產業分類儘管較為粗略但為各國政府和學術界廣為應用，以三次產業作為分析對象更具有普適性；另一方面，各國基本上都有較詳實的三次產業的統計數據，易於獲得較為充足的數據進行實證分析來驗證理論，所以本章將分析國際貿易對三次產業佈局的影響。同時，高新技術產業對未來各國提升國際競爭力作用重大，將成為未來各國經濟發展中重點發展的產業，而且高新技術產業在區位選擇方面完全不同於其他產業。[①]因此，在分析國際貿易對第二產業佈局的影響時，本章也專門分析了國際貿易對高新技術產業佈局的影響。

第一節　國際貿易對產業佈局原則的影響

一、封閉經濟中的產業佈局原則

　　產業佈局原則是在進行產業佈局時所應遵守的規則。按照經濟學的邏輯，產業佈局的目的無非是為了更充分地利用稀缺的空間資源，實現經濟效益的最大化。依據這一標準，最理想的產業區位選擇需要滿足以下條件：最小化原材料和半成品的運輸成本，距國內市場和臨海臨空港口較近，接近居民區以便於

---

① EDWARD J MALECKI. Industrial Location and Corporate Organization in High Technology Industries [J]. Economic Geography, 1985, 61 (4): 345-369.

雇用關鍵的工人和儲備接受過專業技術培訓的勞動力，距大都市中心較近以便於獲取包括從專利機構到技術培訓基地，再到充足的電力供應等一系列的產業基礎設施服務，此外還需要有稅收優惠，較低的利率負擔等各方面的優勢。[1]然而，稀缺的空間資源直接決定了，並非所有產業的區位選擇都可以達到理想的狀態，需要結合各地的實際情況對各類產業進行合理的佈局。每一個產業的發展對於各種要素有著不同的要求，產業佈局既要追求經濟效益，符合產業佈局的規律，又要考慮現實條件，由此決定了產業佈局同樣需要遵循一定的原則。一般而言，封閉經濟條件下產業佈局的原則有三個，即物質約束原則、經濟約束原則和技術約束原則。[2]

(一) 物質約束原則

物質約束原則主要是指產業佈局時必須充分考慮自然資源、自然環境、自然條件的影響。各類經濟活動的有效開展都需要有一定的物質基礎，自然資源的分佈可以在一定程度上決定生產活動的分佈，進而對產業分佈產生直接或者間接的影響。

首先，在不同時期，物質基礎對產業佈局的影響是不同的。比如，原始社會時期，人類以採集、狩獵為生，彼時人口較少，人類都在自然條件、自然環境較好的地區聚居。工業革命之後，人類社會從原始的農業文明時期進入工業文明時期，自然條件對產業佈局產生了非常顯著的影響。工業區都在自然資源豐富、自然條件較好的地區形成。英國的中部工業區、德國的魯爾工業區、美國的匹茲堡工業區等世界各國的老工業區都分佈在煤炭產地附近。第二次世界大戰之後，發達國家進入后工業化社會，物質約束對產業佈局的影響主要體現為人類的生產活動向最適宜開展這種活動的地區集中，美國的小麥、玉米等各類農業帶，各國深水港口、航運碼頭的建設等就是如此。在知識經濟時代，高新技術產業的發展壯大對自然資源的依賴會有所降低，但是對自然環境的要求將會提高，自然環境對特定產業佈局的影響依然存在。

其次，自然資源、自然環境、自然條件對不同產業的佈局有不同的影響。這些因素對第一產業、第三產業中的旅遊業影響最為直接和顯著，而對第二產

---

[1] D E C EVERSLEY. Social and Psychological Factors in the Determination of Industrial Location [J]. The Journal of Industrial Economics, 1965, 13 (Supplement): 102-114.

[2] E M RAWSTRON. Three Principles of Industrial Location [J]. Transactions and Papers, 1958 (25): 135-142.

業和第三產業中除旅遊業以外的其他行業的影響就相對較弱。① 正是由於自然資源、自然環境、自然條件對產業佈局有著顯著的影響，要求在進行產業佈局時必須充分考慮這些因素，以實現最佳的經濟效益。但是，物質約束原則並不是產業區位選擇的首位限制條件，這是因為隨著經濟的發展、科技的進步，產業佈局的範圍會有所擴大，物質條件並不能最終決定一個國家或者地區的產業佈局。

(二) 經濟約束原則

經濟約束原則是三個原則中最重要、最具有一般性的原則。該原則重點強調的是，同等收益條件下產業發展成本對產業佈局的約束。產業發展的成本包括勞動成本、原材料成本、市場成本、土地成本、資本成本、運輸成本等，各類成本在不同產業佈局中的重要性有所不同。勞動密集型、資本密集型、技術密集型等不同類型產業的發展對各種要素的依賴程度是不同的，各種要素成本在產業發展成本中的比例結構將直接決定產業的區位選擇，從而使各個區域內部的產業佈局和區際產業佈局實現均衡。在不同的時期、不同的地方會出現某一個或幾個成本主導著產業發展的成本，這些成本將對產業佈局產生決定性的作用。若某一地區產業發展成本結構中的一個或多個組成部分明顯高於其他地區，則經濟條件變化後，產業佈局就會在追求經濟效益的驅動下發生相應的改變。

經濟因素對產業佈局的影響不容忽視，特別是第二、第三產業的情況更是如此。世界各國的第二、第三產業並不是完全集中分佈在能源、礦產、原材料豐富的地區，也集中佈局在交通區位條件較好的地區、城市、港口等，第二、第三產業同樣可以獲得長足發展，就是產業發展成本結構的差異所致。中國內地的煤炭、石油、礦藏主要分佈在中西部地區，東部沿海地區資源顯得較為貧乏，但是改革開放后東部沿海地區第二、第三產業的發展水平遠遠高於中西部內陸地區。按照現在東部沿海地區的經濟發展水平，理應重點發展第三產業和高新技術產業，將第二產業轉移到中西部內陸地區。然而，目前條件下，中西部內陸地區第二產業發展成本要遠遠高於東部沿海地區，第二產業並沒有大規模地向中西部地區轉移。同時，第一產業的發展同樣需要優越的經濟區位，經濟因素對第一產業的佈局也會產生影響。如果一個地區擁有豐富的自然資源但是開發成本較高，就會出現守著豐富的資源，產業發展不起來的狀況。

---

① 中國人民大學區域經濟研究所. 產業佈局學原理 [M]. 北京：中國人民大學出版社，1997：48-53.

（三）技術約束原則

技術約束原則是指產業的分佈會受到技術進步的影響，因而在產業佈局時需要對技術進步因素給予應有的重視。在必需的技術條件沒有取得重大突破時，產業的佈局範圍會受到較大的限制，而技術進步將會擴展產業發展的地域範圍，降低自然條件、資源禀賦對產業佈局的抑製作用，擴大產業佈局的區位選擇。電力技術、輸電技術、海洋大規模運輸技術的進步，降低了各類原材料和工業製成品的運輸成本，有效地擴大了供工業佈局選擇的範圍。海洋石油開採技術的進步，使得開發利用海底石油成為可能，將有可能對石油生產冶煉行業的佈局產生顯著影響。

技術進步可以影響產業結構，導致新產業的不斷出現和老產業的衰退，在新老產業交替的過程中，夕陽產業不斷地衰落將會騰出稀缺的空間資源，為朝陽產業的合理佈局和發展創造條件。比如，18 世紀到 19 世紀中葉的第一次科技革命催生了採煤、冶金、造船、紡織等工業部門，19 世紀末到 20 世紀中葉的第二次科技革命孕育了機電、石油、化學、汽車、飛機製造等工業部門，20 世紀 70 年代以來的第三次科技革命導致了核能、電器、宇航等工業部門的出現。[1] 新的工業部門不斷出現推動發達國家將老的工業部門向發展中國家轉移，優化了發達國家和發展中國家之間的分工，並改變了世界各國的工業經濟格局。

二、國際貿易對產業佈局原則的擴充

國際貿易條件下產業佈局同樣需要遵循物質約束原則、經濟約束原則和技術約束原則，開放條件下國際競爭的介入、國際交往中的各種利害衝突等因素，直接決定了只遵循上述原則並不能夠有效保障一國或地區產業實現又好又快發展。國際貿易條件下產業發展所面臨的新情況、新問題，要求必須按照國際經濟發展的規律，結合對外開放的形勢，依據產業發展的特點對原有的產業佈局原則進行補充，才能確保各類產業健康發展。具體而言，國際貿易條件下產業佈局需要遵循的兩個新的原則是主權和經濟安全原則、便於信息發送原則。

（一）主權和經濟安全原則

主權和經濟安全原則是指在產業進行合理佈局，獲取較好的經濟效益，促

---

[1] 中國人民大學區域經濟研究所. 產業佈局學原理 [M]. 北京：中國人民大學出版社，1997：65-66.

進對外開放的同時，需要充分兼顧一國的主權和經濟安全。國家的安全包括政治、經濟、軍事、外交和文化等安全。在國際社會中，一個國家所進行的各類國際交往活動的根本目的是為了本國利益，在對外開放過程中所進行的各項經濟往來都是為了提高本國各類經濟主體的福利水平。雖然國際貿易對產業佈局有影響，並且合理的產業佈局也可以有效地促進國際貿易的開展，但在涉及一國的主權和經濟安全問題時，產業佈局所遵循的最高原則就是維護主權和經濟安全。比如，從第一次世界大戰開始美國就在世界各地兜售其先進的武器裝備，目前，美國的軍工產業已相當發達，但是該國的軍工產業並沒有佈局在經濟發達地區和沿海地區，而是佈局在落後地區甚至是人跡罕至的地方。不僅美國是這樣，世界各國的軍工產業都是如此，其原因無非是軍工產業的發展對保障一國的國防安全具有重要意義，從保障主權和經濟安全的角度看必須這樣佈局。

產業佈局也必須充分考慮一國的經濟安全。中國在「一五」時期提出建立完整的工業體系和國民經濟體系的經濟發展目標，當時政府主導下的大項目建設都集中在內陸省份和偏遠地區。「文化大革命」初期進行三線建設，工業遵循近山性、分散性和隱蔽性三個原則進行佈局，特別是重工業和軍工產業為了服從戰備需要大規模向內地多山地區轉移。① 從純經濟的角度看，這種工業佈局方式顯然是不合理的，但在當時的國際大背景下，其對保障中國的經濟安全卻有積極意義。另外，統計數據顯示，不論是發達國家還是發展中國家，也不論是高工資國家還是低工資國家，都出現了制衣、鞋襪製造、家具產業等勞動密集型低技術產業的集聚。② 這一現象的出現是由於，這些產業的產品多為生活必需品，居民對這些產品的消費需求彈性較低，如果本國不具有一定的供給能力則有可能在國際經濟活動中受制於別國。因此，這同樣是為了在全球經濟一體化條件下保障一國的產業安全、經濟安全。

（二）便於信息發送原則

在國際貿易條件下，產業佈局必須兼顧信息的有效傳遞問題，以盡可能降低信息不對稱對整體福利水平的損害。信息不對稱在各類經濟社會活動中都普遍存在，導致交易費用增加，逆向選擇和道德風險，甚至是直接導致交易不能有效進行，降低整體或部分群體的福利水平。與國內進行的各類交易活動相

---

① WEN MEI. Relocation and Agglomeration of Chinese Industry [J]. Journal of Development Economics, 2004, 73 (1): 329-347.

② ALLEN J SCOTT. The Changing Global Geography of Low-Technology, Labor-Intensive Industry: Clothing, Footwear, and Furniture [J]. World Development, 2006, 34 (9): 1,517-1,536.

比，國家之間或者是不同國家的經濟主體之間所開展的交易活動不可避免地會面臨著更多政策的差異、文化的差異、語言的差異、風俗習慣的差異等，此時信息不對稱問題就會更加突出。同時，信息的傳遞會隨著距離增加而出現失真、傳遞成本大幅度增加等問題，跨國開展交易活動的空間距離一般要遠於在國內開展交易活動的空間距離，這一因素也將加劇信息不對稱。

各國存在的利益衝突可能導致部分國家為了本國利益，通過各種政策手段和技術手段控製信息發布、阻礙信息傳遞等，同樣會加劇信息不對稱的程度。由此一來，在對外經濟活動中由於信息不對稱所引發的交易成本就會增加。這就要求在進行國際貿易時，必須更加重視信息不對稱問題。總之，國際貿易中產業佈局需要遵守便於信息發送的原則，把產業佈局作為一種信息傳遞的機制，對產業進行合理佈局以便於向外界展示本國優勢產業的總體實力，降低信息不對稱程度和交易成本，從而在全球一體化經濟中獲取更多的經濟利益。

第二節　國際貿易對不同產業佈局的影響

一、國際貿易對第一產業佈局的影響

總體來看，國際貿易對第一產業佈局有直接的和間接的影響。因為第一產業發展對自然條件依賴性較強，第一產業在國際貿易中的地位和作用不如第二產業，所以國際貿易對第一產業佈局的影響不如對第二產業佈局的影響顯著。同時，各國為了促進第二產業發展，積極開展國際貿易並從中獲利，往往擠占第一產業的發展空間，導致第一產業的佈局往往呈現出被動適應國際貿易的傾向。

（一）國際貿易對第一產業佈局的直接影響

1. 國際貿易通過不同國家產品的替代影響第一產業的佈局

儘管完全競爭市場並不存在，但經濟學家往往把農產品市場近似看作完全競爭市場，其理由正是農產品的品質等差異不大。差異較小的農產品有更強的替代性。對一個國家或地區來說，如果可以通過國際貿易替代國內某些農產品的生產，從而獲取更好的經濟效益，則該國或地區就會通過進口替代的方式，調整農業的內部結構和佈局。比如，近年來中國的耕地面積因為各種原因而不斷縮小，國家在政策制定時充分兼顧糧食生產的基礎性地位，通過各種政策措施鼓勵糧食的生產以保障糧食供應，大面積減少大豆等農作物的種植面積。為了滿足國內對大豆的需求，中國採取措施大量進口大豆，以至於中國進口的大

豆占到國際市場大豆出口總量的一半。這一舉措不僅以進口的方式替代國內大豆的生產，保障中國糧食供應的安全，而且部分改變了世界大豆種植的地域分佈和中國各類農作物種植的比例。

2. 國際貿易通過提高各國技術水平的方式影響第一產業的佈局

首先，新技術的發明和推廣應用具有較高的風險，需要支付較高的成本，從而抑制了新技術的發明和推廣應用。亞當·斯密曾經明確指出，「農業大改良，也是製造業和國外貿易所產生的結果。」[1] 在國際技術貿易中，技術發明國和技術引進國都可以從技術貿易中獲益，因而雙方都願意進行國際技術貿易。技術引進國以國際貿易的方式提高了本國的技術水平，導致原來不能進行第一產業生產的地區有可能隨著技術的進步而適宜於進行第一產業生產，從而擴大了第一產業的佈局範圍。比如，在技術水平比較低下的情況下，土壤貧瘠、氣候惡劣的地方並不適宜於農業生產，但隨著國際技術貿易帶來的技術水平提升，這些地區進行農業生產將有可能成為現實。

其次，國際技術貿易可以有效提高第一產業的生產技術水平，在同等投入的情況下獲取更多的收益，減少第一產業發展所需要的空間資源。在其他條件不變的情況下，隨著技術的進步，第一產業產出的提高，保障居民對於第一產業產品的需求所必需的空間範圍就會有所縮小，從而減少第一產業佈局的空間範圍，增加第一產業佈局的選擇餘地。工業化和城市化的推進占用了大量的耕地，擠占了部分農業用地，需要技術進步提高單位面積糧食產量以滿足人口對糧食的需求。隨著人口數量的增加和生活水平的提高，全球對糧食的需求在大幅度提高，各國為保護環境、減少土地沙化等採取的退耕還林措施之所以能夠有效實施，與由於技術進步而導致的農業單產提高有著密切的關係。

再次，國際要素流動也可以起到擴大第一產業佈局範圍的作用。以國際資本流動為例，FDI 的引入可以提高一國內部的資本豐裕度，如果這些外來資本能夠用到第一產業中來，就可以優化第一產業生產中使用的機械裝備，提高第一產業生產的機械化水平。這樣一來，原來第一產業生產條件較好的地區就可以進一步提高生產效率，增加第一產業的產出，增強第一產業的集中程度。同時，第一產業機械化水平的提高，為在條件惡劣的地區進行第一產業的生產活動提供了可能，從而擴大了第一產業的佈局範圍，降低了第一產業的集聚程度，使第一產業的佈局出現分散的趨勢。

---

[1] 亞當·斯密. 國民財富的性質和原因的研究：上卷 [M]. 郭大力，王亞南，譯. 北京：商務印書館，1972：349.

(二) 國際貿易對第一產業佈局的間接影響

國際貿易對第一產業佈局的間接影響主要通過其他產業的擠占效應來實現。發展不同產業的經濟效益是不同的，各國在對產業發展的成本和收益進行對比後，可能調整產業結構和佈局，以產業非均衡發展的方式獲取更大的經濟效益。

第一，與第二產業相比，第一產業產品的單位附加值較低，在進行國際貿易時，各國都更願意生產並出口第二產業的產品，從而獲取更大的利益。發達國家和發展中國家各自的經濟發展水平決定了，發達國家生產並出口工業製成品，發展中國家多出口農副產品的貿易格局對雙方都有利。雖然第二產業發展對自然條件特別是土地的需求沒有第一產業那麼大，但是其大規模發展同樣需要占用大量的土地。而土地又是進行農業生產最基本的生產要素，基本不可替代，發展工業將土地占用之後，可供農業生產利用的土地就會減少，從而縮小了農業的佈局範圍。

第二，現階段，部分發達國家在國民環保意識逐漸提高后，為保護國內的生態環境，他們不惜將一些污染嚴重的行業轉移到發展中國家去，而後以進口的方式購買這些產品以滿足國內需求。這一做法使得發展中國家部分地區的環境污染和生態破壞極其嚴重，甚至是不再適宜於進行農業生產，從而減少了適應農業生產的土地，改變了發展中國家農業的生產佈局。

第三，國際貿易促進了各國的經濟發展，提高了各國的城市化水平，推動了大的國際都市和貿易中心出現，占據了部分肥沃的耕地，直接改變了農業的佈局。同時，為了保障城市居民的消費需求，城市周邊的農民多種植蔬菜等，也改變了農業內部不同行業的生產佈局。在目前以及今后很長一段時期，發展中國家面臨的工業化和城市化任務依然繁重，國際貿易對第一產業佈局的這種影響方式也將因此而持續存在。

第四，為支持重點產業發展以擴大其產品出口，國際貿易也會間接影響第一產業的佈局。以中國的湖南省為例，該省在全球享有「有色金屬之鄉」的稱號，鋼材和有色金屬出口充當了湖南省出口貿易的主力軍。2010 年、2011 年和 2012 年，湖南省出口的鋼材和有色金屬[1]占其出口總額的比重分別為 16.81%、17.06%和 11.14%。[2] 然而，由於對重金屬的污染治理不夠，長江的第二大支流——湘江遭受了嚴重的污染，直接危及沿江居民的飲水安全和身體

---

[1] 此處僅包含《湖南統計年鑒：2013》公布的鋼材、氧化鋅及過氧化鋅、未鍛造的銻、未鍛造的錳 4 種主要出口商品，尚不包括出口額較大的鋁、鉛及其製品。

[2] 湖南省統計局. 湖南統計年鑒：2013 [Z]. 北京：中國統計出版社，2013：305-307.

健康，治理重金屬污染的難度很大且需要一定的時間，為此不得不採取的解決措施之一就是沿江污染嚴重的土地放棄種植農作物，轉為非農建設用地，以避免損害沿江居民的健康。

第五，外商直接投資也可以間接地影響第一產業的佈局。外商直接投資於以傳統農業為代表的第一產業，其獲利能力遠遠低於第二產業，這決定了外商在進行投資時更偏愛非農產業，表6-1中顯示的中國2000年以來的情況足以證實這一點。儘管此時外商並沒有直接投資於第一產業，但是他們如果選擇投資於第二產業同樣可以間接地影響第一產業的佈局。外商直接投資於第二產業可能的結果是，導致第一產業的生產資料價格降低，與沒有外商直接投資相比，進行第一產業的生產活動將會變得更加有利可圖。國內居民對進入第一產業從事生產經營活動的積極性將會提高，從而導致第一產業生產規模的擴大。由於第一產業的發展對土地等資源的依賴性較強，生產規模擴大的直接結果就是第一產業佈局的範圍擴大。再者，與農業發展有關的各類因素會導致農業利用外資存在空間分佈差異，導致農業利用外資呈現集聚的特徵。[①] FDI會在第一產業中的某些行業或是在部分地區的第一產業集聚[②]，通過FDI與集聚經濟的循環作用逐漸改變第一產業的佈局。

表6-1　　2000—2012年中國實際利用FDI在三次產業中的分佈　　單位：%

年份 產業	2000	2001	2002	2003	2004	2005	2006	2007	2008	2009	2010	2011	2012
第一產業	1.66	1.92	1.95	1.87	1.84	1.19	0.95	1.24	1.29	1.59	1.81	1.73	1.85
第二產業	72.64	74.23	74.83	73.23	74.98	74.09	67.45	57.33	57.64	55.62	50.94	48.05	46.96
第三產業	25.7	23.85	23.23	24.9	23.18	24.72	31.6	41.44	41.07	42.79	47.25	50.21	51.20

數據來源：根據《中國統計年鑒》相關年份資料整理計算。

(三) 國際貿易對第一產業佈局影響較弱的原因分析

與第二、第三產業的佈局相比，國際貿易對第一產業佈局的影響相對較弱。其理由是，國際貿易並不能夠有效影響第一產業發展所依賴的各類條件。第一產業發展對土地、土質、氣候、光照、降水等自然環境有著較強的依賴性，農、林、牧、副、漁業的發展都是如此。在進行國際貿易時，這些自然環境的全部或部分並不會因為國際貿易而發生明顯的變化，從而第一產業的佈局

---

① 臧新，李萬. 農業外資區位分佈影響因素的實證研究 [J]. 國際貿易問題，2009 (10)：42-48.

② 臧新，王紅燕，潘剛. 農業外商直接投資地區集聚狀況的實證研究 [J]. 國際貿易問題，2008 (5)：109-113.

也不會隨國際貿易的變化而發生顯著的改變。如埃塞俄比亞咖啡豆產量占世界總產量的70%，該國大量出口咖啡豆及相關製品，其他國家雖然大量進口該國的咖啡豆及製成品，但受自然條件等因素的影響並沒有在本國大規模種植。

要素國際流動對第一產業佈局的影響也不會特別顯著。這同樣是由於第一產業的生產活動對自然條件的依賴性較強，外商如果選擇投資於第一產業，則獲取較高的利潤就會受到自然條件的限制。改造自然條件既昂貴又不大現實，他們在進行國際投資時，逐利的根本動機決定了不會在第一產業進行大規模的投資，從而第一產業吸引的 FDI 的比例相對較低，這一點同樣可以在表6-1中得到充分體現。因此，FDI 對第一產業佈局的影響同樣不是特別的顯著。

由於第一產業的基礎地位，特別是農業在國民經濟中的基礎地位，各國政府都會對第一產業的生產活動進行適當的干預，不到萬不得已各國都不會以犧牲第一產業的方式為其他產業騰出空間資源，這也會導致第一產業的佈局不會因為國際貿易而發生大的變化。另外，從國際貿易對第一產業佈局的間接影響可以看出，第一產業的佈局在一定程度上是被動地適應國際貿易的發展，而非主動迎合國際貿易。比如，因國際貿易導致經濟發展水平提高，促進城市化水平提高，城市增加和規模擴大后，肥沃的土地被城市建設占據，第一產業不得不向其他地區轉移。在這個過程中，第一產業的佈局是被動地適應國際貿易所帶來的經濟區位的改變。

二、國際貿易對第二產業佈局的影響

與第一產業相比，第二產業佈局的自由度相對較大，因此，國際貿易會對第二產業的佈局產生較為顯著的影響。同時，就全球貿易發展的現狀而言，製造業產品貿易總額較大，且在貿易總額中所占的比例較大，這也決定了國際貿易會對第二產業的佈局產生顯著影響。表6-2表明，不同經濟發展水平的國家進行國際貿易時，製造業產品在商品出口總量中所占的比例都比較大。按照第三章第一節第二部分的分析，這將對其產業佈局產生較大的影響。與第一產業、第三產業相比，國際貿易對第二產業佈局的影響以直接影響為主。本節充分考慮一般製造業和高新技術產業佈局的各種差異，分別分析國際貿易對一般製造業和高新技術產業佈局的影響。

表 6-2　　不同發展水平國家製成品出口占商品出口總量的比例　　　單位：%

年份 國家	1990	1998	1999	2002	2003	2004	2005	2006	2008	2009
低收入國家	48	52	53	47	60	51	50	-	44	56
中等收入國家	54	71	59	60	64	64	64	60	61	59
下中等收入國家	59	66	61	60	68	68	73	69	71	48
上中等收入國家	51	74	57	60	61	61	57	52	52	61
中低收入國家	54	69	58	60	64	64	64	60	60	59
高收入國家	77	82	83	82	80	81	78	77	75	73

數據來源：世界銀行. 2000/2001 年世界發展報告 [M]. 本報告翻譯組, 譯. 北京：中國財政經濟出版社, 2001：317. 世界銀行. 2003 年世界發展報告 [M]. 本報告翻譯組, 譯. 北京：中國財政經濟出版社, 2003：247. 世界銀行. 2005 年世界發展報告 [M]. 中國科學院, 清華大學國情研究中心, 譯. 北京：清華大學出版社, 2005：263. 世界銀行. 2006 年世界發展報告 [M]. 中國科學院, 清華大學國情研究中心, 譯. 北京：清華大學出版社, 2006：299. 世界銀行. 2007 年世界發展報告 [M]. 中國科學院, 清華大學國情研究中心, 譯. 北京：清華大學出版社, 2007：299. 世界銀行. 2008 年世界發展報告 [M]. 胡光宇, 等, 譯. 北京：清華大學出版社, 2008：345. 世界銀行. 2009 年世界發展報告 [M]. 胡光宇, 等, 譯. 北京：清華大學出版社, 2009：359. 世界銀行. 2010 年世界發展報告 [M]. 胡光宇, 等, 譯. 北京：清華大學出版社, 2010：377. 世界銀行. 2012 年世界發展報告 [M]. 胡光宇, 等, 譯. 北京：清華大學出版社, 2012：409.

(一) 國際貿易對一般製造業佈局的影響

1. 國際貿易通過專業化生產的方式影響製造業的佈局

大衛·李嘉圖曾提及，「在社會初期狀態中，製造業沒有什麼發展，各國產品也幾乎相同，都是體積大和最有用途的商品……隨著社會改良和技藝的日益進展，各國又都有了專長的工業製造業。」[1] 專業化生產導致國際貿易產生，國際貿易又強化了專業化生產的水平。對一個國家或地區來說，國際商品貿易相當於擴大了該國或地區的產品需求市場，市場需求總量將會增加。同時，國際商品貿易增加了替代商品市場的競爭，增強了互補商品市場的互補，國內對某些產品的需求可以用進口替代的方式來滿足，該國或地區可以通過專業化的方式集中精力大規模生產某些產品。這樣國際間不斷細化分工，某些產品集中

---

[1] 大衛·李嘉圖. 政治經濟學及賦稅原理 [M]. 郭大力, 王亞南, 譯. 北京：商務印書館, 1962：113.

在某些國家或地區生產，商品在世界各地的生產佈局發生改變自在情理之中。

國際貿易既在總體上促使製造業活動變得更加分散，同時又促使某些產業產生集聚。① 國際貿易不僅改變第二產業中不同產業的佈局，同樣改變第二產業中某一產業或行業不同種類產品的佈局。比如，美國所生產的轎車大都是大排量汽車，而日本則多生產小排量汽車，耗能低且經濟實惠。由於兩國汽車性能的差異，儘管美國有通用、福特、克萊斯勒三大汽車集團，生產有凱迪拉克、別克、福特、林肯等名牌汽車，但是日本的豐田、本田等汽車仍在美國很暢銷。通過國際貿易的方式兩個國家實現了優勢互補，各自生產特色鮮明的汽車，滿足消費者的多樣化需求。再如，美國生產波音客機的零配件，需要從世界很多國家進口，通過國際的分工協作才完成了整架飛機的生產。上述情況都會逐步引起產業佈局的變化。

2. 國際貿易通過規模經濟效應影響製造業的佈局

規模經濟就是隨著生產規模的擴大，廠商的長期總成本會降低。規模經濟的大小與市場需求規模之間有著密切的聯繫，市場需求規模越大，大規模生產越能夠獲取規模經濟效益；而市場需求規模越小，則往往會引起大規模生產是規模不經濟的。廠商的長期總成本不僅包括生產成本，還包括存儲成本、銷售成本等。在市場需求規模較大時，廠商大規模生產的產品能夠及時銷售，存儲成本和銷售成本較低；而市場規模較小時，廠商大規模生產的產品將會面臨積壓的局面，存儲成本和銷售成本很高從而導致總成本的增加和規模不經濟。

一個產業的發展壯大需要有市場需求作基礎，如果各國都在封閉條件下開展各類經活動，市場規模就有可能對產業發展產生抑製作用，部分產業的規模受到市場需求的限制將比開放條件下的規模小。換言之，與整個國際市場相比，任何一個國家的國內市場都是較小的，廠商通過國際貿易可以進一步擴大原有的生產規模，從而獲取規模經濟效益。如果每一個國家都按照這種思路來開展各項經濟活動，那麼將會出現各種不同的生產活動在全球範圍內合理分工的局面，從而改變各國現有的產業佈局。

胡大鵬（Hu Dapeng）構建了一個空間集聚模型，以解釋中國日益增加的地區差距。他認為，中國沿海地區憑藉在國際貿易中的優勢地位而成為中國製

---

① 許德友，梁琦. 貿易成本與國內產業地理 [J]. 經濟學（季刊），2012（3）：1,113-1,136.

造業最初集聚的地區，並且因為規模報酬遞增的正反饋機制而使得集聚進一步加強。① 全球範圍內的勞動密集型產業，如制衣、制鞋和家具製造等行業持續地向低工資國家集聚②，中國廣東省東莞市的電子產品市場，浙江省溫州市的打火機、領帶等產銷全球知名，都是國際貿易實現規模經濟進而改變產業佈局的結果。

3. 國際貿易通過技術轉移的方式影響製造業的佈局

第二章在對理論基礎進行回顧時，曾提到雷蒙德·弗農提出的產品生命週期理論。該理論認為，在新產品階段，新產品是一種科技知識密集型產品，只有少數的創新國才擁有新產品生產的比較優勢，產品集中在創新國生產，並通過國際貿易銷售到其他工業國家和發展中國家。在成熟階段，新產品從知識密集型轉變為資本密集型，其他工業國以其所擁有的充裕的資本和熟練工人逐漸取代創新國而成為主要的生產和出口國。在標準化階段，新產品的生產技術已經被鑲嵌至機器或生產裝配線中，任何國家只要購買了機器設備就可以大規模的生產，發展中國家豐富的廉價勞動力優勢決定了其將成為新產品的主要出口國。由於生產技術被鑲嵌到機器設備或生產裝配線中，發展中國家購買了這些設備就等於是購買了發達國家的技術，因此，雷蒙德·弗農的產品生命週期學說充分證明了國際貿易中的技術轉移改變了產品生產的國際佈局。新產品通過技術貿易的方式從創新國轉移到其他工業化國家，再從其他工業化國家轉移到發展中國家，最終的結果是，每一次產品或技術創新中，新產品總在創新國生產，而標準化產品總在發展中國家生產。

4. 國際貿易通過強化區位經濟優勢的方式影響製造業的佈局

這一點在國際資本流動上的體現最為明顯。國際資本流動可以直接提高第二產業的集聚水平。外商到一個國家投資的最終目的是利用東道國的優勢生產條件獲取更高的經濟利潤，這決定了外商在投資時會進行適度的區位選擇和產業選擇。與第一產業相比，外商對附加值較高的第二產業有著較大的偏好，他們的投資會以第二產業為主，表6-1所顯示的中國的情況就是如此。同時，外商偏愛選擇區位較好的地區投資，要求投資的地區有較好的交通基礎設施，良好的政策優惠措施，較低的勞動力雇用成本，豐富的原材料，廣闊的市場等。

---

① HU DAPENG. Trade, Rural–Urban Migration, and Regional Income Disparity in Developing Countries: A Spatial General Equilibrium Model Inspired by the Case of China [J]. Regional Science and Urban Economics, 2002, 32 (3): 311-338.

② ALLEN J SCOTT. The Changing Global Geography of Low-Technology, Labor-Intensive Industry: Clothing, Footwear, and Furniture [J]. World Development, 2006, 34 (9): 1,517-1,536.

廣大發展中國家正處於資本短缺階段，在對外開放過程中紛紛提供各種優惠措施來吸引FDI。為了節省成本，發展中國家開闢部分地區專門用來吸引FDI，提供優惠條件集中招商引資，導致外商在部分地區集中投資，從而導致了該地區第二產業的集聚。

中國從改革開放開始，為吸引FDI專門開闢了經濟特區和沿海開放城市，對稅收政策等相關政策也進行了相應的調整。中國近年來興建的57個國家級經濟技術開發區、各省級政府批准興建的省級開發區也在積極吸引FDI，FDI對第二產業佈局的影響正在凸顯。

在信息不對稱的條件下，招商引資規模是向外界展示一個地區引資條件良好與否的重要途徑，從而可以影響產業集聚和產業擴散。較大的引資規模表明一個地區具有良好的引資條件，可以進一步吸引更多的FDI。換言之，現有外商進行的直接投資對潛在投資者的區位選擇決策具有重要的影響，[1] 通過現有投資者吸引其他外商到特定地區投資將進一步促進第二產業在該地區的集聚。數據表明，FDI大多數流向了發達的工業化國家。1995—1998年，發達國家接受的FDI佔全球總額的比例分別為63.4%、58.8%、58.9%、71.5%，而發展中國家同一時期的比例分別為32.3%、37.7%、37.2%、25.8%，中歐和西歐的比例分別為4.3%、3.5%、4%、2.7%。[2]

外商直接投資可以獲得所有權優勢、區位優勢和內部化優勢[3]，且其投資行為具有一定的區位偏好[4]，也可以提高製造業的集聚水平。世界各國都已經清楚地認識到FDI對一國經濟發展的重要性，也紛紛推出各種優惠措施來吸引FDI。這無疑會增加外商在投資談判時的籌碼，他們可以要求引資的國家或地區提供必需的基礎設施條件以便於其順利營利。換言之，如果某一地區的公共基礎設施相對較差，則為了引進FDI將需要首先加強該地區的公共基礎設施條件，做好各方面的準備工作才能吸引外商投資。公共基礎設施對生產率的提高

---

[1] KEITH HEAD, JOHN RIES. Inter-City Competition for Foreign Investment Static and Dynamic Effects of China's Incentives Areas [J]. Journal of Urban Economics, 1996, 40 (1): 38-60. BRUCE KOGUT, SEA JIN CHANG. Platform Investments and Volatile Exchange Rates: Direct Investment in the U.S. by Japanese Electronic Companies [J]. The Review of Economics and Statistics, 1996, 78 (2): 221-231.

[2] UNCTAD. World Investment Report 1999: Foreign Direct Investment and the Challenge of Development [R]. United Nations, New York and Geneva, 1999: 20.

[3] JOHN H DUNNING. Reappraising the Eclectic Paradigm in an Age of Alliance Captitalism [J]. Journal of International Business Studies, 1995, 26 (3): 461-491.

[4] JOHN H DUNNING. Location and the Multinational Enterprise: A Neglected Factor? [J]. Journal of International Business Studies, 1998, 29 (1): 45-66.

有著積極的促進作用並導致經濟集聚，對美國、德國、瑞典、日本和巴西等國的實證研究已經充分證明了這一點。① 雖然國內廠商不能享受專門針對外商的各種政策優惠，但是公共基礎設施作為公共產品，具有非排他性和非競爭性，它提高之後所帶來的便利並不能完全為外商所擁有，國內的廠商同樣可以向該地區投資，利用良好的公共基礎設施謀取利潤。FDI 對產業的集聚存在循環累計因果效應②，整個循環的鏈條是：外商在投資時要求公共基礎設施較差的地區提高基礎設施水平，基礎設施水平提高之後國內外的廠商也會選擇到該地區集中投資，從而提高了該地區的產業集聚水平。

（二）國際貿易對高新技術產業佈局的影響

國際貿易對高新技術產業佈局的影響有別於國際貿易對製造業佈局的影響，其理由在於高新技術產業在區位選擇方面有別於其他產業。③ 國際貿易對高新技術產業佈局的影響中信息不對稱的作用更大，這是因為高新技術產業的研發行為本身就在創造信息不對稱，產業內部存在的風險較大、信息流動較為複雜。因此，有必要專門對其進行分析。國際貿易對高新技術產業在世界範圍內的佈局具有雙重的影響，既可以促進高新技術產業在發達國家集聚，也可以促進高新技術產業在發展中國家獲得適度的發展。基於中國 1997—2007 年 31 個省市區高技術產業的面板數據進行的實證研究表明，不斷增長的高技術產品貿易將促進產業集聚。④

1. 國際貿易通過促進高新技術產業在發達國家集中的方式強化高新技術產業在全球範圍內的集聚

首先，與其他產業相比，高新技術產業的發展壯大對自然資源的依賴性相對較低，而對於研發費用、高素質的人才、優良的自然環境依賴性較高。發達國家的資本充裕，教育機構和研究機構密集，國民素質較高且高級人才眾多，處於工業化的后期環境污染較少，所以高新技術產業產生後，在發達國家獲得了較大的發展。而發展中國家由於技術等各方面條件的限制，高新技術產業發展水平相對較低。另外，與其他產業的產品相比，同等價值的高新技術產業的

---

① RANDALL W EBERTS, DANIEL P MOMILIEN. Agglomeration Economics and Urban Public Infrastructure [A] //PAUL CHESHIRE, EDWIN S MILLS. Handbook of Regional and Urban Economics. Vol. 3: 1,455-1,495.

② 魏后凱. 外商直接投資對中國區域經濟增長的影響 [J]. 經濟研究, 2002 (4): 19-27.

③ EDWARD J MALECKI. Industrial Location and Corporate Organization in High Technology Industries [J]. Economic Geography, 1985, 61 (4): 345-369.

④ 仇怡, 吳建軍. 國際貿易、產業集聚與技術進步——基於中國高技術產業的實證研究 [J]. 科學學研究, 2010 (9): 1,347-1,353.

產品質量相對較輕，在國際貿易時並不需要支付過高的運輸費用。由此一來，發達國家高新技術產業的大規模發展降低了其生產成本，發展中國家在購買發達國家高新技術產業的產品時，縱使有貿易成本但其價格並不會比國內生產高出多少，甚至會比本國生產的費用更低。如果發展中國家對高新技術產業的產品需求完全靠進口來滿足，則有可能刺激發達國家擴大高新技術產品的生產規模。此時，發展中國家進口高新技術產業的產品而不自己生產就會更加有利，最終導致高新技術產業在發達國家進一步集聚。

其次，發達國家間開展的 FDI 將會加劇高新技術產業在部分國家集中的趨勢。發達國家相互之間進行 FDI 活動更多的是為了占領東道國的市場，利用東道國的一些優越條件，其投資的結果是高新技術產業在發達國家之間的分工協作關係更加明確，高新技術產業的國際空間佈局更加優化，高新技術產業中的部分行業向部分國家集中的趨勢更加明顯。中國國內的情況也證實了這一點，高新技術產業的國際貿易通過技術外溢效應提高了東部沿海地區的技術水平，從而促進高新技術產業在這些地區的集聚。①

再次，就國際資本流動而言，發展中國家的外商不能也不願到發達國家的高新技術產業領域投資。發達國家的資本充裕、技術先進、人才濟濟，具備發展高新技術產業的優勢。發展中國家資本短缺、技術落後、勞動力素質提升的空間較大，發展高新技術產業的優勢尚未得到充分發掘。這決定了發展中國家到發達國家投資，進入高新技術產業的門檻很高，因此，發展中國家的外商到發達國家投資幾乎不可能進入高新技術產業。未來各國大力發展高新技術產業是一個歷史的大趨勢，發展中國家高新技術產業進一步發展的空間較發達國家更大，投資者直接投資於本國的高新技術產業將會獲得更大的利潤，這決定了發展中國家的投資者不願意到發達國家進行高新技術產業的投資。因此，發展中國家的 FDI 難以對發達國家高新技術產業的佈局產生顯著的影響。

2. 國際貿易通過推動高新技術產業在發展中國家發展的方式促進高新技術產業在全球範圍內的分散

首先，國際貿易通過技術轉移的方式促進發展中國家高新技術產業的發展，改變發達國家獨攬高新技術產業發展的局面，促進高新技術產業在全球範圍內比較均勻地分佈。高新技術產業的發展需要較高的研發投入，這對廣大的發展中國家來說是一項十分巨大的開支，其直接的結果是這些國家的高新技術

---

① 仇怡，吳建軍. 國際貿易、產業集聚與技術進步——基於中國高技術產業的實證研究[J]. 科學學研究，2010（9）：1,347-1,353.

產業發展相對滯后甚至是完全得不到發展。國際貿易的開展特別是國際技術貿易的開展，為發展中國家發展高新技術產業提供了條件。儘管發展中國家從發達國家進口先進的技術費用仍然很高，但這一價格毫無疑問將大大低於研發費用。在中心—外圍模型中，很多區域性的政策，如鼓勵建設區域性的大學、資助高技術產業園區到不具備優勢的地區發展等，其目的都是為了爭取中心地區學習的外部性。① 從這一點看國際貿易的開展為發展中國家發展高新技術產業提供了一條捷徑。

國際貿易推動了發展中國家技術的快速進步，減少了發展中國家發展高新技術產業所面臨的技術障礙。技術進步更多的是連續不斷的而很少具有跳躍性。國際貿易讓發展中國家有機會購買在發達國家相對落后的技術，而在發展中國家仍然相對先進的技術，以此來提升發展中國家整體的技術水平。這樣發展中國家整體技術水平得以提升之后，為進一步的技術進步提供了良好的基礎，從而為發展中國家發展高新技術產業提供了技術支持。發展中國家高新技術產業的逐步發展終究會改變發達國家獨攬高新技術產業的局面，促進高新技術產業在全球範圍內均勻分佈。表6-3表明，儘管高收入國家的高技術產品出口占商品出口總量的比例高於其他國家，但中等收入國家、中低收入國家與高收入國家的差距在逐漸縮小。

表6-3　不同發展水平國家高技術產品出口占商品出口總量的比例　　單位：%

國家＼年份	1999	2002	2003	2004	2005	2006	2007	2008	2009
低收入國家	7	4	4	4	4	—	4	3	3
中等收入國家	13	18	20	20	21	20	19	17	20
下中等收入國家	13	17	22	23	27	25	23	22	13
上中等收入國家	13	21	19	16	16	16	13	9	21
中低收入國家	13	17	19	19	21	20	19	16	20
高收入國家	23	23	18	20	22	21	18	18	19

數據來源：世界銀行. 2003年世界發展報告［M］. 本報告翻譯組，譯. 北京：中國財政經濟出版社，2003：247. 世界銀行. 2005年世界發展報告［M］. 中國科學院，清華大學國情研究中心，譯. 北京：清華大學出版社，2005：263. 世界銀行. 2006年世界發展報告［M］. 中國科學院，清華大學國情研究中心，譯. 北京：清華大學出版社，2006：299. 世界銀行. 2007年世界發展報

---

① RICHARD E BALDWIN, RIKARD FORSLID. The Core-Periphery Model and Endogenous Growth: Stabilizing and Destabilizing Integration ［J］. Economica, 2000, 67 (Aug.)：307-324.

告［M］.中國科學院，清華大學國情研究中心，譯.北京：清華大學出版社，2007：299.世界銀行.2008年世界發展報告［M］.胡光宇，等，譯.北京：清華大學出版社，2008：345.世界銀行.2009年世界發展報告［M］.胡光宇，等，譯.北京：清華大學出版社，2009：359.世界銀行.2011年世界發展報告［M］.胡光宇，等，譯.北京：清華大學出版社，2012：409.

其次，FDI將導致發展中國家的高新技術產業產出占世界總產出的比重有所增加，從而使得高新技術產業的佈局逐步向發展中國家傾斜。發達國家的外商到發展中國家投資高新技術產業可能出現下述三種情況：一是原來發展中國家完全沒有發展高新技術產業，發達國家的外商將發展較為成熟的高新技術產業直接引入發展中國家，利用發展中國家廉價的勞動力、自然資源和相關條件發展高新技術產業，帶動發展中國家高新技術產業的發展。二是發達國家的FDI對發展中國家的國內資本具有替代效應，發達國家外商的投資活動帶來資本，豐富了發展中國家的資本存量，可以提高發展中國家投資高新技術產業的能力，刺激發展中國家發展高新技術產業。例如，1965—1995年，5個經合組織（OECD）國家以FDI的方式到東道國進行R&D投資，占東道國公司R&D投資總額的比重由6.2%提升至26%。[1] 三是發展中國家的高新技術產業原本取得了一定的發展，FDI的引入帶來了新技術和新知識，增強了其發展能力，提高了發展中國家高新技術產業產出占世界總產出的份額，這源於發展中國家引入的FDI可以通過技術外溢的方式產生正外部性。[2] 以中國產業層面的數據進行的實證分析表明，外商直接投資對中國企業的技術創新發揮著積極作用[3]，FDI的引入對中國總體專利申請產生了顯著的正面溢出效應[4]，有效提高了中國的自主創新能力。

由表6-4可知，2000—2010年，發達國家高新技術產業出口額占製造業出口額的比重呈現基本穩定並略有下降的態勢。對此，本書認為這是由於發展中國家的高新技術產業獲得了一定的發展，對發達國家的依賴程度有所降低所導致的必然結果。同一時期，中國高新技術產業增加值和出口額占製造業的比重都處於穩步快速增加的態勢，這進一步佐證了本書的判斷。如圖6-1所示，中國自20世紀90年代中期以來，相對於整個製造業，高新技術產業的出口比

---

[1] WALTER KUEMMERLE. Foreign Direct Investment in Industrial Research in the Pharmaceutical and Electronic Industries: Results from a Survey of Multinational Firms [J]. Research Policy, 1999, 28 (2/3): 179-193.

[2] LIU ZHIQIANG. Foreign Direct Investment and Technology Spillover: Evidence from China [J]. Journal of Comparative Economics, 2002, 30 (3): 579-602.

[3] 冼國明，薄文廣.外國直接投資對中國企業技術創新作用的影響［J］.南開經濟研究，2005(6)：16-23.

[4] 劉星，趙紅.FDI對中國自主創新能力影響的實證研究［J］.國際貿易問題，2009（10）：94-99.

重不僅較高而且增長較快，這從一個側面反應了中國高新技術產業在這段時間發展較快。

表 6-4　　部分國家高新技術產業增加值及出口占製造業的比重　　單位：%

國別	年份	2000	2001	2002	2003	2004	2005	2006	2007	2008	2009	2010
產出比重	中國	9.3	9.5	9.9	10.5	10.9	11.5	11.5	12.7	—	—	—
	美國	18.8	17	17	17.2	17.5	18.1	19.2	19.1	19.7	21.2	—
	日本	18.7	15.9	15.3	16.5	16.9	15.7	16.1	16.2	15.4	—	—
	德國	11.2	10.5	10.8	11.4	11.8	12.4	12.2	12.8	—	—	—
	英國	17.0	17	16.2	15.7	15.5	16.2	17.2	17.1	—	—	—
	法國	15.0	15.1	14.9	14.7	13.5	14.2	14.9	14	13.9	—	—
出口比重	中國	23.9	20.6	23.3	27.1	29.8	30.6	30.3	29.7	28.7	31	27.5
	美國	35.3	32.6	31.8	30.3	30.3	29.9	30.1	27.2	25.9	21.5	19.9
	日本	28.3	26.6	24.8	24.4	24.1	23	22.1	18.4	17.3	18.8	18
	德國	18.0	18.3	17.5	16.9	17.8	17.4	17.1	14	13.3	15.3	15.3
	英國	30.0	34.1	31.7	26.3	24.5	28.3	33.9	18.9	18.5	21.8	20.9
	法國	23.8	23.5	21.5	19.7	19.8	20.3	21.5	18.5	20	22.6	24.9

數據來源：國家統計局，國家發展和改革委員會，科學技術部．中國高技術產業統計年鑒：2008 [Z]．北京：中國統計出版社，2008：458．國家統計局，國家發展和改革委員會，科學技術部．中國高技術產業統計年鑒：2013 [Z]．北京：中國統計出版社，2013：3.

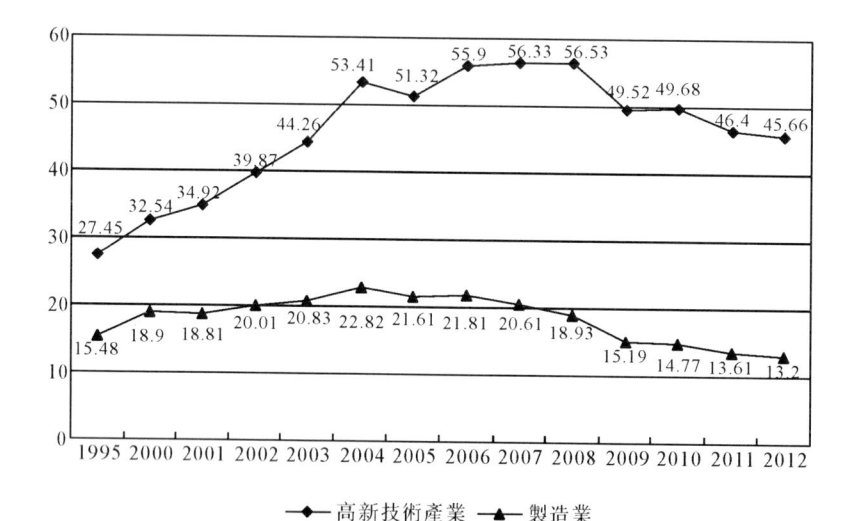

圖 6-1　1995—2012 年中國高新技術產業與製造業出口比重

數據來源：國家統計局，國家發展和改革委員會，科學技術部．中國高技術產業統計年鑒：2013 [Z]．北京：中國統計出版社，2013：3.

高新技術產業在未來各國經濟社會發展、綜合國力提升中將發揮重要作用，這決定了每一個國家的外商都不會在東道國大規模地投資於高新技術產業。即使是外商有大規模投資的意願，母國政府也有可能出於政治方面的考慮採取各種措施加以阻撓。近年來，美國對中國的各種經貿往來中，嚴格限制高新技術和高新技術產品出口到中國就是如此。和其他產業相比，高新技術產業是資本技術密集型產業，發展需要大量的資本投入，單純依靠 FDI 並不足以主導一國高新技術產業的發展，因此，FDI 對於高新技術產業的佈局影響也將不如一般製造業顯著。

三、國際貿易對第三產業佈局的影響

總的來看，國際貿易對第三產業的佈局同樣有直接和間接的影響。國際貿易對第三產業佈局的影響較為複雜，且第三產業的佈局往往是根據國際貿易有條件地發生變化。這是因為第三產業行業眾多，服務色彩濃重，其發展對其他產業的依賴性較高，並且很多產品具有不可貿易性，只有在國際貿易顯著改變了第一、第二產業的佈局之後，改變第三產業的佈局才符合理性原則。否則，進行第三產業佈局時，更多地關注本國或本地區的現實情況，充分發揮其在本國或本地區服務功能是一個更好的選擇。

（一）國際貿易對第三產業佈局的直接影響

國際貿易的發展可以直接改變第三產業部分行業的佈局。第三產業包括交通運輸、郵電通信、金融保險等眾多的行業門類。以交通運輸業為例，它的佈局中國際貿易起著重要的作用。國際貿易會直接改變交通運輸業的佈局。古今中外，國際貿易改變一國交通運輸業佈局的例子不勝枚舉。中國在西漢漢武帝時期，為了便於開展國際貿易，開闢了世界著名的絲綢之路。經過唐朝時期的進一步完善，絲綢之路成為經過中亞、西亞直達歐洲的重要陸路通道。15 世紀、16 世紀，當時的世界強國葡萄牙、西班牙為了開展國際貿易，同時也為了占取更多的殖民地，紛紛開闢通往印度和美洲的新航線，這些情況的出現對改變世界的交通運輸格局起到了非常重要的作用。當今國際貿易中大宗商品仍以水上運輸為主，港口較多的國家和地區以及具有良好地理位置的國家，通過發展運輸服務業而獲利，直接導致這些國家和地區第三產業尤其是交通運輸業和相關的配套服務行業的佈局發生改變。

國際貿易活動本身作為一種經濟社會活動，它的順利開展和交易量的增加都需要相關的服務配套設施，這也可以影響第三產業的佈局。國際貿易中大宗商品運輸需要港口、碼頭等提供相應的配套設施，港口城市相關服務業的發展

水平就會因此而遠遠高於非港口城市。同樣，國際貿易中涉及貿易談判、產品檢驗、異地結算、報關通關、法律服務等將帶動這些行業在貿易頻繁發生的國家和地區發展。以中國為例，中國內地的沿海地區福建、廣東、廣西、河北、江蘇、遼寧、山東、上海、天津、浙江10個省份具有良好的港口和碼頭城市，香港、澳門兩個特別行政區也擁有貿易港口，而其他內陸省份則一般沒有這些設施，結果是中國的港口建設因為國際貿易而集中在沿海地區。雖然這一現象與地理位置有很大的關係，但是如果沒有國際貿易活動的大規模開展，建設港口的必要性就要重新考慮，這些地區恐怕也不會大力建設港口。

（二）國際貿易對第三產業佈局的間接影響

首先，第三產業的發展對其他產業具有較強的依賴性，國際貿易通過改變其他產業的佈局來間接地影響第三產業的佈局。通常意義上的第三產業就是所謂的服務業，服務的對象就是第一、第二產業和部分的第三產業。第六章第二節的分析表明，國際貿易可以有效地影響第一、第二產業的佈局，它們的佈局發生變化後，就需要第三產業中相關的配套服務設施隨之加速發展。第三產業為充分發揮其服務作用，為第一、第二產業的發展提供支持，就會逐步地改變其佈局。

以中國的上海市為例，上海市作為中國改革開放的先頭兵，加上臨海沿江的良好地理位置，為中國國際貿易的開展提供了良好的條件。在國際貿易的逐步開展中，上海市為了適應經濟全球化的新格局和對外開放的新形勢，便審時度勢適時提出了到2020年基本建設成為國際金融中心、國際航運中心和現代國際大都市的發展目標[1]，隨後又提出要在2020年建設成為與中國國際貿易地位相符合的國際貿易中心。上海市提出這一發展目標的原因之一在於，改革開放讓上海市獲益匪淺，逐步提升了其國際地位，第一、第二產業所提供的堅實基礎使其有能力建設成為國際金融貿易中心，同時國際貿易的逐步開展也迫切需要上海市向著國際金融、航運、貿易中心的方向發展。

其次，國際貿易可以通過刺激經濟增長和經濟發展的方式，間接地影響第三產業的佈局。現有的理論研究一再證實，國際貿易可能推動一國經濟更好地發展。經濟發展的重要表現形式之一是結構的轉換，從產業結構的演進來看，產業結構的變化是經濟發展的應有之義和必然結果。澳大利亞經濟學家科林·格蘭特·克拉克在英國古典經濟學家威廉·配第研究的基礎上，提出了著名的

---

[1] 國務院. 國務院關於推進上海加快發展現代服務業和先進製造業建設國際金融中心和國際航運中心的意見 [EB/OL]. [2009-04-14]. http://www.gov.cn/xxgk/pub/govpublic/mrlm/200904/t20090429_33313.html.

「配第—克拉克定理」，該定理揭示了三次產業結構的演進規律，並認為第三產業在經濟發展的高級階段將占據主導地位。[①] 這樣一來，國際貿易在促進經濟發展、產業結構優化的過程中，逐步強化對第三產業相關服務的需求，不僅會刺激第三產業的發展，而且會在第三產業發展壯大的過程中影響其佈局。

再次，國際資本流動對第三產業佈局的影響也是以間接影響為主的。外商直接在東道國第三產業中的某些行業投資，從而對第三產業的佈局產生影響。其主要原因在於，外商到東道國投資的目的是為了賺取更大的利潤，因此，他們會選擇東道國發展潛力較大的行業進行投資活動。外商在某些行業進行大規模投資，同時帶動東道國國內投資流向這些行業，以這種方式對東道國第三產業中部分行業的佈局產生影響。另外，外商直接投資對於經濟發展的溢出作用不僅產生在地區內，也產生在地區間。換言之，外商直接投資不僅會刺激本地區的經濟發展，同樣會帶動周邊地區的經濟發展。[②] 這也會迂迴地影響第三產業佈局。

近些年外資銀行到中國投資發展村鎮銀行，將可能影響中國金融業特別是銀行業的城鄉格局。在外資銀行投資發展村鎮銀行之前，中國的銀行業主要在城市地區發展，無論是國有商業銀行還是股份制銀行都是如此。外資銀行看到了中國城市化水平低，農村人口眾多，農村地區銀行業發展的市場前景廣闊，本國在發展農村地區銀行業中存有較大的盲區，因此，願意到中國投資發展農村銀行業。外資銀行的行為不僅直接促進了農村地區銀行業的發展，而且使中國國內的商業銀行看到了農村地區銀行業發展的大好前景，中國國內銀行業也會到農村地區設立分支機構和營業網點以占領農村市場。外資銀行和中國國內商業銀行競爭的結果是，中國國內銀行業在農村地區的發展開始起步，並且未來會獲得長足發展，中國銀行業的城鄉格局將會發生變化。原來城市地區壟斷了銀行業，而將來農村地區銀行業逐步發展壯大將會逐漸改變銀行業在城鄉間的佈局。

本章小結

本章首先分析國際貿易對產業佈局原則的影響，重點分析了封閉經濟中的

---

① 約翰·伊特韋爾，默里·米爾蓋特，彼得·紐曼. 新帕爾格雷夫經濟學大辭典：第一卷 A-D [M]. 陳岱孫，等，譯. 北京：經濟科學出版社，1992：467.
② 鐘昌標. 外商直接投資地區間溢出效應研究 [J]. 經濟研究，2010（1）：80-89.

產業佈局原則和國際貿易對產業佈局原則的擴充，指出開展國際貿易後，產業佈局需要遵守主權和經濟安全原則、便於信息傳遞的原則。其次，本章分析了國際貿易對三次產業佈局的影響。行文過程中，三次產業各自獨立成節，分別分析國際貿易對其佈局的影響。本章在分析國際貿易對第二產業佈局的影響時，分別分析了國際貿易對一般製造業和高新技術產業佈局的影響。

首先，國際貿易通過第一產業產品的替代性、第一產業技術水平的變化、其他產業對第一產業的空間擠占效應來影響第一產業的佈局，但國際貿易對第一產業佈局的影響不如對第二產業的影響顯著，且第一產業的佈局往往呈現出被動適應國際貿易的傾向。其次，三次產業中，國際貿易對第二產業佈局的影響最為顯著和直接。國際貿易對第二產業中一般製造業佈局的影響主要通過專業生產、規模經濟效應、技術轉移以及強化區位優勢等方式來實現。國際貿易既可以促進高新技術產業在發達國家集聚，強化高新技術產業在全球範圍內佈局的集聚趨勢，也可以推動高新技術產業在發展中國家的發展，促進高新技術產業在全球範圍內的分散佈局。最后，國際貿易對第三產業佈局的影響較為複雜，且第三產業的佈局往往是根據國際貿易有條件地發生變化。國際貿易既可以直接影響第三產業中交通運輸業的佈局，也可以對其他行業的佈局施加影響。因為第三產業的發展對其他產業的依賴性較高，且國際貿易可以促進經濟發展，進一步影響一國的產業結構，所以國際貿易對第三產業的佈局也有間接影響。

第七章 中國國際貿易對產業佈局影響的實證研究

1978年改革開放以來，中國的經濟發展取得了可喜成績，社會主義市場經濟體制初步建立，市場機制在經濟發展中的作用逐步增強，經濟對外開放程度大幅提高，產業佈局由均衡向非均衡發展。一方面，中國的國情決定了現有的經濟學理論對其特有的經濟現象難以給出中肯的解釋；另一方面，逐步的市場化改革為運用一般經濟學理論解釋中國經濟問題提供了現實可能。本章將利用中國改革開放以來，國際貿易和產業佈局的相關統計數據進行實證分析。本章首先對中國改革開放以來的國際貿易與產業佈局進行描述分析，其次運用全國的時間序列數據進行 VAR 模型分析，最後運用省際面板數據進行計量迴歸。

第一節 描述性的分析

一、改革開放以來中國國際貿易的變化

（一）改革開放以來中國國際貿易政策的變化

改革開放以來，中國不斷加快對外開放的步伐，對外開放政策逐步完善。1978年召開的黨的十一屆三中全會決定，努力採用世界先進技術和先進設備，把對外開放作為中國的基本國策。1979年8月13日，國務院頒布了《關於大力發展對外貿易增加外匯收入若干問題的規定》（國發〔1979〕202號），提出要擴大地方、企業外貿權限。1983年9月3日，中共中央、國務院印發《關於加強利用外資工作的指示》，提出要通過放寬稅收政策、提供一部分市場、調整物價等方式進一步加強對於外資的利用。1986年10月11日，國務院發布《關於鼓勵外商投資的規定》，指出要改善投資環境、保障企業自主權、按國家產業政策給予稅收優惠等。1987年六屆全國人大五次會議《政府工作

報告》明確提出擴大對外開放，同年召開的黨的十三大確立了社會主義初級階段的基本路線，再次提出要堅持改革開放。1994年1月11日，國務院《關於進一步深化對外貿易體制改革的決定》（國發〔1994〕4號），提出了外貿體制改革的目標。1996年1月3日，國務院印發了《關於邊境貿易有關問題的通知》，明確界定了小額邊境貿易。2001年12月11日，中國經過15年的談判重返世界貿易組織，為進一步擴大國際貿易提供了更加優越的條件。2002年2月11日，國務院發布《指導外商投資方向規定》（國務院令第346號），把外商投資項目分為鼓勵、允許、限制和禁止4類。2003年11月23日，國務院發布修改后的《中華人民共和國進出口關稅條例》（國令〔2003〕392號）。2004年1月1日，國務院頒布《中華人民共和國進出口稅則》，將關稅總水平由11%下調至10.4%。同年4月6日，十屆全國人大常委會八次會議通過了修訂后的《中華人民共和國對外貿易法》，該法結合入世后的新情況做出了相應的修改，為中國從貿易大國轉變為貿易強國提供了法律保障。2008年8月5日，國務院發布再次修訂后的《中華人民共和國外匯管理條例》（國務院令第532號）。為應對2008年發生的全球金融經濟危機，中央政府通過採取調整關稅等措施促進國內企業出口。2013年國家提出「一帶一路」發展戰略，即絲綢之路經濟帶和21世紀海上絲綢之路。2013年9月18日，《國務院關於印發中國（上海）自由貿易試驗區總體方案的通知》（國發〔2013〕38號），批准同意建立中國（上海）自由貿易試驗區。經過一年多的試驗，2014年12月12日，國務院常務會議同意在廣東、天津、福建特定區域再設三個自由貿易園區。2014年12月21日，《國務院關於推廣中國（上海）自由貿易試驗區可複製改革試點經驗的通知》（國發〔2014〕65號），決定將上海自貿試驗區的可複製改革試點經驗在全國推廣。之后的2014年12月28日，十二屆全國人大常委會第十二次會議決定，授權國務院在中國（廣東）、中國（天津）、中國（福建）自由貿易試驗區和中國（上海）自由貿易試驗區擴展區域暫時調整有關法律規定的行政審批。

與此同時，全方位對外開放格局迅速形成。1979年7月15日，中共中央、國務院批轉廣東省委、福建省委《關於對外經濟活動實行特殊政策和靈活措施》（中發〔1979〕50號）的報告。決定在廣東省的深圳、珠海、汕頭三市和福建省的廈門市試辦出口特區，並明確指出「關於出口特區，可在深圳、珠海兩市試辦，待取得經驗后，再考慮在汕頭、廈門設置的問題」。1980年5月16日，國務院批轉了《國務院關於〈廣東、福建兩省會議紀要〉的批示》，決定出口特區改稱為經濟特區。1984年5月4日，中共中央、國務院發出

《沿海部分城市座談會紀要》，進一步開放大連、秦皇島、天津、菸臺、青島、連雲港、南通、上海、寧波、溫州、福州、廣州、湛江、北海14個沿海城市。1985年2月18日，中共中央、國務院批轉《長江、珠江三角洲和閩南廈漳泉三角地區座談會紀要》（中發〔1985〕3號），決定在長江三角洲、珠江三角洲和廈漳泉三角地區開闢沿海經濟開放區。1988年4月13日，七屆全國人大一次會議表決通過《關於建立海南經濟特區的決議》，海南經濟特區得以設立。1990年4月18日，中共中央、國務院決定開發開放上海浦東新區。1992年中共中央、國務院決定進一步開放沿江城市和內陸省會城市。至此，經濟特區—沿海開放城市—沿海經濟開放區—沿江城市和內地省會，全方位的對外開放格局初步形成。

（二）改革開放以來中國國際貿易數量和結構的變動

對外開放政策的逐步完善和全方位對外開放格局的形成，有力地推動了中國國際貿易的增加。中國的國際貿易規模急遽擴大，增長速度快於GDP增長速度。由表7-1可知，進出口總額由1978年的355億元增加至2013年的258,212.3億元，后者比前者高出72,635.86%，年均增長率為16.39%。其中，出口總額由1978年的167.6億元增加至2013年的137,154.1億元，后者比前者高出81,734.19%，年均增長率為16.44%，進口總額由1978年的187.4億元增加至2013年的121,058.2億元，后者比前者高出64,498.83%，年均增長率為15.36%。同一時期，中國的GDP總額由1978年的3,645.2億元增加至2013年的568,845.2億元，后者比前者高出15,505.32%，年均增長率為14.39%。各個省市的進出口貿易也都呈現快速增長的態勢，出口貿易總額的增長速度相對更快，與全國的總體情況基本保持一致。

表7-1　　　　1978—2013年中國的GDP、進出口總額　　單位：億元人民幣

年份	GDP	進出口	出口	進口	年份	GDP	進出口	出口	進口
1978	3,645.2	355	167.6	187.4	1996	71,176.6	24,133.8	12,576.4	11,557.4
1979	4,062.6	454.6	211.7	242.9	1997	78,973	26,967.2	15,160.7	11,806.5
1980	4,545.6	570	271.2	298.8	1998	84,402.3	26,849.7	15,223.6	11,626.1
1981	4,891.6	735.3	367.6	367.7	1999	89,677.1	29,896.2	16,159.8	13,736.4
1982	5,323.4	771.3	413.8	357.5	2000	99,214.6	39,273.2	20,634.4	18,638.8
1983	5,962.7	860.1	438.3	421.8	2001	109,655.2	42,183.6	22,024.4	20,159.2
1984	7,208.1	1,201	580.5	620.5	2002	120,332.7	51,378.2	26,947.9	24,430.3
1985	9,016	2,066.7	808.9	1,257.8	2003	135,822.8	70,483.5	36,287.9	34,195.6
1986	10,275.2	2,580.4	1,082.1	1,498.3	2004	159,878.3	95,539.1	49,103.3	46,435.8
1987	12,058.6	3,084.2	1,470	1,614.2	2005	183,217.5	116,921.8	62,648.1	54,273.7

表7-1(續)

年份	GDP	進出口	出口	進口	年份	GDP	進出口	出口	進口
1988	15,042.8	3,821.8	1,766.7	2,055.1	2006	211,923.5	140,971.4	77,594.6	63,376.9
1989	16,992.3	4,156	1,956.1	2,199.9	2007	257,306	166,740.2	93,455.6	73,284.6
1990	18,667.8	5,560.1	2,985.8	2,574.3	2008	300,670	179,921.5	100,394.9	79,526.5
1991	21,781.5	7,225.8	3,827.1	3,398.7	2009	340,902.8	150,648.1	82,029.7	68,618.4
1992	26,923.5	9,119.6	4,676.3	4,443.3	2010	401,512.8	201,722.2	107,022.8	94,699.3
1993	35,333.9	11,271	5,284.8	5,986.2	2011	473,104.1	236,402	123,240.6	113,161.4
1994	48,197.9	20,381.9	10,421.8	9,960.1	2012	519,470.1	244,160.2	129,359.3	114,801.0
1995	60,793.7	23,499.9	12,451.8	11,048.0	2013	568,845.2	258,212.3	137,154.1	121,058.2

數據來源:《中國統計年鑒》相關年份。

外貿依存度呈現穩步上升的態勢,這在圖7-1中有直觀的體現。中國的外貿依存度由1978年的9.74%上升至2013年的45.39%,2006年外貿依存度一度高達66.52%,為歷年之最。出口貿易依存度由1978年的4.6%上升至2013年的24.11%,進口貿易依存度由1978年的5.14%上升至2013年的21.28%。出口貿易依存度與外貿依存度的變動趨勢呈現出較高的一致性,加入WTO之後中國的貿易依存度提升速度更快。各個省市也在全國對外開放的大趨勢下積極推進國際貿易,制定各種政策吸引外資,外貿依存度也都有較大提高。

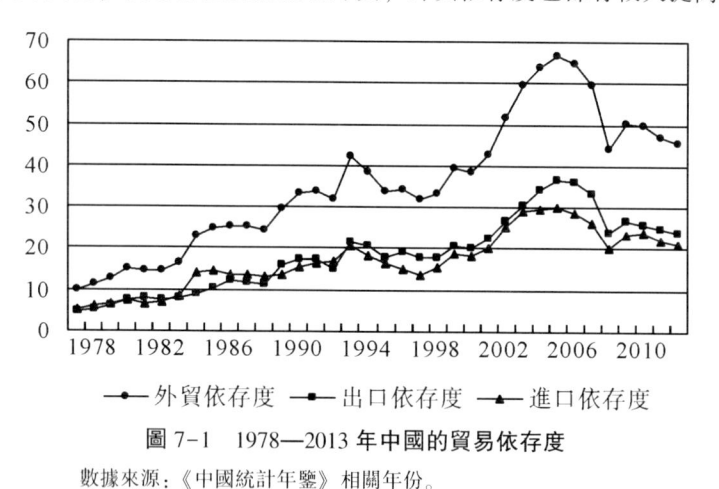

圖7-1 1978—2013年中國的貿易依存度

數據來源:《中國統計年鑒》相關年份。

中國國際貿易的變化不僅表現在數量方面,結構方面同樣發生了很大的變化,突出表現為進出口產品結構的優化。出口產品結構方面,20世紀70年代末期到90年代初期,實現了初級產品為主向工業製成品為主的轉變;20世紀90年代初期到21世紀初期,實現了以輕紡產品為主向機電產品為主的轉變;

進入21世紀后，出現了以高新技術產品出口為導向的新變化。① 進口方面，利用國外技術、購買外國設備等在進口商品中的比重有了很大提高。

二、改革開放以來中國產業佈局的變化

（一）改革開放以來中國產業佈局政策的調整

改革開放以來，中國的產業佈局政策有了很大調整。改革開放之初，國家充分發揮沿海地區的優勢，加大對沿海地區的建設，產業佈局重心不斷向東部地區傾斜。1981—1990年，全國基本建設投資的50.1%投放到東部地區，而中部和西部地區僅分別占26.6%和16.3%。② 繼東部沿海開放以促進東部地區發展之後，國家通過區域經濟發展政策來改變中西部地區產業佈局不合理的局面，其中採取的最重要的三大戰略是西部大開發、振興東北等老工業基地和中部崛起。

2000年12月26日，國務院印發《關於實施西部大開發若干政策措施的通知》（國發〔2000〕33號），對2001—2010年西部大開發的政策措施進行了詳細規定，包括西部大開發的重點任務；增加資金投入的政策；改善投資環境的政策，如改善投資軟環境等；擴大對內對外開放政策，如進一步擴大外商投資領域、進一步拓寬利用外資渠道、大力發展對外經濟貿易等；以及吸引人才和發展科技教育的政策等。2001年8月28日，國務院辦公廳轉發了《關於西部大開發若干政策措施的實施意見》（國辦發〔2001〕73號），進一步提出要通過加大財政轉移支付力度、加大金融信貸支持等方式，促進西部地區產業結構調整。2004年3月11日，國務院又發布了《國務院關於進一步推進西部大開發的若干意見》（國發〔2004〕6號）。2007年1月23日，國務院批復了國家發展改革委、國務院西部開發辦的《西部大開發「十一五」規劃》。

2003年9月29日，中共中央政治局召開會議，研究東北老工業基地振興戰略問題。同年10月5日，中共中央、國務院下發《中共中央、國務院關於實施東北地區等老工業基地振興戰略的若干意見》（中發〔2003〕11號），提出以下戰略舉措：深化國有企業改革，營造非公有制經濟發展的良好環境；全面推進工業結構優化升級；大力發展現代農業；積極發展第三產業；進一步擴大對外對內開放。2004年4月26日，國務院辦公廳印發《2004年振興東北地區等老工業基地工作要點》（國辦發〔2004〕39號），同年9月20日，財政

---

① 裴長洪.中國對外貿易60年演進軌跡與前瞻［J］.改革，2009（7）：5-12.
② 劉家順，楊潔，孫玉娟.產業經濟學［M］.北京：中國社會科學出版社，2006：271.

部、國家稅務總局印發《關於落實振興東北老工業基地企業所得稅優惠政策的通知》（財稅〔2004〕153號）。2005年6月30日，國務院辦公廳又印發了《關於促進東北老工業基地進一步擴大對外開放的實施意見》（國辦發〔2005〕36號），提出加強基礎設施建設，鼓勵引進海外人才與智力等政策。2007年8月2日，國務院批復國家發展改革委、國務院振興東北老工業基地領導小組辦公室編製的《東北地區振興規劃》（國函〔2007〕76號）。

　　2004年3月，十屆全國人大二次會議《政府工作報告》首次明確提出促進中部地區崛起。2006年4月15日，中共中央、國務院印發《關於促進中部地區崛起的若干意見》（中發〔2006〕10號），明確了以下措施：建設全國重要糧食生產基地，紮實穩步推進新農村建設；加強能源原材料基地和現代裝備製造及高技術產業基地建設，推進工業結構優化升級；增強中心城市輻射功能，促進城市群和縣域經濟發展；擴大對外開放。同年5月19日，國務院辦公廳印發了《關於落實中共中央、國務院〈關於促進中部地區崛起的若干意見〉有關政策措施的通知》（國辦函〔2006〕38號），進一步申明了中發〔2006〕10號文件精神。2009年9月23日，國務院召開常務會議，討論並原則通過了國家發展改革委等部門在2008年編製的《促進中部地區崛起規劃》，提出了要加強糧食生產基地建設，建設現代裝備製造業和高技術產業基地，優化交通資源配置和推進城市群建設等。上述戰略的實施為中國地區產業佈局的變化提供了強有力的政策支持。

　　（二）改革開放以來中國三次產業佈局的變化

　　1978年以來，中國的三次產業呈現出以下變化態勢，就全國層面而言，產業結構由「二一三」結構逐步轉變為「三二一」結構；就省級層面而言，三次產業佈局的非均衡狀況進一步加劇。由圖7-2可以發現，中國的三次產業結構變化態勢為，第一產業所占比重穩步下降，第二產業所占比重在三次產業中長期位居第一，但在2013年被第三產業超越，第三產業所占比重穩步上升。從1985年開始，第三產業所占比重開始超過第一產業，產業結構由之前的「二一三」結構轉變為「二三一」結構，2013年產業結構進一步轉變為「三二一」結構。從中可以看出，中國改革開放以來三次產業結構演變態勢符合世界經濟發展的一般規律，也與相關的產業結構理論相吻合。

　　產業佈局的衡量指標包括多種，諸如基尼系數、集中系數、地理聯繫系

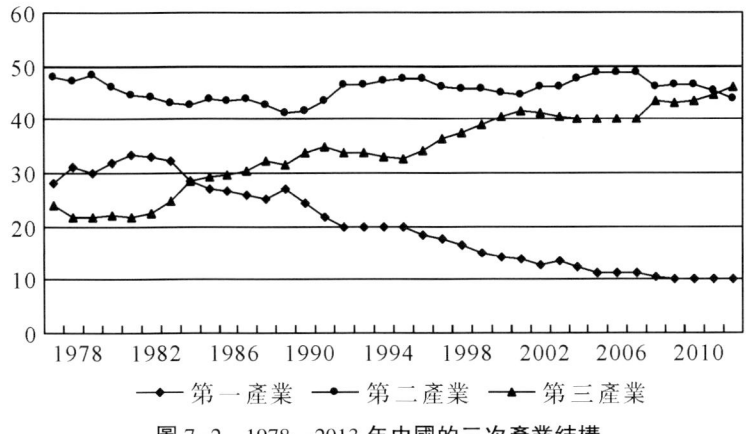

圖 7-2　1978—2013 年中國的三次產業結構

數據來源：《中國統計年鑒》相關年份。

數、集中指數、聯繫指數、成本收益指標、偏離份額指標、區位熵等，① 此處用三次產業區位熵來解析中國產業佈局的省際變化。區位熵的計算公式為：

$$Q_{ij} = \frac{\frac{q_{ij}}{q_i}}{\frac{q_j}{q}} \qquad (7.1)$$

其中，i 代表省份，j 代表第一、第二、第三產業，Q_{ij} 代表第 i 省第 j 產業的區位熵，q_{ij} 代表第 i 省第 j 產業的產值，q_i 代表第 i 省的區域生產總值，q_j 代表全國第 j 產業的產值，q 代表全國的 GDP。若 Q_{ij} > 1 則表明 i 地區 j 產業專業化水平較高；反之，若 Q_{ij} < 1 則表明 i 地區 j 產業專業化水平較低。據 7.1 式整理計算的中國內地 29 個省份②三次產業的區位熵見表 7-2。

表 7-2　　　　　　　　1978 年、2013 年中國分省三次產業區位熵

	第一產業		第二產業		第三產業			第一產業		第二產業		第三產業	
年	1978	2013	1978	2013	1978	2013	年	1978	2013	1978	2013	1978	2013
川	1.58	1.3	0.74	1.18	0.83	0.76	蒙	1.16	0.95	0.95	1.23	0.91	0.79

---

① 中國人民大學區域經濟研究所. 產業佈局學原理 [M]. 北京：中國人民大學出版社，1997：40-43.
② 此表只包括中國內地的 29 個省、自治區、直轄市，不包括海南省、西藏自治區，也不包括港澳臺地區，以與本章后面的分析保持一致。

表7-2(續)

	第一產業		第二產業		第三產業			第一產業		第二產業		第三產業	
年	1978	2013	1978	2013	1978	2013	年	1978	2013	1978	2013	1978	2013
鄂	1.44	1.25	0.88	1.12	0.72	0.83	閩	1.28	0.89	0.89	1.18	0.9	0.85
甘	0.72	1.4	1.26	1.03	0.81	0.89	寧	0.84	0.87	1.06	1.12	1.07	0.91
贛	1.48	1.14	0.79	1.22	0.85	0.76	青	0.84	0.99	1.04	1.31	1.12	0.71
貴	1.48	1.28	0.84	0.92	0.76	1.01	陝	1.08	0.95	1.09	1.27	0.73	0.76
桂	1.45	1.63	0.71	1.09	1.05	0.78	蘇	0.98	0.62	1.1	1.12	0.83	0.97
黑	0.83	1.75	1.27	0.94	0.65	0.9	皖	1.67	1.23	0.74	1.24	0.72	0.72
滬	0.14	0.06	1.62	0.85	0.78	1.35	湘	1.44	1.26	0.85	1.07	0.78	0.88
吉	1.04	1.16	1.09	1.2	0.77	0.77	新	1.27	1.75	0.98	1.03	0.8	0.81
冀	1.01	1.24	1.05	1.19	0.88	0.77	渝	1.31	0.8	0.96	1.15	0.73	0.9
津	0.22	0.13	1.45	1.15	1.02	1.04	豫	1.41	1.26	0.89	1.26	0.73	0.69
晉	0.73	0.61	1.22	1.23	0.87	0.87	粵	1.06	0.49	0.97	1.08	0.99	1.04
京	0.18	0.08	1.49	0.51	0.99	1.67	雲	1.51	1.62	0.83	0.96	0.73	0.91
遼	0.5	0.86	1.48	1.2	0.62	0.84	浙	1.35	0.47	0.9	1.12	0.78	1
魯	1.18	0.87	1.11	1.14	0.58	0.89							

數據來源：《中國統計年鑒》相關年份資料整理計算。

說明：內蒙古的簡稱用蒙代表。

從表7-2可以看出，就第一產業的佈局而言，1978年安徽、重慶、福建、廣東、廣西、貴州、河北、河南、湖北、湖南、吉林、江西、內蒙古、山東、陝西、四川、新疆、雲南、浙江19個省份第一產業區位熵高於1，當時第一產業集中佈局在中西部地區。2013年安徽、甘肅、廣西、貴州、河北、河南、黑龍江、湖北、湖南、吉林、江西、四川、新疆、雲南14個省份第一產業區位熵高於1，第一產業仍然集中佈局在中西部地區。改革開放35年中，甘肅、廣西、河北、黑龍江、吉林、遼寧、寧夏、青海、新疆、雲南10個省份第一產業區位熵有所提高，同樣集中在中西部地區。由此可知，改革開放以來，中國的第一產業集中佈局在中西部地區，且有進一步向中西部地區集中的趨勢。

就第二產業的佈局而言，1978年北京、甘肅、河北、黑龍江、吉林、江蘇、遼寧、寧夏、青海、山東、山西、陝西、上海、天津14個省份的第二產業區位熵高於1，主要集中在東部地區。2013年除北京、貴州、黑龍江、上海、雲南5個省份外，其餘24個省份的第二產業區位熵高於1，在這其中，中

西部地區省份所占的比例較1978年有所提高。35年中僅有北京、甘肅、黑龍江、遼寧、上海、天津6個省份的第二產業區位熵有所降低，其餘省份都呈提高的態勢。可見，改革開放之初中國第二產業佈局集中在東部地區，隨著時間的推移第二產業開始向中西部地區轉移。

就第三產業的佈局而言，1978年廣西、寧夏、青海、天津4個省份的第三產業區位熵高於1，區域集中佈局態勢不太明顯。2013年北京、廣東、貴州、上海、天津、浙江6個省份的第三產業區位熵高於1，第三產業向東部地區集中的勢頭開始出現。與1978年相比，2013年福建、廣西、河北、河南、江西、內蒙古、寧夏、青海、四川9個省份的第三產業區位熵有所下降。由此可見，中國第三產業發展不僅與經濟發展水平的步調不一致，而且佈局的集中程度不高。

三、國際貿易與三次產業的相關性及格蘭杰（Granger）因果檢驗

（一）中國國際貿易與三次產業的相關性

改革開放以來，中國的國際貿易和三次產業之間存在著密切的關係，這可以通過相關係數來說明。由表7-3可知，以1978—2013年的國際貿易額與三次產業產值計算的相關係數絕對值都在0.95以上，國際貿易額與三次產業產值間存在著顯著的相關關係。

表7-3　中國國際貿易與三次產業產值的相關係數

	第一產業	第二產業	第三產業
進出口	0.977	0.990	0.982
出口	0.974	0.987	0.979
進口	0.979	0.992	0.985

數據來源：中經網統計數據庫（http://db.cei.gov.cn）、《中國統計年鑒》相關年份資料整理計算。

（二）中國國際貿易與三次產業的Granger因果檢驗

此處運用Granger因果檢驗的方法討論國際貿易與三次產業的因果關係，據此判斷國際貿易是否三次產業產值發生變化的原因。由表7-4可知，就中國改革開放以來的情況來看，國際貿易與三次產業產值之間存在Granger因果關係。

表7-4　中國國際貿易與三次產業產值的 Granger 因果檢驗結果[1]

原假設	F 統計量	P 值	原假設	F 統計量	P 值
EX 不能 Granger 引起 PRI	2.688	0.068	IM 不能 Granger 引起 SEC	6.314	0.003
PRI 不能 Granger 引起 EX	2.327	0.099	SEC 不能 Granger 引起 IM	2.996	0.050
IM 不能 Granger 引起 PRI	3.046	0.047	EX 不能 Granger 引起 TER	12.478	3.5E-05
PRI 不能 Granger 引起 IM	2.874	0.056	TER 不能 Granger 引起 EX	26.313	6.7E-08
EX 不能 Granger 引起 SEC	4.769	0.009	IM 不能 Granger 引起 TER	18.377	1.6E-06
SEC 不能 Granger 引起 EX	1.314	0.292	TER 不能 Granger 引起 IM	19.122	1.2E-06

第二節　全國時間序列數據的 VAR 模型

一、數據來源及處理

（一）數據的來源及描述

此處利用中國 1978—2013 年三次產業產值、出口總額、進口總額進行全國的時間序列分析。除 1990—2008 年的出口總額、進口總額數據來自《中國統計年鑒》相關年份外，其餘數據均來自中經網統計數據庫（http://db.cei.gov.cn）。數據的單位為億元人民幣。具體各個變量的字母代碼與數據統計描述見表7-5。

表7-5　　　　　　　　變量表示與數據統計描述

指標	變量代碼	觀測值數	最小值（億元人民幣）	最大值（億元人民幣）	均值（億元人民幣）	標準差（億元人民幣）	標準差系數
第一產業	PRI	36	1,027.5	56,957	15,511.92	15,401.34	0.99
第二產業	SEC	36	1,745.2	249,684.42	58,138.07	72,820.46	1.25
第三產業	TER	36	872.5	262,203.79	52,594.39	71,296.38	1.36
出口值	EX	36	167.6	137,154.1	32,675.30	43,376.75	1.33
進口值	IM	36	187.4	121,058.2	28,442.61	37,583.11	1.32

數據來源：中經網統計數據庫（http://db.cei.gov.cn）、《中國統計年鑒》相關年份資料整理計算。

---

[1] 此處運用的數據為 1978—2013 年中國三次產業產值與進出口總額的數據。因為 Granger 因果檢驗要求數據具有平穩性，因此首先對數據進行了相應的處理，其處理方式及變量代表的含義見第七章第二節第一部分，在對數據進行相應的處理之後觀測值個數由 36 個減至 32 個（Granger 因果檢驗滯后階數為 2）。處理方法詳見：潘紅宇. 時間序列分析 [M]. 北京：對外經濟貿易大學出版社，2006：197-203.

（二）數據的標準化處理

在進行計量分析之前，先對數據進行標準化處理，具體的數據處理公式為：

$$Y_i = \frac{X_i - Min_i}{SD_i} \tag{7.2}$$

其中，Y_i 代表標準化處理后的數據，X_i 代表原始數據，Min_i 代表變量時間序列的最小值，SD_i 代表變量序列的標準差，下標 $i = PRI, SEC, TER, EX, IM$ 代表變量名稱。選擇7.2式進行標準化處理的理由在於，第七章第二節第二部分在對數據進行平穩性檢驗時發現，對數化處理之後的數據再進行一階差分方才平穩。對數函數的自變量必須為正值，因此，減去均值的標準化處理方式便不再適用。

二、數據平穩性檢驗

VAR 模型要求數據必須是平穩的，因此有必要先檢驗數據的平穩性。對數據平穩性進行檢驗一般採用單位根檢驗方法，具體包括 ADF 檢驗、DF 檢驗、ERS 檢驗、KPSS 檢驗、NP 檢驗、PP 檢驗等。[1] 鑒於此處所選用的是時間序列數據，可能存在序列自相關問題，因此，此處選擇了 ADF 檢驗來檢驗數據的平穩性。在 ADF 檢驗中，最優滯後階數的選擇通常所採用的標準是，在確保殘差不相關的前提下，選用施瓦茨信息準則（SC）作為確定最佳滯後階數的標準，在 SC 為最小時的滯後階數即為最佳，此時可以確保殘差值的非自相關性。此處選用 SC 準則來確定最佳的滯後階數。ADF 檢驗包括三種情況，即同時包含常數項和時間趨勢項、只含常數項、不包含常數項和時間趨勢項。[2] 確定檢驗形式的方法是，首先選擇同時包含常數項和時間趨勢項的檢驗形式，根據檢驗結果中常數項和時間趨勢項的顯著性水平，定奪是否包含常數項和時間趨勢項。運用 EViews5.0 進行的 ADF 檢驗結果見表 7-6。

表 7-6　　　　　變量數據平穩性的 ADF 檢驗結果

變量	檢驗形式（c, t, k）	ADF 對應的 t 值	P 值	結論
PRI	(c, 0, 5)	1.994	1.000	非平穩

---

[1] 高鐵梅. 計量經濟分析方法與建模：EViews 應用及實例 [M]. 北京：清華大學出版社，2006：145-159.

[2] 高鐵梅. 計量經濟分析方法與建模：EViews 應用及實例 [M]. 北京：清華大學出版社，2006：146.

表7-6(續)

變量	檢驗形式（c, t, k）	ADF 對應的 t 值	P 值	結論
lnPRI	(0, 0, 1)	-1.575	0.107	非平穩
dlnPRI	(0, 0, 0)	-1.973*	0.048	平穩
SEC	(0, 0, 5)	3.825	0.999	非平穩
lnSEC	(c, t, 4)	-2.286	0.429	非平穩
dlnSEC	(0, 0, 0)	-4.352*	0.000	平穩
TER	(0, 0, 4)	2.183	0.991	非平穩
lnTER	(0, 0, 4)	0.222	0.744	非平穩
dlnTER	(0, 0, 2)	-2.271*	0.025	平穩
EX	(c, t, 0)	-0.351	0.986	非平穩
lnEX	(c, t, 0)	-2.872	0.184	非平穩
dlnEX	(c, t, 0)	-5.628*	0.000	平穩
IM	(c, t, 5)	3.553	1.000	非平穩
lnIM	(c, t, 0)	-2.360	0.393	非平穩
dlnIM	(c, t, 0)	-4.781*	0.003	平穩

說明：①c、t、k 分別表示截距項、時間趨勢項和滯后階數，ln 表示取對數，d 表示一階差分；② *表示在5%的顯著性水平上顯著。

由表7-6可知，三次產業產值、出口總額、進口總額的時間序列的原始數據都是非平穩的，進行對數化處理之後仍然不平穩，而對數化之後的一階差分卻呈現平穩的態勢，這說明此處所選擇的各個變量對數化后是一階單整的。

三、VAR 模型及相關檢驗

（一）VAR 模型及其穩定性檢驗

向量自迴歸（Vector Autoregression，簡稱 VAR）是根據數據的統計性質建立模型，把系統中每一個內生變量作為系統中所有內生變量的滯后值的函數來構造模型，將單變量自迴歸模型推廣到多元時間序列變量組成的向量自迴歸模型。① 1980 年克里斯托弗·西姆斯（Christopher A. Sims）將 VAR 模型引入經

---

① 高鐵梅. 計量經濟分析方法與建模：EViews 應用及實例 [M]. 北京：清華大學出版社，2006：249.

濟學中。① 作為一種用非結構性方法來建立各個變量之間關係的建模方法，VAR 模型多採用聯立方程的形式，每一個內生變量均對模型的全部內生變量滯后期進行迴歸，從而估計全部內生變量的動態關係。VAR 模型方法和估計較為簡單且優於聯立方程，② 避免預先對模型添加一些不必要的假定，能更好地描繪變量之間相互作用的動態軌跡。

鑒於三次產業的發展之間存在密切的關係，且各個產業的發展都受其他產業發展的影響，而本書旨在探討國際貿易對產業佈局的影響，所以此處建立 VAR 模型時把三次產業產值、出口總額、進口總額納入一個 VAR 模型中進行分析，因此，建立的 VAR 模型是 5 元結構的。假定 5 元結構的 VAR（p）模型為：

$$Y_t = \alpha + A_1 Y_{t-1} + A_2 Y_{t-2} + \cdots + A_p Y_{t-p} + \varepsilon_t \tag{7.3}$$

其中，$Y_t = (PRI_t, SEC_t, TER_t, EX_t, IM_t)^T$，t 代表年份，並且 $t = 1983$，1984，…，2013，α，A_1，A_2，…，A_p 代表待估參數向量，p 代表滯后階數，$\varepsilon_t = (\varepsilon_{1t}, \varepsilon_{2t}, \cdots, \varepsilon_{5t})$ 代表隨機擾動項，並且 $\varepsilon_{1t}, \varepsilon_{2t}, \cdots, \varepsilon_{5t} \sim IID(0, \delta^2)$，$Cov(\varepsilon_{1t}, \varepsilon_{2t}, \cdots, \varepsilon_{5t}) = 0$。

在對模型進行估計時，根據 LR 值、AIC 準則和 SC 準則來判斷變量的滯后階數。首先選擇盡可能大的滯后階數，然后綜合考慮 LR 值、AIC 和 SC 確定合理的滯后階數。此處依據上述方法進行的判定認為，滯后期為 2 較為合理，也即建立 2 階滯后的 VAR 模型能消除隨機誤差中的自相關。有關滯后階數的檢驗結果見表 7-7。綜合考慮兩者的檢驗結果，此處選擇的滯后階數為 2。

表 7-7　　　　　　VAR 模型滯后階數的檢驗結果

滯后階數	LogL	LR	FPE	AIC	SC	HQ
0	153.540	NA	6.39e-11	-9.284	-9.055*	-9.208
1	191.336	61.418	2.94e-11	-10.084	-8.709	-9.628
2	225.873	45.330*	1.83e-11*	-10.680*	-8.160	-9.845*

說明：* 表示相應準則所確定的滯后階數。LR：sequential modified LR test statistic（each test at 5% level）；FPE：Final prediction error；AIC：Akaike information criterion；SC：Schwarz information criterion；HQ：Hannan-Quinn information criterion.

---

① CHRISTOPHER A SIMS. Macroeconomics and Reality [J]. Econometrica, 1980, 48 (1)：1-48.

② 達摩達爾 N 古扎拉蒂. 計量經濟學：下冊 [M]. 林少宮，譯. 北京：中國人民大學出版社，2000：741-746.

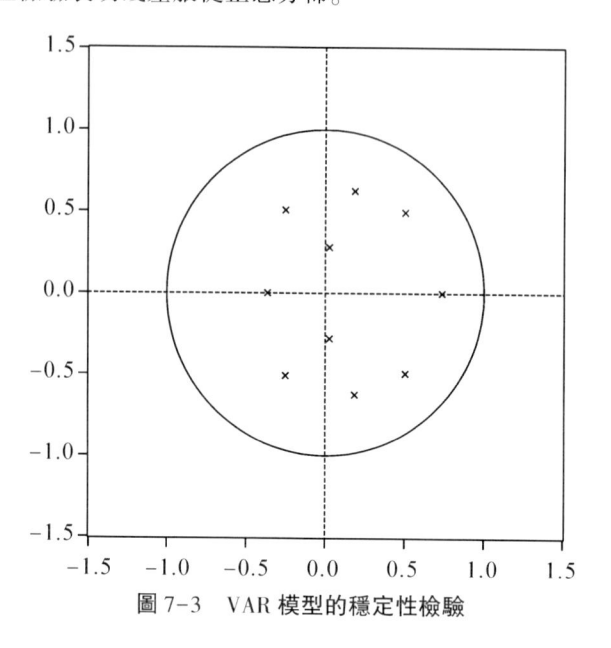

对模型进行稳定性检验表明，特征方程全部根的倒数值都位于单位圆内，具体见图7-3，由此可知5元结构的VAR（2）模型是稳定的。同时，对残差进行的正态性检验表明残差服从正态分布。

图7-3　VAR模型的稳定性检验

（二）乔根森协整检验

ADF单位根检验表明，5个时间序列对数化后都是一阶单整，若存在某种线性组合能够使时间序列的单整阶数降低，则可以称5个时间序列存在显著的协整关系。通过对协整关系进行估计检验，也可以度量5个变量间长期的稳定关系。乔根森（Johansen）检验是以VAR为基础的协整检验方法，检验过程中涉及内生变量、外生变量的选择，以及滞后阶数、趋势项、截距的确定，不同的选择将会对结果产生相当大的影响。为保证检验结果的客观性，本书采用AIC准则和SC准则确定滞后阶数，并同时确定是否包截距项和趋势项。本书采用的Johansen协整检验结果表明，特征根跡检验和最大特征值检验都印证了三次产业产值、进口总额、出口总额之间存在4个独立的协整向量。由此可见，三次产业产值、进口总额、出口总额之间存在稳定的长期均衡关系。

四、脉冲回应和方差分解

为进一步研究中国的国际贸易对产业布局的影响，需要在VAR模型的基础上，利用脉冲回应函数和方差分解来分析中国三次产业产值在出口总额、进

口總額衝擊后的反應形態及其程度。由於模型的統計性質較好，並且模型具備較好的穩定性，因此，可以做脈衝回應和方差分解分析。鑒於本書的主要目的是分析國際貿易對產業佈局的影響，因此，此處只報告出口總額、進口總額對三次產業產值的影響。

（一）脈衝回應

在 VAR 模型中，對某一個內生變量的衝擊不僅直接影響其自身，而且可以通過模型的滯后結構傳遞到其他內生變量。因此，可以在向量自迴歸的基礎上，通過脈衝回應函數隨機擾動的一個標準差來考察它對內生變量及其未來取值的影響。脈衝回應函數描述的是在隨機誤差項上施加一個標準差大小的衝擊后，對內生變量的當期值和未來值所帶來的影響，顯示任何一個變量的擾動如何通過模型影響其他變量，並最終反饋到自身的過程。[1] 三次產業產值的脈衝回應函數（Cholesky 分解方法）分別見圖 7-4、圖 7-5 和圖 7-6。

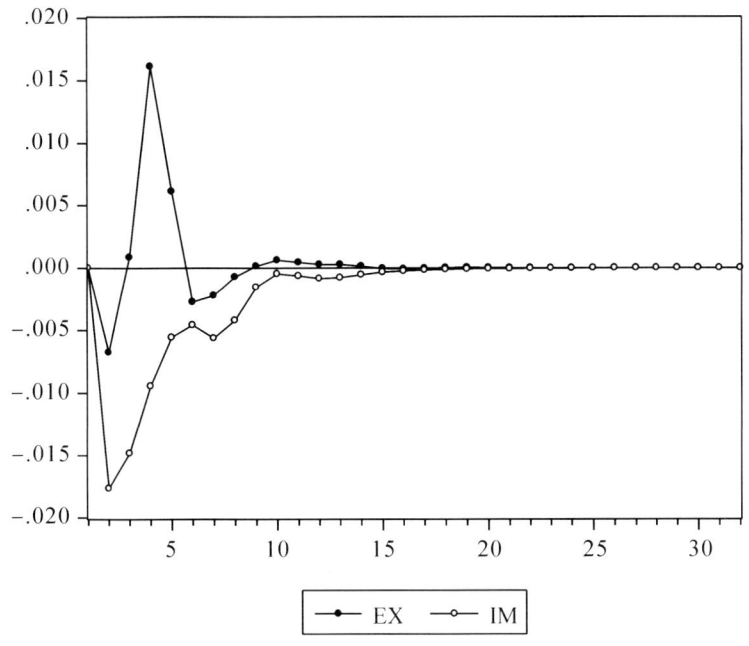

圖 7-4　第一產業產值對進口總額與出口總額的脈衝回應

---

[1] 劉宏杰. 中國稅收收入與國內生產總值之間的經驗測度 [J]. 上海財經大學學報：哲學社會科學版，2009（1）：72-78.

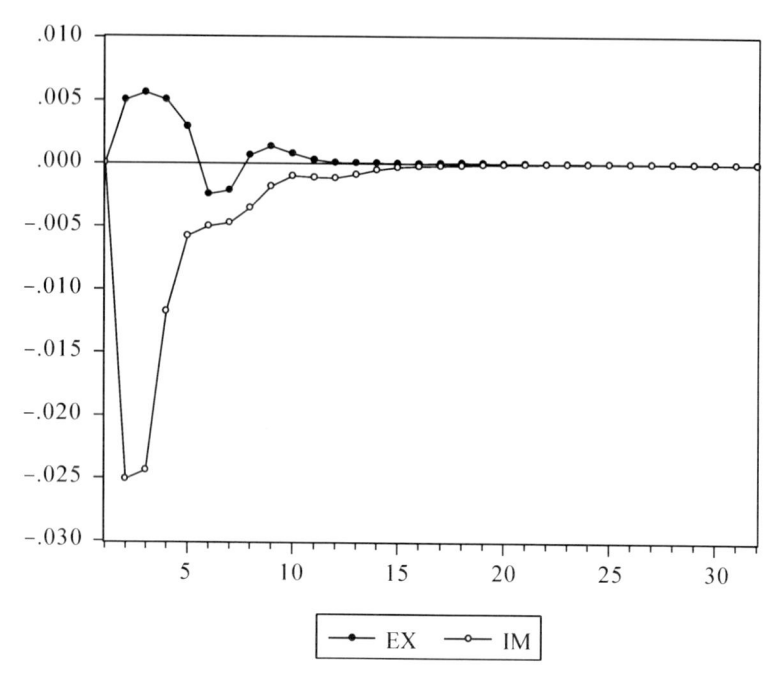

圖 7-5　第二產業產值對進口總額與出口總額的脈衝回應

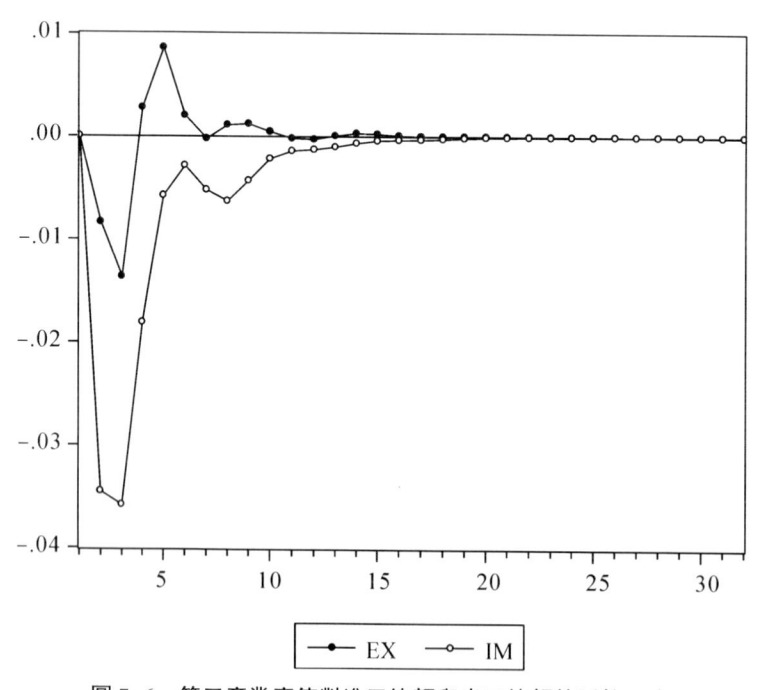

圖 7-6　第三產業產值對進口總額與出口總額的脈衝回應

由圖7-4、圖7-5、圖7-6可以發現，就國際貿易與三次產業產值的關係而言，可以發現如下特徵：①出口總額一個單位正向標準差衝擊對第一、第二產業產值存在較大的正向影響，而對第三產業產值存在較大的負向影響。對於當年的出口總額衝擊，三次產業產值並未發生相應的變化。到了第4年出口總額對第一產業產值的正向影響達到最大值，為0.016；從第5年開始，出口總額對第一產業產值開始產生負向影響，且負向影響在第6年達到最大，為-0.003；第10年之后影響再度轉變為正並逐漸減弱。第3年出口總額對第二產業產值的正向影響最大，為0.006；此后呈現正負交替的態勢並迅速趨於穩定。到了第3年出口總額對第三產業產值造成的負向影響最大，為-0.014；此后轉為正向影響，並在第5年達到正向影響的最大值，為0.009；之后對第三產業產值開始產生正負交替的影響，進入第8年后趨於穩定。②進口總額一個單位正向標準差衝擊對三次產業產值產生的影響以負向為主。對於當年的進口總額衝擊，三次產業產值並未發生相應的變化。到了第2年進口總額對第一、第二產業產值的負向影響達到最大，分別為-0.018和-0.025，此后出現短暫的正向影響並逐漸減弱趨於穩定。第3年進口總額對第三產業產值的負向影響達到最大，為-0.036，此后基本上沿著負向影響的路徑趨於穩定。

綜上脈衝回應分析結果，可以認為進口總額對三次產業產值存在負面影響，而出口總額對三次產業產值存在較大的正面影響。造成這一格局的原因主要是中國還是一個發展中國家，產品出口以低附加值的工業製成品為主，在當今的世界經濟格局中處於較為不利的地位。在技術較為落後的情況下，為了供應國際市場，擴大產品出口不惜以破壞生態環境為代價，對生態環境造成了較大的破壞，從而不利於三次產業的發展。而就產品進口而言，中國以高精尖的設備進口為主，這些設備多數由發達國家研製，出口國是資本充裕而勞動力短缺的國家，他們研製的設備是勞動節約型的，這又與中國勞動力成本較低的優勢相衝突，不利於勞動力成本低廉這一比較優勢的發揮，從而對三次產業的發展不利。

(二) 方差分解

方差分解法是將系統中某一個變量的波動（預測均方差）分解成系統中各個變量衝擊所帶來的影響部分，記錄系統中每一個變量衝擊影響的比例，從而瞭解各新息對該變量預測均方差的相對重要程度。[①] 也就是說，通過方差分解可以發現某一變量發生變化的原因。三次產業產值的方差分解結果分別見圖

---

① 劉宏杰. 中國稅收收入與國內生產總值之間的經驗測度 [J]. 上海財經大學學報：哲學社會科學版，2009 (1)：72-78.

7-7、圖 7-8 和圖 7-9。

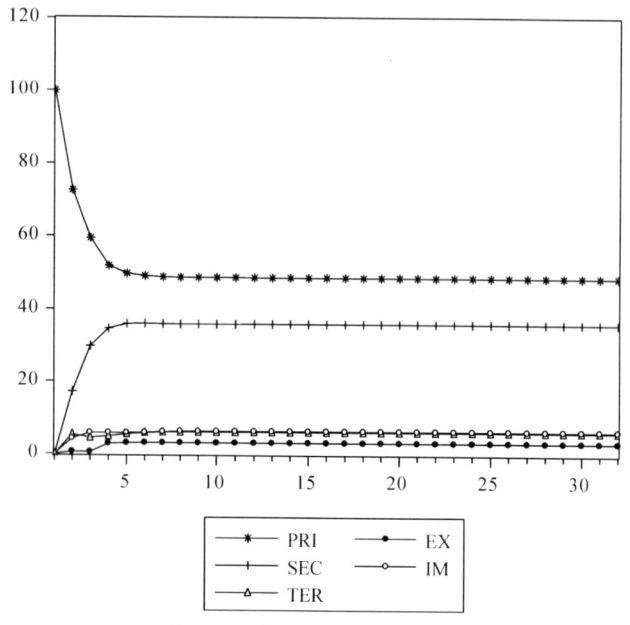

圖 7-7　第一產業的方差分解

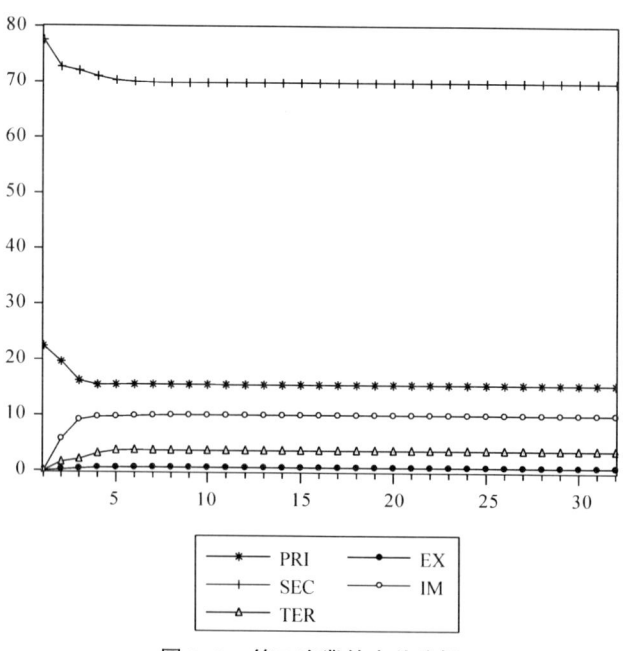

圖 7-8　第二產業的方差分解

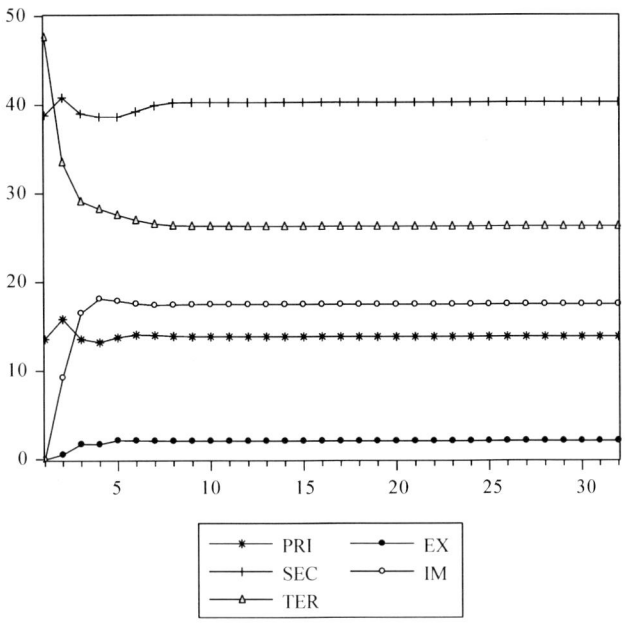

圖 7-9　第三產業的方差分解

　　從圖 7-7、圖 7-8 和圖 7-9 的方差分解結果中可以看出，三次產業產值的預測方差主要來自於三次產業自身的波動，尤其是第二產業產值的波動。就國際貿易而言，進口總額的波動對三次產業產值預測方差影響較大，而出口總額的波動對三次產業產值預測方差的影響較小，且以出口的影響為最小。具體而言：①就三次產業自身對三次產業產值預測方差的影響來看，三次產業都表現出自身產值對自身的預測方差影響較大的特徵。第二產業產值對所有三次產業產值預測方差的影響都較大，第三產業產值對三次產業產值預測方差的影響都較小。如第一產業產值對第一、第二、第三產業產值波動的貢獻率分別穩定在 48%、15%、13%；第二產業產值對第一、第二、第三產業產值波動的貢獻率分別穩定在 35%、70%、40%；而第三產業產值對第一、第二產業產值波動的貢獻率分別穩定在 6%、4%，雖然對第三產業產值波動的貢獻率較高，但也只有 26%。②就國際貿易對三次產業產值預測方差的影響來看，進口總額對三次產業產值預測方差的影響較大。如出口總額對第一、第二、第三產業產值波動的貢獻率分別穩定在 3%、0.7%、2%，進口總額對第一、第二、第三產業產值波動的貢獻率分別穩定在 6%、10%、17%。由此可以看出，進口總額對第三產業產值波動的貢獻率較大。

　　造成上述結果的原因在於，就三次產業的結構比例看，中國的三次產業結

構不盡合理，第一產業產值所占比例過大，而第三產業產值所占比例過小。1978年以來，雖然中國的三次產業結構變化態勢為，第一產業產值所占比重穩步下降，第三產業產值所占比重穩步上升，第二產業產值所占比重長期位居第一，產業結構由之前的「二一三」結構轉變為「二三一」結構並進一步轉變為「三二一」結構，但與其他國家比起來，中國的第一產業產值所占比重仍然太高，而第三產業產值所占比重太低。2013年中國第三產業產值占GDP的比重為46.1%，[1] 首次超過第二產業，產業結構呈現「三二一」結構類型。但與同期的世界平均水平特別是與同等發展水平的國家相比，中國第三產業產值占比仍然偏低，而第一產業產值占比仍有進一步下降的空間。

就國際貿易的情況看，改革開放之初中國的出口仍然以初級產品為主，對經濟發展的作用有限。進入20世紀90年代後，中國工業製成品的出口總額開始超過初級產品的出口總額，工業製成品的出口以機械製造、輕紡織品、橡膠製品、礦業產品、雜項產品為主。這些行業大多屬於勞動和資本密集型行業，資源消耗較高而附加值較低，對資源環境的破壞作用大，破壞了潛在的生產能力，因此，難以對三次產業的發展發揮較大作用。限於中國的經濟發展水平及其在國際分工格局中的地位，中國的進口貿易一直以工業製成品為主，技術密集型產品的引進較多，對於提升總體經濟實力作用較大。這一貿易格局是造成進口總額對三次產業產值波動率的貢獻比出口總額大的原因。

第三節　省際和區域面板分析

中國作為一個發展中的大國，國土面積位居世界第4位，南北跨越近50個緯度及5個氣候帶，高原、山嶺、平原、丘陵、盆地等陸地上的5種基本土地類型在中國均有分佈。既有沿海省份，又有內陸省份，廣袤的國土、多樣的自然條件以及巨大的地域差異等，為本書利用中國的省際面板數據進行實證研究提供了可能。改革開放以來，中國逐步推進的對外開放政策對各省的國際貿易造成了不同程度的影響，也影響到了各省的產業佈局。正是基於這種考慮，此處運用各省的省際面板數據分析國際貿易對產業佈局的影響。

---

[1]　中華人民共和國國家統計局. 2013年國民經濟和社會發展統計公報 [EB/OL]. [2014-02-24]. http://www.stats.gov.cn/tjsj/zxfb/201402/t20140224_514970.html.

一、省際和區域面板計量模型

（一）省際和區域面板計量模型的變量選擇和數據來源

在省際和區域層面，本書同樣著重分析國際貿易對區域產業佈局的影響。在變量的選擇方面，把區位熵作為各省產業佈局的衡量指標，其計算方法如7.1式所示，國際貿易同樣選擇改革開放以來各省歷年的出口總額、進口總額作為相應的衡量指標，同時引進外貿依存度這一指標以豐富模型的內容。考慮到海南省、西藏自治區兩個省級單位的實際情況，並且西藏自治區從1993年起才能查到7個指標的完整連續數據，因此，本書在進行省際和區域分析時暫時不考慮這兩個省級單位。同時，香港、澳門兩個特別行政區和臺灣省也因為數據的可得性問題而沒有納入此處的分析中來。

省級數據主要來源於《中國統計年鑒》相關年份、《中國統計資料五十五年匯編》《全國各省、自治區、直轄市歷史統計資料匯編1949—1989》、各省相關年份的統計年鑒、中經網統計數據庫（http：//db. cei. gov. cn），以及《中國區域經濟統計年鑒：2008》等。[①] 數據採集時的進出口總額均是用萬美元表示，而三次產業產值是用億元人民幣表示，為了保持計量單位的統一，把進出口總額乘以當年的匯率換算為人民幣表示。其中，人民幣對美元的匯率來源於《中國統計年鑒》相關各年。數據的起始年份是1985年，終止年份是2013年，樣本總量為841個，也即每一個指標的觀測值個數均為841個。

（二）省際和區域面板計量模型的建立

鑒於本書旨在探討國際貿易對產業佈局的影響，所以在建立省際和區域面板計量模型時，以三次產業區位熵作為被解釋變量，而以出口總額、進口總額、出口依存度、進口依存度作為解釋變量。同時，為充分兼顧國際貿易對三次產業佈

[①] 具體各省不同年度的統計數據來源如下：①三次產業產值，1985—2007年重慶市、廣東省、廣西壯族自治區、河南省、黑龍江省、遼寧省、內蒙古自治區、寧夏回族自治區、山東省、上海市、天津市、新疆維吾爾自治區12個省份的三次產業產值數據來自該省2008年的統計年鑒，其余省份三次產業產值數據來自中經網統計數據庫；2008—2013年29個省份的三次產業產值數據均來自國家統計局官方網站（http：//data. stats. gov. cn/）。②進出口總額，2004—2007年29個省份的進出口總額來自相關年份的《中國統計年鑒》；1985—2003年河南省、吉林省、內蒙古自治區、寧夏回族自治區、山東省，1990—2003年廣東省、廣西壯族自治區、山西省、新疆維吾爾自治區，以及1987—2003年重慶市的進出口總額數據來自該地區2008年的統計年鑒；除廣東省1985—1989年的進出口總額數據來自《全國各省、自治區、直轄市歷史統計資料匯編1949—1989》之外，其余省份其余年度的進出口總額數據均來自《中國統計資料五十五年匯編》以及國家統計局官方網站（http：//data. stats. gov. cn/）。需要特別說明的是，重慶市1985年、1986年的進出口數據是採用灰關聯的方法預測得到的。

局影響的非線性關係，特別是關注國際貿易對三次產業集聚和產業擴散的影響，模型的解釋變量包含二次項。可以預期，如果在進行計量迴歸時二次項顯著，則表明國際貿易對三次產業集聚和擴散的影響顯著。換言之，國際貿易與產業佈局之間是非線性關係，國際貿易既可以促進產業集聚也可以促進產業擴散。

雖然此處的重點在於將 29 省作為一個整體進行分析，但各個省級單位之間還是存在一定的差異的。為了能夠體現各個省級單位之間的差異性，此處在面板計量模型的構建時，採用變截距模型。變截距模型主要有兩種方法：一種是使用固定效應模型（Fixed Effects Model），另一種是使用隨機效應模型（Random Effects Model）。判斷使用哪種模型的方法是 F 檢驗或豪斯曼（Hausman）檢驗。[①] 由於此處研究的 29 個省級單位基本涵蓋了中國內地的所有省級單位，並且僅就 29 個省級單位的情況進行研究，不涉及預測推斷問題，故此處沒有進行檢驗而直接採用固定效應模型。[②] 具體的固定效應變截距面板模型為：

$$Q_{jit} = \alpha_{jt} + \alpha_{jit} + \beta X^T + \varepsilon_{jit} \tag{7.4}$$

其中，j 代表第一、第二、第三產業，i 代表省份，t 代表年份，且 t = 1985，1986，…，2013。Q 代表所涉及的 29 個省份三次產業的區位熵。$\beta = (\beta_{j1}, \beta_{j2}, …, \beta_{j8})$ 代表待估參數向量，α_{jt}，α_{jit}，β_{j1}，β_{j2}，…，β_{j8} 代表待估參數，α_{jit} 代表各省三次產業區位熵對平均水平的偏離程度。$X = (EX_{it}, IM_{it}, EDI_{it}, IDI_{it}, EX_{it}^2, IM_{it}^2, EDI_{it}^2, IDI_{it}^2)$ 代表解釋變量向量，EX 代表各省級單位的出口總額，IM 代表各省級單位的進口總額，EDI 代表各省級單位的出口依存度，IDI 代表各省級單位的進口依存度，EX^2 代表各省級單位出口總額的平方，IM^2 代表各省級單位進口總額的平方，EDI^2 代表各省級單位出口依存度的平方，IDI^2 代表各省級單位進口依存度的平方。ε_{jit} 代表隨機誤差項，且 ε_{jit} 滿足經典計量經濟學模型的假設。

二、省際和區域面板計量迴歸結果及其解釋

（一）省際面板計量迴歸

1. 省際面板數據的單位根檢驗

與時間序列類似，面板數據同樣存在單位根檢驗以判定數據是否平穩。面板數據的單位根檢驗方法分為兩大類：一類為相同根情形下的單位根檢驗，這類檢驗方法假設面板數據中的各個截面具有相同的單位根過程；另一類為不同

[①] 汪同三，王成璋. 21 世紀數量經濟學：第五卷 [M]. 成都：西南交通大學出版社，2005：87-88.

[②] 為了與此處的分析保持一致，本書在第七章第三節第二部分進行計量迴歸時，同時報告了固定效應和隨機效應的估計結果。

根情況下的單位根檢驗，這類檢驗方法允許面板數據中的各截面序列具有不同的單位根過程。① 此處運用第一類檢驗方法中的布賴通（Breitung）檢驗進行單位根檢驗，其結果見表7-8。因為在對全國各省級單位的數據進行綜合分析時，分別以1992年、2001年、2008年為界限，考慮了1985—1992年、1993—2001年、2002—2008年以及2009—2013年4個時間段的情況，並且對4個時間段的原始數據分別用7.2式進行標準化處理，所以表7-8除報告1985—2013年的平穩性檢驗結果外，還分別報告4個時間段數據的平穩性檢驗結果。

表7-8　　　　　　　　省際面板數據單位根檢驗結果

		PRI	SEC	TER	EX	IM	EDI	IDI
I	形式(c, t, k)	(c, 0, 0)	(0, 0, 0)	(c, t, 0)	(c, 0, 0)	(c, 0, 1)	(c, t, 5)	(c, t, 1)
	t統計量	-14.013*	-5.710*	-10.874*	-4.224*	0.579	-1.538	-2.150*
	P值	0.000	0.000	0.000	0.000	0.281	0.062	0.016
	結論	平穩	平穩	平穩	平穩	平穩	平穩	平穩
II	形式(c, t, k)	(0, 0, 1)	(c, 0, 1)	(c, t, 1)	(0, 0, 1)	(0, 0, 1)	(c, 0, 1)	(0, 0, 1)
	t統計量	-2.468*	-2.211*	-3.830*	-3.843*	-5.796*	-2.457*	-5.316*
	P值	0.007	0.014	0.000	0.000	0.000	0.007	0.000
	結論	平穩	平穩	平穩	平穩	平穩	平穩	平穩
III	形式(c, t, k)	(0, 0, 3)	(0, 0, 1)	(c, t, 2)	(c, 0, 1)	(0, 0, 1)	(0, 0, 1)	(0, 0, 1)
	t統計量	-2.332*	-7.019*	-4.331*	-2.787*	-3.557*	-3.398*	-5.700*
	P值	0.010	0.000	0.000	0.003	0.000	0.000	0.000
	結論	平穩	平穩	平穩	平穩	平穩	平穩	平穩
IV	形式(c, t, k)	(0, 0, 1)	(c, 0, 1)	(c, t, 1)	(c, t, 1)	(0, 0, 1)	(0, 0, 1)	(c, 0, 1)
	t統計量	-2.294*	-2.918*	-1.930*	-2.098*	-0.863	-4.493*	-1.524
	P值	0.011	0.002	0.027	0.018	0.194	0.000	0.064
	結論	平穩	平穩	平穩	平穩	平穩	平穩	平穩
V	形式(c, t, k)	(0, 0, 0)	(0, 0, 0)	(0, 0, 0)	(0, 0, 0)	(0, 0, 0)	(0, 0, 0)	(0, 0, 0)
	t統計量	-3.700*	-2.101*	-1.960*	-2.228*	-2.589*	-2.632*	-2.844*
	P值	0.000	0.018	0.025	0.013	0.005	0.004	0.002
	結論	平穩	平穩	平穩	平穩	平穩	平穩	平穩

說明：① I、II、III、IV、V分別代表1985—2013年、1985—1992年、1993—2001年、2002—2008年、2009—2013年；② c、t、k分別表示截距項、時間趨勢項和滯后階數；③ *表示在5%的顯著性水平上顯著。

表7-8中各變量的滯后階數都是依據施瓦茨（Schwarz）準則自動選擇的。

---

① 高鐵梅. 計量經濟分析方法與建模：EViews應用及實例[M]. 北京：清華大學出版社，2006：327-331.

因為 Breitung 檢驗的原假設為各截面序列都有一個單位根，所以 t 統計量所對應的 P 值越小拒絕原假設的概率就越高。由表 7-8 可知，各個變量都不存在單位根，也即數據是平穩的。

2. 省際面板計量迴歸結果

省際面板的計量迴歸包括以下過程：首先，對全部 29 個省級單位 1985—2013 年的所有數據進行迴歸，並報告了固定效應和隨機效應迴歸結果。其次，分別對 1985—1992 年、1993—2001 年、2002—2008 年、2009—2013 年 4 個時間段的數據進行了固定效應和隨機效應的估計，並同時報告了迴歸結果。此處之所以分 4 個時間段分別進行迴歸主要是考慮到中國經濟發展的現實，中國的經濟體制改革和對外開放是一個漸進的過程。在對外開放過程中，國際貿易等方面都發生了相應的變化，分時間段進行迴歸能夠更好地體現這一變化，而且能夠更好地體現本書的研究主旨。同時，可以更好地分析隨著經濟發展水平、對外開放程度的變化，國際貿易對於產業佈局的影響的變化。

選擇分界年度的理由是：首先，1992 年 10 月召開的黨的十四大明確指出經濟體制改革的目標是建立社會主義市場經濟體制，這是計劃與市場關係演變的一個里程碑，標誌著中國經濟體制改革正式進入初步建立和完善社會主義市場經濟體制階段；其次，2001 年中國經過多年的艱苦談判重返世界貿易組織，為進一步擴大對外開放，開展對外經濟交流與合作創造了更好的條件，也為中國的國際貿易進一步走向規範化創造了條件；再次，隨著 2001 年重返世界貿易組織利好作用的減弱，以及 2008 年全球經濟金融危機等不利因素共同作用，中國進出口出現明顯的下降。因此，此處分析時選擇了這三個年份作為分界點。

為了減少截面數據造成的異方差影響，本書採用廣義最小二乘法（GLS）對模型進行計量迴歸。所選用的估計軟件是 EViews 5.0，具體的迴歸結果及顯著性水平見表 7-9。

表 7-9 省際面板計量迴歸結果

形式	產業	年份	C	EX	IM	EDI	IDI	EX²	IM²	EDI²	IDI²
固定效應	第一產業	1985—2013	2.842*** (13.170)	1.435*** (4.185)	-3.372*** (-7.917)	-0.529*** (-4.667)	0.270* (1.957)	-0.305*** (-4.289)	0.483*** (5.760)	0.046 (1.633)	0.093*** (2.938)
		1985—1992	1.921*** (11.532)	-1.331*** (-2.984)	0.127 (0.263)	0.217 (0.731)	0.253 (0.790)	0.225* (1.686)	0.110 (0.865)	0.041 (0.466)	-0.158* (-1.639)
		1993—2001	1.432*** (7.509)	1.185*** (4.101)	-1.433*** (-4.945)	-0.646*** (-3.024)	0.872*** (3.994)	-0.116* (-1.647)	0.100 (1.365)	0.017 (0.289)	-0.082 (-1.288)
		2002—2008	1.954*** (13.792)	-1.715*** (-3.314)	1.063** (2.225)	0.492* (1.670)	-0.288 (-1.158)	0.180 (1.399)	-0.192* (-1.719)	0.004 (0.047)	-0.040 (-0.534)
		2009—2013	2.273*** (11.986)	-1.487** (-2.851)	0.849 (1.636)	-0.124 (-0.426)	-0.029 (-0.117)	0.211 (1.578)	-0.215* (-1.683)	0.068 (0.700)	-0.018 (-0.218)
	第二產業	1985—2013	1.940*** (9.849)	-1.765*** (-5.639)	1.862*** (4.788)	-0.144 (-1.387)	-0.471*** (-3.739)	0.399*** (6.144)	-0.305*** (-3.981)	0.062** (2.421)	0.048* (1.659)
		1985—1992	2.240*** (15.000)	-1.076** (-2.487)	0.410 (0.901)	-0.094 (-0.343)	-0.727** (-2.441)	0.200 (1.602)	-0.184 (-1.600)	0.075 (0.964)	0.285*** (3.167)
		1993—2001	2.886*** (17.190)	-1.697*** (-7.216)	0.245 (1.001)	-0.476** (-2.468)	-0.532*** (-2.728)	0.310*** (5.250)	0.116* (1.843)	0.264*** (4.973)	0.033 (0.594)
		2002—2008	0.552*** (7.171)	0.953*** (4.036)	0.260* (1.752)	0.090 (0.352)	-0.530*** (-4.011)	-0.094 (-1.173)	-0.034 (-0.665)	-0.132* (-1.655)	0.199*** (4.087)
		2009—2013	1.681** (2.429)	-0.972 (-1.164)	-0.100 (-0.162)	0.756** (2.383)	-0.314 (-1.200)	0.262 (1.305)	0.086 (0.576)	-0.175 (-1.617)	0.035 (0.393)
	第三產業	1985—2013	2.028*** (10.646)	-0.844*** (-2.787)	-0.210 (-0.560)	0.522*** (5.218)	0.336*** (2.760)	0.074 (1.182)	0.049 (0.658)	-0.087*** (-3.475)	-0.075** (-2.667)
		1985—1992	0.360*** (3.067)	2.279*** (6.814)	-0.436 (-1.050)	-0.234 (-1.182)	0.182 (0.747)	-0.465*** (-4.903)	0.083 (0.842)	0.003 (0.059)	-0.030 (-0.424)
		1993—2001	0.493*** (2.658)	1.109*** (3.930)	0.499* (1.736)	0.376* (1.797)	0.229 (1.030)	-0.280*** (-4.068)	-0.152** (-2.060)	-0.174*** (-3.032)	-0.065 (-1.034)
		2002—2008	2.085*** (43.030)	-0.193 (-0.589)	-1.028*** (-4.962)	-0.064 (-0.199)	0.602*** (3.830)	-0.026 (-0.272)	0.170*** (2.915)	0.088 (0.827)	-0.171*** (-3.111)
		2009—2013	0.274 (0.364)	1.571* (1.731)	0.174 (0.260)	-0.190 (-0.552)	0.295 (1.040)	-0.408* (-1.872)	-0.105 (-0.648)	0.030 (0.254)	-0.030 (-0.306)

表 7-9（續）

形式		產業	年份	C	EX	IM	EDI	IDI	EX^2	IM^2	EDI^2	IDI^2
隨機效應		第一產業	1985—2013	2.023*** (16.726)	1.806*** (6.636)	-2.197*** (-7.462)	-0.508*** (-4.814)	0.237** (2.039)	-0.335*** (-5.971)	0.330*** (5.234)	0.042 (1.571)	0.062** (2.133)
			1985—1992	1.793*** (10.794)	-0.839* (-1.907)	0.105 (0.258)	0.067 (0.215)	0.241 (0.785)	0.141 (1.005)	0.079 (0.648)	0.036 (0.391)	-0.127 (-1.283)
			1993—2001	1.520*** (7.385)	0.500* (1.920)	-0.587** (-2.262)	-0.345* (-1.641)	0.468** (2.132)	-0.039 (-0.564)	0.012 (0.165)	0.008 (0.133)	-0.055 (-0.824)
			2002—2008	1.635*** (9.962)	-1.156** (-2.136)	0.901* (1.805)	0.387 (1.110)	-0.198 (-0.717)	0.123 (0.780)	-0.183 (-1.286)	-0.008 (-0.073)	-0.039 (-0.463)
			2009—2013	2.207*** (11.806)	-1.390*** (-2.871)	0.647 (1.378)	-0.038 (-0.133)	-0.018 (-0.075)	0.209 (1.597)	-0.169 (-1.382)	0.043 (0.446)	-0.011 (-0.128)
		第二產業	1985—2013	1.736*** (15.531)	-1.499*** (-5.977)	2.305*** (8.388)	-0.185* (-1.880)	-0.563*** (-5.078)	0.334*** (6.378)	-0.397*** (-6.680)	0.074*** (2.981)	0.063** (2.309)
			1985—1992	1.931*** (11.825)	-1.043** (-2.426)	0.732* (1.828)	0.091 (0.301)	-0.725** (-2.423)	0.209 (1.539)	-0.222* (-1.861)	0.012 (0.131)	0.253*** (2.637)
			1993—2001	2.459*** (13.105)	-0.963*** (-4.054)	-0.292 (-1.241)	-0.648*** (-3.364)	-0.133 (-0.662)	0.222*** (3.490)	0.135** (1.995)	0.228*** (3.883)	0.017 (0.277)
			2002—2008	0.912*** (6.999)	0.925*** (3.010)	0.361* (1.715)	-0.110 (-0.568)	-0.621*** (-4.171)	-0.120 (-1.068)	-0.115 (-1.679)	-0.094 (-1.554)	0.240*** (5.518)
			2009—2013	0.661*** (3.355)	-0.357 (-0.699)	0.753 (1.524)	0.511* (1.693)	-0.317 (-1.232)	0.147 (1.070)	-0.095 (-0.733)	-0.108 (-1.059)	-0.001 (-0.004)
		第三產業	1985—2013	1.638*** (12.911)	-0.398 (-1.548)	-0.312 (-1.093)	0.550*** (5.524)	0.563*** (4.855)	-0.006 (-0.104)	0.075 (1.202)	-0.101*** (-4.034)	-0.121*** (-4.369)
			1985—1992	0.634*** (4.366)	1.624*** (4.283)	-0.015 (-0.043)	-0.088 (-0.331)	-0.079 (-0.298)	-0.354*** (-2.965)	-0.001 (-0.014)	-0.024 (-0.310)	0.040 (0.476)
			1993—2001	0.824*** (4.162)	0.819*** (3.268)	0.440* (1.772)	0.303 (1.490)	0.159 (0.748)	-0.211*** (-3.146)	-0.133* (-1.865)	-0.149** (-2.396)	-0.049 (-0.745)
			2002—2008	1.757*** (17.430)	-0.077 (-0.228)	-0.961*** (-2.990)	0.034 (0.117)	0.610*** (5.231)	-0.026 (-0.212)	0.204** (2.154)	0.071 (0.699)	-0.200*** (-4.753)
			2009—2013	1.947*** (8.916)	0.098 (0.173)	-0.747 (-1.364)	-0.092 (-0.276)	0.246 (0.862)	-0.056 (0.364)	0.116 (0.810)	0.005 (0.046)	-0.004 (-0.039)

說明：①括號中是參數估計值所對應的 t 值；② ***、**、* 分別表示在 1%、5%、10% 的顯著性水平上顯著。

由表7-9可以發現，1985—2013年，國際貿易的絕對數額與外貿依存度對三次產業集聚的影響方向總體呈現相反的態勢。出口總額對第一產業區位熵存在正向的影響，對第二、第三產業區位熵存在負向的影響，即出口總額的擴大有利於第一產業的集聚，不利於第二、第三產業的集聚。進口總額對第一、第三產業區位熵存在負向的影響，對第二產業區位熵存在正向的影響，即進口總額的擴大不利於第一、第三產業的集聚，有利於第二產業的集聚。出口依存度對第一、第二產業區位熵存在負向的影響，對第三產業區位熵存在正向的影響，即出口依存度的提高不利於第一、第二產業的集聚，有利於第三產業的集聚。進口依存度對第一、第三產業區位熵存在正向的影響，對第二產業區位熵存在負向的影響，即進口依存度的提高有利於第一、第三產業的集聚，不利於第二產業的集聚。

需要特別指出的是，由表7-9可知，進口總額、出口總額、出口依存度、進口依存度的二次項系數總體顯著性水平較高，這說明國際貿易對三次產業區位熵的影響不是單向的，而是二次曲線關係。這意味著，隨著時間的推移，國際貿易對三次產業佈局的影響方向將會發生變化。國際貿易目前有利於產業集聚，將來有可能促進產業擴散；反之，目前有利於產業擴散，將來有可能利於產業集聚。

分時期來看，1985—1992年，出口總額對第一、第二產業區位熵存在負向的影響，對第三產業區位熵存在正向的影響，即出口的擴大不利於第一、第二產業的集聚，有利於第三產業的集聚。進口總額對三次產業區位熵的影響方向與出口總額剛好相反。出口依存度和進口依存度對第一產業區位熵存在正向的影響，對第二、第三產業區位熵存在負向的影響。1993—2001年，出口總額對第一、第三產業區位熵存在正向的影響，對第二產業區位熵存在負向的影響，即出口的擴大有利於第一、第三產業的集聚，不利於第二產業的集聚。進口總額對三次產業區位熵的影響方向仍然與出口總額剛好相反。出口依存度對第一、第二產業區位熵存在負向的影響，對第三產業區位熵存在正向的影響。進口依存度對第一、第三產業區位熵存在正向的影響，對第二產業區位熵存在負向的影響。2002—2008年，出口總額對第一、第三產業區位熵存在負向的影響，對第二產業區位熵存在正向的影響，即出口總額的擴大不利於第一、第三產業的集聚，有利於第二產業的集聚。進口總額對第一、第二產業區位熵存在正向的影響，對第三產業區位熵存在負向的影響，即進口總額的擴大有利於第一、第二產業的集聚，不利於第三產業的集聚。出口依存度對第一、第二產業區位熵存在正向的影響，對第三產業區位熵存在負向的影響。進口依存度對

三次產業區位熵的影響方向與出口依存度的影響方向剛好相反。2009—2013年，出口總額對第一、第二產業區位熵存在負向的影響，對第三產業區位熵存在正向的影響，即出口總額的擴大不利於第一、第二產業的集聚，有利於第三產業的集聚。進口總額對第一、第三產業區位熵存在正向的影響，對第二產業區位熵存在負向的影響，即進口總額的擴大有利於第一、第三產業的集聚，不利於第二產業的集聚。出口依存度對第二產業區位熵存在正向的影響，對第一、第三產業區位熵存在負向的影響。進口依存度對第一、第二產業區位熵存在負向的影響，對第三產業區位熵存在正向的影響。由表7-9可知，與1985—2013年的分析比起來，三個階段的進口總額、出口總額、出口依存度、進口依存度二次項系數的顯著性水平有了很大的降低。這說明，分時期來看，中國國際貿易對三次產業區位熵的影響更多地呈現出單向的關係。

　　總體來看，國際貿易對三次產業的佈局存在較為顯著的影響。分產業來看，第一產業的情況是，在經濟發展水平較低或較高時，出口總額的擴大不利於第一產業的集聚，進口總額的影響方向剛好相反；出口依存度的提高有利於第一產業的集聚，進口依存度只有在經濟發展水平較低時才有利於第一產業的集聚。第二產業的情況是，出口總額、出口依存度只有在經濟發展水平較高時才有利於第二產業的集聚，經濟發展水平較低時擴大出口、提高出口依存度並不利於第二產業的集聚；無論經濟發展水平如何，擴大進口總額或者降低進口依存度都會有利於第二產業的集聚。第三產業的情況是，出口總額在經濟發展水平較低時利於第三產業的集聚，在經濟發展水平較高時不利於第三產業的集聚，進口總額只有在經濟發展水平適中時才有利於第三產業的集聚；在經濟發展水平適中時，提高出口依存度和進口依存度都有利於第三產業的集聚，在經濟發展水平較低或較高時降低出口依存度、提高進口依存度有利於第三產業的集聚。在經濟發展水平較低時，第三產業難以長足發展，此時產業集聚更加難以實現。在經濟發展水平適中時，第三產業也獲得了較好的發展，此時集聚可以很好地獲取集聚經濟效益。

　　第二產業上述情況的出現與中國特定的經濟發展背景有關。改革開放前，中國為了建立完整的工業體系，採用計劃的手段將工業佈局在內陸偏遠地區，這一做法違背了經濟發展的規律，對工業發展的不良影響將會在一定時期持續存在。改革開放後，受國際貿易和區位優勢的影響，中國的工業迅速向東南沿海集聚，導致這些地區的集聚水平過高，產業面臨的升級換代壓力較大，通過產業轉移促進中西部地區第二產業發展的問題日益突出。中國第二產業的佈局是在改革開放後才逐步走上正常軌道的。

（二）區域面板計量迴歸

1. 區域分類方式及其理由

第七章第三節第二部分把中國內地29個省份作為一個整體進行計量分析，而沒有對其進行分類。本部分將對中國內地的29個省份進行分類，分別討論國際貿易對不同類型省份產業佈局的影響，以便於更全面地實證分析國際貿易對產業佈局的影響。具體的分類思路有兩個，即把29個省份按照其地理位置劃分和按照貿易依存度的高低劃分。前一種思路把29個省份分為沿海地區和內陸地區，后一種思路則把29個省份分為高貿易依存度地區和低貿易依存度地區。具體如下：

第一，將29個省份分為沿海省份和內陸省份。這種分類方式只考慮各省的地理位置，而不涉及該省的經濟狀況和貿易狀況。從地理位置是否毗鄰海洋來看，世界上的國家可以分為沿海國家和內陸國家。與內陸國家相比，沿海國家開展國際貿易的優勢得天獨厚，這些國家的開放程度要遠遠高於內陸國家。也正是如此，沿海國家經濟發展水平普遍高於內陸國家，一國內部沿海地區的產業集聚趨勢也更明顯。中國沿海地區的經濟較為發達、產業集聚水平較高就是一例。最終的分類結果是，沿海地區包括福建、廣東、廣西、河北、江蘇、遼寧、山東、上海、天津、浙江10個省份，內陸地區包括安徽、北京、重慶、甘肅、貴州、河南、黑龍江、湖北、湖南、吉林、江西、內蒙古、寧夏、青海、山西、陝西、四川、新疆、雲南19個省份。

第二，將29個省份分為貿易依存度較高的省份和貿易依存度較低的省份。這種分類方式只考慮各省1985—2013年平均的外貿依存度，不涉及其地理位置和經濟發展水平。在具體分類時，首先計算29個省份1985—2013年平均的外貿依存度，其次以10%為界限將29個省份分成兩類，即平均的貿易依存度高於10%的高貿易依存度地區，平均的貿易依存度低於10%的低貿易依存度地區。低貿易依存度地區包括安徽、甘肅、貴州、河南、湖北、湖南、江西、內蒙古、寧夏、青海、山西、陝西、四川、雲南14個省份，高貿易依存度地區包括北京、重慶、福建、廣東、廣西、河北、黑龍江、吉林、江蘇、遼寧、山東、上海、天津、新疆、浙江15個省份。

2. 區域面板數據的單位根檢驗

此處仍然選擇相同情形下的Breitung單位根檢驗方法對沿海地區、內陸地區、高貿易依存度地區、低貿易依存度地區4個地區的7個面板變量數據進行單位根檢驗，其結果見表7-10。因為Breitung檢驗的原假設為各截面序列都有一個單位根，所以t統計量所對應的P值越小拒絕原假設的概率就越高。由表

7-10可知，各個變量都不存在單位根，也即數據是平穩的。

表7-10　　　　　四個區域面板數據單位根檢驗結果

		PRI	SEC	TER	EX	IM	EDI	IDI
I	形式(c, t, k)	(0, 0, 1)	(0, 0, 1)	(c, t, 1)	(c, 0, 4)	(c, 0, 0)	(0, 0, 0)	(c, t, 0)
	t統計量	-1.967*	-2.701*	-1.249	-5.731*	-1.648*	-12.495*	-6.899*
	P值	0.025	0.004	0.106	0.000	0.050	0.000	0.000
	結論	平穩	平穩	平穩	平穩	平穩	平穩	平穩
II	形式(c, t, k)	(c, 0, 4)	(0, 0, 1)	(c, t, 1)	(c, 0, 6)	(0, 0, 1)	(0, 0, 1)	(c, t, 1)
	t統計量	-1.393	-4.358*	-9.890*	-2.365*	-5.010*	-1.990*	-3.341*
	P值	0.082	0.000	0.000	0.009	0.000	0.023	0.000
	結論	平穩	平穩	平穩	平穩	平穩	平穩	平穩
III	形式(c, t, k)	(0, 0, 1)	(0, 0, 1)	(0, 0, 1)	(0, 0, 1)	(0, 0, 0)	(c, t, 2)	(c, t, 1)
	t統計量	-1.688*	-3.129*	-7.317*	-7.204*	-1.345	-1.583	-1.457
	P值	0.046	0.001	0.000	0.000	0.089	0.057	0.073
	結論	平穩	平穩	平穩	平穩	平穩	平穩	平穩
IV	形式(c, t, k)	(c, 0, 6)	(0, 0, 1)	(c, 0, 3)	(0, 0, 1)	(0, 0, 6)	(0, 0, 1)	(c, t, 5)
	t統計量	-1.706*	-3.903*	-7.311*	-2.925*	-1.879*	-2.085*	-3.458*
	P值	0.044	0.000	0.000	0.002	0.030	0.019	0.000
	結論	平穩	平穩	平穩	平穩	平穩	平穩	平穩

說明：①I、II、III、IV分別代表沿海地區、內陸地區、高貿易依存度地區、低貿易依存度地區；②c、t、k分別表示截距項、時間趨勢項和滯后階數；③*表示在5%的顯著性水平上顯著。

3. 區域面板計量迴歸結果

本節在對數據進行計量迴歸時，仍然採用7.4式的模型。由於估計結果不涉及預測問題，所以採用的估計形式是固定效應變截距模型。在報告估計結果時，只報告了固定效應變截距模型的估計結果，而沒有報告隨機效應變截距的估計結果。具體的估計結果見表7-11、表7-12。

表7-11　　　　　沿海地區和內陸地區計量迴歸結果

	沿海地區			內陸地區		
	第一產業	第二產業	第三產業	第一產業	第二產業	第三產業
C	2.389*** (6.212)	1.761*** (11.100)	1.872*** (4.574)	2.023*** (8.473)	1.457*** (6.801)	2.236*** (9.564)
EX	3.318*** (3.988)	-2.042*** (-2.631)	2.472*** (2.948)	0.854*** (2.858)	-1.083*** (-3.543)	0.996*** (2.985)
IM	-3.701*** (-4.655)	2.275*** (2.809)	3.469*** (4.633)	-1.397*** (-3.084)	2.220*** (5.396)	-0.236 (-0.526)

表7-11(續)

	沿海地區			內陸地區		
	第一產業	第二產業	第三產業	第一產業	第二產業	第三產業
EDI	-0.980*** (-6.091)	-0.120 (-0.521)	0.796*** (3.883)	0.078 (0.506)	-0.270** (-2.323)	0.404*** (3.178)
IDI	0.207 (1.149)	-0.632*** (-2.762)	0.223 (1.030)	0.061 (0.337)	-0.283** (-2.073)	0.196 (1.317)
EX^2	-0.342** (-1.968)	0.470** (2.439)	0.054 (0.280)	-0.263*** (-3.551)	0.266*** (4.133)	0.131* (1.870)
IM^2	0.353** (2.012)	-0.435** (-2.271)	-0.649*** (-3.447)	0.210** (2.250)	-0.336*** (-4.370)	0.064 (0.765)
EDI^2	0.001 (0.024)	0.103 (1.584)	-0.177*** (-2.955)	-0.032 (-0.823)	0.077** (2.794)	-0.055* (-1.835)
IDI^2	0.137*** (3.306)	0.129** (2.239)	-0.139*** (-2.662)	0.049 (1.116)	-0.030,51 (-0.953)	-0.039 (-1.106)

說明：①括號中是參數估計值所對應的 t 值；② ***、**、* 分別表示在1％、5％、10％的顯著性水平上顯著。

表 7-12　高貿易依存度地區和低貿易依存度地區計量迴歸結果

	高貿易依存度地區			低貿易依存度地區		
	第一產業	第二產業	第三產業	第一產業	第二產業	第三產業
C	2.331*** (22.119)	2.005*** (16.754)	1.115*** (9.837)	3.231*** (8.775)	1.473*** (13.946)	2.510*** (7.634)
EX	3.570*** (8.888)	-2.633*** (-5.773)	0.514 (1.189)	-1.274*** (-2.640)	-0.445 (-1.591)	-2.203*** (-5.113)
IM	-3.431*** (-8.210)	3.186*** (6.715)	-1.675*** (-3.725)	-2.919*** (-4.270)	1.450*** (4.800)	1.369** (2.242)
EDI	-0.755*** (-5.315)	-0.045 (-0.282)	0.710*** (4.650)	0.374** (2.212)	-0.355*** (-3.282)	0.461*** (3.053)
IDI	-0.282* (-1.911)	-0.877*** (-5.230)	1.224*** (7.705)	0.397** (2.012)	-0.217* (-1.804)	-0.267 (-1.513)
EX^2	-0.597*** (-6.331)	0.568*** (5.312)	-0.208** (-2.046)	0.129 (1.306)	0.144*** (2.696)	0.313*** (3.556)
IM^2	0.479*** (5.244)	-0.611*** (-5.891)	0.402*** (4.091)	0.420*** (3.348)	-0.199*** (-3.135)	-0.182 (-1.622)

表7-12(續)

	高貿易依存度地區			低貿易依存度地區		
	第一產業	第二產業	第三產業	第一產業	第二產業	第三產業
EDI^2	−0.010 (−0.262)	0.093** (2.067)	−0.180*** (−4.215)	−0.063* (−1.624)	0.067*** (2.706)	−0.033 (−0.961)
IDI^2	0.214*** (5.704)	0.122*** (2.860)	−0.223*** (−5.537)	0.035 (0.747)	−0.002 (−0.070)	−0.011 (−0.267)

說明：①括號中是參數估計值所對應的 t 值；② ***、**、* 分別表示在1％、5％、10％的顯著性水平上顯著。

從表 7-11 可以發現，無論是沿海地區還是內陸地區，國際貿易對三次產業佈局的影響都是比較顯著的，其有力佐證就是各個參數的估計值都是很顯著的。分類來看，國際貿易對沿海地區三次產業佈局的影響要高於內陸地區，其根據是沿海地區各個參數一次項估計值的絕對值中，除出口依存度對第二產業的影響系數外，其餘均大於內陸地區相應的值，並且沿海地區各個參數一次項估計值的顯著性水平總體高於內陸地區。總之，出口總額、進口總額、出口依存度、進口依存度的一次項對三次產業區位熵的迴歸結果顯著，表明國際貿易對三次產業佈局有著顯著的影響，其二次項對三次產業區位熵的迴歸結果顯著，則表明這種影響方向並不是一成不變的，當達到某一臨界值之後影響方向將有可能發生逆轉。造成國際貿易對沿海地區產業佈局影響更顯著的原因在於，較之於內陸地區，不僅沿海地區的低運輸成本強化了其在經濟發展中的優勢，沿海地區同樣在信息搜尋方面具有內陸地區所不及的優勢，因而國際貿易對沿海地區的產業佈局影響更顯著。

另外，我們可發現國際貿易對沿海地區和內陸地區三次產業佈局的影響方向基本一致，但在個別地方存在差異。一致的基本表現是，出口總額的擴大同時有利於第一、第三產業在沿海地區和內陸地區集中佈局，不利於第二產業在兩個地區集中佈局。這一現象的出現是由於，第一產業的發展對自然條件的依賴較大，國際貿易的開展並不能有效改變自然條件，其結果只能是使得原來生產條件較好的地區的集中度進一步提高。第二產業的發展更多地依賴於技術水平，國際貿易的開展使得進口國家對貿易商品產生較大的需求，從而不得不自行研製產品，以防止受制於他國。進口總額的擴大不利於第一產業在兩個地區集中佈局，卻有利於第二產業集中佈局。出口依存度的提高不利於第二產業在兩個地區集中佈局，卻有利於第三產業集中佈局。進口依存度的提高不利於第二產業在兩個地區集中佈局，卻有利於第一、第三產業在兩個地區集中佈局。

差異的基本表現是，進口總額的擴大不利於第三產業在內陸地區集中佈局，卻有利於其在沿海地區集中佈局。這種情況出現的原因在於，沿海省份在國際貿易中處於優勢地位，其在進口額擴大中的占比更高，進口總額的擴大對其影響更加明顯，從而導致更多的生產性服務和消費性服務需求，吸引第三產業在該地區集中佈局。出口依存度的提高不利於第一產業在沿海地區集中佈局，卻有利於其在內陸地區集中佈局。其出現的原因在於，內陸省份在經濟發展水平和技術水平方面均遜於沿海地區，中國在國際貿易中大量進口高端產品，貿易的50%以上均為產業內貿易，[①] 這進一步拉大了業已存在的差距。同時，進口總額的擴大更有利於沿海地區技術水平的提高，從而增強其對第二、第三產業這類技術依賴性較強行業的吸引力，在空間資源有限的情況下，沿海省份對第一產業產生擠出效應，從而將第一產業轉移到內陸地區。

　　從表7-12我們可以發現，無論是高貿易依存度地區還是低貿易依存度地區，國際貿易對三次產業佈局的影響都是比較顯著的，其有力佐證就是各個參數的估計值總體顯著性水平較高。分類來看，國際貿易對高貿易依存度地區第二、第三產業佈局的影響要高於內陸地區，其根據是高貿易依存度地區各個參數估計值的絕對值一般要大於低貿易依存度地區相應的值。同時，國際貿易對兩個地區產業佈局的影響方向不是單向而是雙向的，既可以促進產業集聚也可以促進產業擴散。

　　另外，我們可發現國際貿易對高貿易依存度地區和低貿易依存度地區三次產業佈局的影響方向基本一致，但在個別地方存在差異。一致的基本表現是，出口總額的擴大不利於第二產業在兩個地區集中佈局。進口總額的擴大不利於第一產業在兩個地區集中佈局，有利於第二產業集中佈局。出口依存度的提高有利於第三產業在兩個地區集中佈局，不利於第一產業在高貿易依存度地區集中佈局，卻有利於第一產業在低貿易依存度地區集中佈局。同時，進口依存度的提高不利於第二產業在兩個地區集中佈局。

　　差異的基本表現是，出口總額的擴大有利於第三產業在高貿易依存度地區集中佈局，卻不利於其在低貿易依存度地區集中佈局。進口總額的擴大對第三產業在兩個地區佈局的影響方向與出口總額剛好相反。進口依存度的提高不利於第一產業在高貿易依存度地區集中佈局，卻有利於其在低貿易依存度地區集中佈局。出口依存度的提高有利於第三產業在高貿易依存度地區集中佈局，卻

[①] 施炳展，李坤望. 中國製造業國際分工地位研究：基於產業內貿易形態的跨國比較 [J]. 世界經濟研究，2008（10）：3-9.

不利於其在低貿易依存度地區集中佈局。

本章小結

　　本章首先結合統計數據描述改革開放以來中國國際貿易和產業佈局的變化。其次，本章運用全國的時間序列數據，構建 VAR 模型分析國際貿易與三次產業的長期關係，並進行脈衝回應和方差分解。再次，本章運用中國內地除海南省、西藏自治區以外的 29 個省級單位 1985—2013 年的省際面板數據進行實證分析。此處先把 29 個省級單位作為一個整體進行實證分析，接下來分別把 29 個省級單位分為沿海地區和內陸地區、高貿易依存度地區和低貿易依存度地區進行實證分析。

　　本章的分析表明，就時間序列數據分析來看，中國的國際貿易與三次產業結構之間存在著穩定的長期關係。就面板數據分析來看，國際貿易對沿海地區和內陸地區、高貿易依存度地區和低貿易依存度地區的產業佈局有著不同的影響。相比而言，國際貿易對沿海地區和高貿易依存度地區的影響更為顯著。較之於內陸地區，不僅沿海地區的低運輸成本強化了其在經濟發展中的優勢，沿海地區同樣在信息搜尋方面具有內陸地區所不及的優勢，因而國際貿易對沿海地區的產業佈局影響更顯著。較之於低貿易依存度地區，高貿易依存度地區的國際貿易在經濟總量中權重較大，其對產業佈局的影響自然更加明顯。

第八章　結論、政策含義及研究展望

第一節　主要結論

　　國際貿易對產業佈局有顯著的影響，這既是本書的研究主題，也是本書的主要研究結論。回顧本書的研究，可以得出以下幾點具體結論：

　　第一，國際貿易對產業佈局的影響是全方位、多層次的。國際貿易的總量、結構、方式、內容以及國際貿易政策等對產業佈局會產生不同的影響。國際貿易總量的絕對量和相對量，國際貿易結構的產業結構和地區結構，國際貿易方式的產業內貿易和產業間貿易，國際貿易內容的國際商品貿易、國際服務貿易、國際技術貿易、國際資本流動，國際貿易政策的自由貿易政策和保護貿易政策等對產業佈局的影響不同。

　　第二，國際貿易對廠商個體和群體選址有影響。除了運輸成本等因素，信息不對稱是國際貿易影響廠商選址的重要原因。文化距離、制度距離、經濟距離和空間距離的增加，是國際貿易中信息不對稱加劇的主要成因，這與運輸成本等因素共同作用於廠商選址。廠商遵循利潤最大化的指導原則，為了規避信息不對稱和遠距離運輸，降低信息搜尋成本和運輸成本，經過成本收益的對比分析后做出選址決策。若改變選址的預期淨收益大於不改變選址的淨收益，廠商將會重新選址；反之，廠商將繼續在原地生產經營。

　　第三，國際貿易對產業集聚和產業擴散兩種產業佈局方式有著重要的影響。當運輸成本和信息搜尋成本較低時，國際貿易有利於產業的集聚；當運輸成本和信息搜尋成本較高時，國際貿易有利於產業的擴散。從產業集聚的角度看，產業集聚可以獲取集聚經濟，抵償部分運輸成本和信息搜尋成本，保持產業集聚的競爭優勢。同時，因為產業集聚區內部經濟密度較高，空間競爭更加激烈，位於集聚區內部的廠商可以通過產業集聚的方式彰顯其實力，向上下游

廠商和消費者傳遞有關的信息，降低信息不對稱程度。產業擴散可以降低各種距離，弱化信息不對稱，減少運輸成本支出。另外，國際貿易對產業集聚區位的選擇、產業集聚的規模、產業集聚和產業擴散的生命週期等都會產生顯著的影響。

第四，國際貿易對不同產業的佈局具有不同的影響。就三次產業而言，第一產業的佈局往往呈現出被動適應國際貿易的傾向；第二產業在國際貿易總量中的比例較大，且可以結合國際貿易進行較靈活的佈局，故國際貿易對第二產業佈局的影響最為顯著和直接；第三產業則充分發揮其服務功能，受國際貿易的影響有條件地發生佈局的變化。之所以造成這一局面，從產業本身來看是不同的產業自身特徵不同，從國際貿易來看是不同產業在國際貿易中的地位和作用不同。

第五，國際貿易對不同地區產業佈局的影響不同。結合中國改革開放以來的數據進行的實證研究表明，國際貿易與三次產業發展之間存在長期的穩定關係。就區域層面而言，國際貿易對沿海地區和內陸地區、高貿易依存度地區和低貿易依存度地區的產業佈局有著不同的影響。相比而言，國際貿易對沿海地區和高貿易依存度地區的影響更為顯著。

第二節　政策含義

稀缺的空間資源對經濟發展的制約作用日益突出，清醒地認識自身的優勢和不足，更好地發揮比較優勢，優化產業佈局以充分利用空間資源，提高空間資源的利用效率，提升空間資源利用中競爭的整體質量和水平，對於全球和地區經濟的和諧發展意義重大。本書作為一項基礎理論研究，其目的除了試圖補充完善相關的理論之外，也是為經濟發展戰略的制定提供理論基礎。具體而言，本書的政策含義主要體現在以下幾個方面：

第一，牢固樹立全球視野，充分考慮全球經濟發展態勢，出抬合理有效的政策措施。全球經濟一體化是不可逆轉的歷史大趨勢，其不斷深入發展將會對各國經濟發展產生日益顯著的影響。這要求各國政府既要充分考慮本國利益，又要具有全球視野，既要適當保護本國弱小產業，又要積極促進對外開放，制定能夠充分發揮本國比較優勢的產業政策。牢固樹立全球經濟一盤棋意識，在政策制定時要充分考慮國際因素，確保政策的制定、實施與國際慣例、國際通行規則有效對接，從而確保政策措施在開放經濟條件下有效地發揮作用，促進

經濟社會良性發展。各國要建立更加有效的協商對話機制，明確國家間的產業分工，形成良好的產業國際競爭秩序，優化各類產業在全球範圍內的佈局，使各國的產業發展能夠更好地適應本國和全球經濟發展的需要。

第二，增進互信合作，推動國際貿易開展，爭取在促進全球經濟發展中發揮積極作用。政府要對國際貿易在促進經濟發展中的重要性有清醒的認識，為促進區域經濟發展，優化各國的產業佈局，提升經濟發展的總體質量和水平，各國政府需要在全球經濟一體化的大背景下以更加積極的姿態，實施自由貿易政策，打破國界壁壘，減少地區間的分割封鎖，增進國家之間的互信合作。發達國家要積極承擔起幫助發展中國家發展經濟、優化產業佈局的任務，減少污染型產業向發展中國家的轉移。發展中國家要充分利用后發優勢，積極推動產業升級換代，採取得力措施以更加積極的姿態承接發達國家的產業轉移。各類非政府組織，如民間組織和社會團體也要加強溝通往來，充分利用自身優勢，發揮應有的作用，促進經濟對外開放。

第三，充分利用國內外兩個市場、兩種資源，調整本國經濟結構，優化產業佈局。國內經濟發展會影響到國際市場，國際經濟發展趨勢同樣會影響到一國經濟發展。為促進本國經濟發展，優化本國產業佈局，各類經濟主體需要樹立開放意識，結合不同產業發展的特徵和實際需要，在開放經濟條件下推動本國經濟發展和產業佈局優化，獲取更大的區域結構效益。政府要發揮調控作用，統籌各方利益需求，適當採取傾斜性措施，建立區域產業發展導向機制。各國要進一步發揮地區自身比較優勢，清醒認識自身的不足，優化國際分工和地區分工。各類經濟主體要在國際經濟交往中揚長避短，通過互利合作，促進經濟又好又快發展。在做好技術創新的同時，注重技術的引進和消化吸收，為承接國際產業轉移提供技術支持。

第四，結合自身發展水平，注重利用規模經濟、強化環境保護，尋求合理的產業佈局。自身的經濟發展水平、資源稟賦狀況對一國產業佈局有著重要影響，這要求各國在開放經濟條件下要正確看待國際產業轉移，並加以合理利用。政府要結合本地區的特點，對區域主導產業和支柱產業進行合理選擇，減少產業政策制定的盲目性；理順區域產業佈局的關係，提高空間資源利用效率，為產業的國際國內轉移提供空間資源；尋求合理的產業佈局模式，促進產業集聚以充分利用規模經濟、集聚經濟，倡導產業擴散以降低通勤成本，保護環境；充分考慮本地區的承載能力和環境容量，實現經濟發展與環境保護、經濟效益與社會效益的有機統一。政府和相關主體既要強調局部的點，又要注重地區總體功能強化，最終形成以點帶面，全面協調發展的良好局面。

第五，優化基礎設施建設，暢通信息流通渠道，著力縮小各種距離，減少經濟主體的交易成本支出。長距離運輸成本、嚴重的信息不對稱是國際貿易影響產業佈局的重要原因。為了弱化國際貿易對產業佈局的牽製作用，政府需要加大投入，強化基礎設施建設，著力提高交通運輸基礎設施建設，優化信息網絡建設，提高運輸效率，不斷降低各類經濟主體的貿易成本，為產業佈局優化創造更加寬鬆的環境。同時，國際組織要發揮積極作用促進全球經濟協調發展，縮減國別和地區經濟距離；充分發揮非政府組織的作用，促進各國的文化交流，縮減文化距離；完善國際通行規則的制定，縮減制度距離。政府要努力做好產業發展信息的搜集和發布工作，有效降低國際貿易中的信息不對稱程度，減少信息搜尋成本。

第三節 研究展望

產業佈局直接關係到各國的經濟發展，也關係到各地區的經濟發展，其合理與否影響重大，對此進行深入研究有著重要的理論和現實意義。在開放經濟條件下，國際貿易作為拉動經濟發展的三駕馬車之一，其不斷發展將會對全球和國別經濟產生深遠影響，產業佈局也是受國際貿易影響的重要方面之一。本書將選題定為國際貿易對產業佈局的影響，只能看作一個初步的研究，今後仍需在諸多領域作進一步的擴展。

首先，本書的研究領域需要進一步擴展。國際貿易對產業組織、產業結構、產業發展、產業佈局等都會產生不同的影響，本書的研究只涉及了國際貿易與產業佈局的關係。事實上，國際貿易與產業佈局相互影響，國際貿易可以影響產業佈局，產業佈局也可以影響國際貿易。在這種相互影響的關係中，本書也只討論了國際貿易對產業佈局的影響，因此，本書的研究領域相對顯得較窄，有進一步擴展的空間。

其次，本書的研究內容需要進一步細化。本書認為國際貿易條件下產業佈局之所以發生變化，除了改變產業佈局可以利用稀缺的空間資源促進經濟發展外，還要通過產業佈局來有效降低國際貿易中的信息不對稱程度。然而，信息的種類繁多，不同的國際貿易參與主體對信息有著不同的需求，但書中並沒有對信息進行細分。這需要在后續研究中把信息進行細化，更全面細緻地分析國際貿易對產業經濟的影響。

參考文獻

A. 英文部分

[1] ALBERT ANDO, FRANCO MODIGLIANI. The「Life Cycle」Hypothesis of Saving: Aggregate Implications and Tests [J]. The American Economic Review, 1963, 53 (1).

[2] ALLEN J SCOTT. The Changing Global Geography of Low-Technology, Labor-Intensive Industry: Clothing, Footwear, and Furniture [J]. World Development, 2006, 34 (9).

[3] ANDREAS PREDÖHL. The Theory of Location in Its Relation to General Economics [J]. The Journal of Political Economy, 1928, 36 (3).

[4] ANDREW SCHMITZ, PERTER HELMBERGER. Factor Mobility and International Trade: The Case of Complementarity [J]. The American Economic Review, 1970, 60 (4).

[5] ANTONIO CICCONE. Agglomeration Effects in Europe [J]. European Economic Review, 2002, 46 (2).

[6] AVINASH K DIXIT, JOSEPH E STIGLITZ. Monopolistic Competition and Optimum Product Diversity [J]. The American Economic Review, 1977, 67 (3).

[7] BRUCE KOGUT, SEA JIN CHANG. Platform Investments and Volatile Exchange Rates: Direct Investment in the U. S. by Japanese Electronic Companies [J]. The Review of Economics and Statistics, 1996, 78 (2).

[8] CHRISTOPHER A SIMS. Macroeconomics and Reality [J]. Econometrica, 1980, 48 (1).

[9] COLIN HILL. Some Aspects of Industrial Location [J]. The Journal of Industrial Economics, 1954, 2 (3).

[10] D E C EVERSLEY. Social and Psychological Factors in the Determination of Industrial Location [J]. The Journal of Industrial Economics, 1965, 13 (Supple-

ment).

[11] DAVID ALAN ASCHAUER. Is Public Expenditure Productive? [J]. Journal of Monetary Economics, 1989, 23 (2).

[12] DAVID B AUDRETSCH, MARYANN P FELDMAN. R&D Spillovers and the Geography of Innovation and Production [J]. The American Economic Review, 1996, 86 (3).

[13] DONALD R DAVIS, DAVID E WEINSTEIN. Bones, Bombs, and Break Points: The Geography of Economic Activity [J]. The American Economic Review, 2002, 92 (5).

[14] E M RAWSTRON. Three Principles of Industrial Location [J]. Transactions and Papers, 1958 (25).

[15] EDGAR M HOOVER. Location of Economic Activity [M]. New York: McGraw-Hill, 1948.

[16] EDWARD J MALECKI. Industrial Location and Corporate Organization in High Technology Industries [J]. Economic Geography, 1985, 61 (4).

[17] ELI F HECKSCHER. The Effect of Foreign Trade on the Distribution of Income [A] //HARRY FLAM, M JUNE FLANDERS. Heckscher-Ohlin Trade Theory. Cambridge: Mass, MIT Press, 1919.

[18] FABIEN CANDAU. Entrepreneurs' Location Choice and Public Polices: A Survey of the New Economic Geography [J]. Journal of Economic Surveys, 2008, 22 (5).

[19] FRANCO MODIGLIANI, RICHARD BRUMBERG. Utility Analysis and the Consumption Function: An Interpretation of Cross – section Data [A] // FRANCESCO FRANCO. The Collected Papers of Franco Modigliani, Vol. 6. Cambridge: The MIT Press, 2005.

[20] GE YING. Regional Inequality, Industry Agglomeration and Foreign Trade, The Case of China [Z]. Working Papers, University of International Business and Economics, China, 2003.

[21] GEORGE J STIGLER. The Economics of Information [J]. The Journal of Political Economy, 1961, 69 (3).

[22] GIANFRANCO DE SIMONE. Trade in Parts and Components and the Industrial Geography of Central and Eastern European Countries [J]. Review of World Economics, 2008, 144 (3).

[23] GILLES DURANTON, DIEGO PUGA. Micro-foundations of Urban Agglomeration Economies [A] //VERNON HENDERSON, JACQUES-FRANÇOIS THISSE. Handbook of Urban and Regional Economics. Vol. 4.

[24] GUY DUMAIS, GLENN ELLISON, EDWARD L GLAESER. Geographic Concentration as a Dynamic Process [J]. The Review of Economics and Statistics, 2002, 84 (2).

[25] HAROLD HOTELLING. Stability in Competition [J]. The Economic Journal, 1929, 39 (Mar.).

[26] HU DAPENG. Trade, Rural-Urban Migration, and Regional Income Disparity in Developing Countries: A Spatial General Equilibrium Model Inspired by the Case of China [J]. Regional Science and Urban Economics, 2002, 32 (3).

[27] HU YAOSU. The International Transferability of the Firm's Advantages [J]. California Management Review, 1995, 37 (4).

[28] JACK HIRSHLEIFER. Where Are We in the Theory of Information? [J]. The American Economic Review, 1973, 63 (2).

[29] JED KOLKO. Changes in the Location of Employment and Ownership: Evidencefrom California [J]. Journal of Regional Science, 2008, 48 (4).

[30] JOHN FRIEDMANN. Economy and Space: A Review Article [J]. Economic Development and Cultural Change, 1958, 6 (3).

[31] JOHN H DUNNING. Reappraising the Eclectic Paradigm in an Age of Alliance Captitalism [J]. Journal of International Business Studies, 1995, 26 (3).

[32] KAZUHIRO YAMAMOTO. Agglomeration and Growth with Innovation in the Intermediate Goods Sector [J]. Regional Science and Urban Economics, 2003, 33 (3).

[33] KAZUHIRO YAMAMOTO. Location of Industry, Market Size, and Imperfect International Capital Mobility [J]. Regional Science and Urban Economics, 2008, 38 (5).

[34] KEITH CHAPMAN. Industry Evolution and International Dispersal: The Fertiliser Industry [J]. Geoforum, 2000, 31 (3).

[35] KEITH HEAD, JOHN RIES. Inter-City Competition for Foreign Investment Static and Dynamic Effects of China's Incentives Areas [J]. Journal of Urban Economics, 1996, 40 (1).

[36] KEVIN H O'ROURKE, JEFFERY G WILLIAMSON. From Malthus to

Ohlin: Trade, Industrialisation and Distribution Since 1500 [J]. Journal of Economic Growth, 2005, 10 (1).

[37] K H MIDELFART-KNARVIK, H G OVERMAN, S J REDDING, et al. The Location of European Industry [Z]. Economic Papers 142, European Commission, 2000.

[38] KRISTIAN BEHRENS, CARL GAIGNÉ, GIANMARCO I P OTTAVIANO, et al. Countries, Regions and Trade: On the Welfare Impacts of Economic Integration [J]. European Economic Review, 2007, 51 (5).

[39] LIU ZHIQIANG. Foreign Direct Investment and Technology Spillover: Evidence from China [J]. Journal of Comparative Economics, 2002, 30 (3).

[40] MARC L BUSCH, ERIC REINHARDT. Industrial Location and Protection: The Political and Economic Geography of U. S. Nontariff Barriers [J]. American Journal of Political Science, 1999, 43 (4).

[41] MARK GRANOVETTER. Economic Action and Social Structure: The Problem of Embeddedness [J]. The American Journal of Sociology, 1985, 91 (3).

[42] MARYANN P FELDMAN. An Examination of the Geography of Innovation [J]. Industrial and Corporate Change, 1993, 2 (3).

[43] MARYANN P FELDMAN. The New Economics of Innovation, Spillovers and Agglomeration: A Review of Empirical Studies [J]. Economics of Innovation and New Technology, 1999, 8 (1).

[44] MASAHISA FUJITA, JACQUES-FRANÇOIS THISSE. Does Geographical Agglomeration Foster Economic Growth? And Who Gains and Loses From It? [J]. The Japanese Economic Review, 2003, 54 (2).

[45] MASAHISA FUJITA, PAUL R KRUGMAN, ANTHONY J VENABLES. The Spatial Economy: Cities, Regions, and International Trade [M]. Cambridge: The MIT Press, 1999.

[46] MASAHISA FUJITA. Location and Space-Economy at Half a Century: Revisiting Professor Isard's Dream on the General Theory [J]. The Annals of Regional Science, 1999, 33 (4).

[47] MATTHEW J SLAUGHTER. Trade Liberalization and Per Capita Income Convergence: A Difference-in-Differeces Analysis [J]. Journal of International Economics, 2001, 55 (1).

[48] MICHAEL E PORTER. Clusters and the New Economics of Competition

[J]. Harvard Business Review, 1998 (Nov. -Dec.).

[49] MICHELLE J WHITE. Urban Areas with Decentralized Employment: Theory and Empirical Work [A] //PAUL CHESHIRE, EDWIN S MILLS. Handbook of Regional and Urban Economics. Vol. 3.

[50] MORIKI HOSOE, TOHRU NATIO. Trans-boundary Pollution Transmission and Regional Agglomeration Effects [J]. Papers in Regional Science, 2006, 85 (1).

[51] MUNISAMY GOPINATH, DANIEL PICK, UTPAL VASAVADA. The Economics of Foreign Direct Investment and Trade with an Application to the U. S. Food Processing Industry [J]. American Journal of Agricultural Economics, 1999, 81 (2).

[52] PAUL A SAMUELSON. International Trade and the Equalisation of Factor Prices [J]. The Economic Journal, 1948, 58 (Jun.).

[53] PAUL A SAMUELSON. The Transfer Problem and Transport Costs: The Terms of Trade When Impediments are Absent [J]. The Economic Journal, 1952, 62 (Jun.).

[54] PAUL A SAMUELSON. The Transfer Problem and Transport Costs, II: Analysis of Effects of Trade Impediments [J]. The Economic Journal, 1954, 64 (Jun.).

[55] PAUL A SAMUELSON. Bertil Ohlin 1899-1979 [J]. The Scandinavian Journal of Economics, 1982, 83 (3).

[56] PAUL A SAMUELSON. Thünen at Two Hundred [J]. Journal of Economic Literature, 1983, 21 (4).

[57] PAUL R KRUGMAN. Increasing Returns, Monopolistic Competition, and International Trade [J]. Journal of International Economics, 1979, 9 (4).

[58] PAUL R KRUGMAN. History and Industry Location: The Case of the Manufacturing Belt [J]. The American Economic Review, 1991, 81 (2).

[59] PAUL R KRUGMAN. Increasing Returns and Economic Geography [J]. The Journal of Political Economy, 1991, 99 (3).

[60] PAUL R KRUGMAN. The Increasing Returns Revolution in Trade and Geography [J]. The American Economic Review, 2009, 99 (3).

[61] PETER DICKEN, NIGEL THRIFT. The Organization of Production and the Production of Organization: Why Business Enterprises Matter in the Study of Geo-

graphical Industrialization [J]. Transactions of the Institute of British Geographers, 1992, 17 (3).

[62] PHILIPPE MARTIN, GIANMARCO I P OTTAVINO. Growth and Agglomeration [J]. International Economic Review, 2001, 42 (4).

[63] PIERRE M PICARD, TAKATOSHI TABUCHI. Self-Organized Agglomerations and Transport Costs [J]. Economic Theory, 2010, 42 (3).

[64] PIERRE-PHILIPPE COMBES, HENRY G OVERMAN. The Spatial Distribution of Economic Activities in the European Union [A] //VERNON HENDERSON, JACQUES-FRANÇOIS THISSE. Handbook of Urban and Regional Economics. Vol. 4.

[65] PRAVAKAR SAHOO, RANJAN KUMAR DASH. Infrastructure Development and Economic Growth in India [J]. Journal of the Asia Pacific Economy, 2009, 14 (4).

[66] RANDALL W EBERTS, DANIEL P MOMILIEN. Agglomeration Economics and Urban Public Infrastructure [A] //PAUL CHESHIRE, EDWIN S MILLS. Handbook of Regional and Urban Economics. Vol. 3.

[67] RAYMOND VERNON. International Investment and International Trade in the Product Cycle [J]. The Quarterly Journal of Economics, 1966, 80 (2).

[68] RICHARD E BALDWIN, PHILIPPE MARTIN, GIANMARCO I P OTTAVIANO. Global Income Divergence, Trade and Industrialization: The Geography of Growth Take-offs [J]. Journal of Economic Growth, 2001, 6 (1).

[69] RICHARD E BALDWIN, PHILIPPE MARTIN. Agglomeration and Regional Growth [A] //VERNON HENDERSON, JACQUES - FRANÇOIS THISSE. Handbook of Urban and Regional Economics. Vol. 4.

[70] RICHARD E BALDWIN, RIKARD FORSLID. The Core-Periphery Model and Endogenous Growth: Stabilizing and Destabilizing Integration [J]. Economica, 2000, 67 (Aug.).

[71] RICHARD E CAVES. International Corporations: The Industrial Economic of Foreign Investment [J]. Economica, 1971, 38 (2).

[72] RIKARD FORSLID, JAN I HAALAND, KAREN HELENE MIDELFART KNARVIK. A U-shaped Europe? A Simulation Study of Industrial Location [J]. Journal of International Economics, 2002, 57 (2).

[73] ROBERT A MUNDELL. International Trade and Factor Mobility [J]. The

American Economic Review, 1957, 47 (3).

[74] SHARMISTHA BAGCHI-SEN. The Location of Foreign Direct Investment in Finance, Insurance and Real Estate in the United States [J]. Geografiska Annaler. Series B, Human Geography, 1991, 73 (3).

[75] SHIN-KUN PENG, JACQUES-FRANÇOIS THISSE, PING WANG. Economic Integration and Agglomeration in a Middle Product Economy [J]. Journal of Economic Theory, 2006, 131 (1).

[76] STAFFAN BURENSTAM LINDER. An Essay on Trade and Transformation [M]. New York: John Wiley and Sons, 1961.

[77] STEVEN C SALOP. Monopolistic Competition with Outside Goods [J]. The Bell Journal of Economics, 1979, 10 (1).

[78] SUKKOO KIM. Expansion of Markets and the Geographic Distribution of Economic Activities: The Trends in U. S. Regional Manufacturing Structure, 1860-1987 [J]. The Quarterly Journal of Economics, 1995, 110 (4).

[79] TIMOTHY J BARTIK. Business Location Decisions in the United States: Estimates of the Effects of Unionization, Taxes, and Other Characteristics of States [J]. Journal of Business & Economic Statistics, 1985, 3 (1).

[80] TODD MITTON. Institutions and Concentration [J]. Journal of Development Economics, 2008, 86 (2).

[81] UNCTAD. World Investment Report 1999: Foreign Direct Investment and the Challenge of Development [R]. United Nations, New York and Geneva, 1999.

[82] WALTER ISARD. Location and the Space Economy: A General Theory Relating to Industrial Location, Market Areas, Land Use, Trade, and Urban Structure [M]. New York: Technology Press of Massachusetts Institute of Technology and John Wiley & Sons, 1956.

[83] WALTER KUEMMERLE. Foreign Direct Investment in Industrial Research in the Pharmaceutical and Electronic Industries: Results from a Survey of Multinational Firms [J]. Research Policy, 1999, 28 (2/3).

[84] WASSILY LEONTIEF. Domestic Production and Foreign Trade: The American Capital Position Re-Examined [J]. Proceedings of the American Philosophical Society, 1953, 97 (4).

[85] WEN MEI. Relocation and Agglomeration of Chinese Industry [J]. Journal of Development Economics, 2004, 73 (1).

［86］WILLIAM ALONSO. Location and Land Use：Toward a General Theory of Land Rent ［M］. Cambridge：Mass, Harvard University Press, 1964.

B. 譯作部分

［87］阿爾弗雷德·馬歇爾. 經濟學原理 ［M］. 廉運杰, 譯. 北京：華夏出版社, 2005.

［88］阿爾弗雷德·韋伯. 工業區位論 ［M］. 李剛劍, 陳志人, 張英保, 譯. 北京：商務印書館, 1997.

［89］安格斯·麥迪森. 世界經濟千年統計 ［M］. 伍曉鷹, 施發啓, 譯. 北京：北京大學出版社, 2009.

［90］奧古斯特·勒施. 經濟空間秩序——經濟財貨與地理間的關係 ［M］. 王守禮, 譯. 北京：商務印書館, 1995.

［91］保羅·克魯格曼.「新經濟地理學」在哪裡？ ［A］//GORDON L CLARK, MARYANN P FELDMAN, MERIC S GERTLER. 牛津經濟地理學手冊. 劉衛東, 等, 譯. 北京：商務印書館, 2005.

［92］伯特爾·俄林. 區際貿易與國際貿易 ［M］. 逯宇鐸, 等, 譯. 北京：華夏出版社, 2008.

［93］達摩達爾 N 古扎拉蒂. 計量經濟學：下冊 ［M］. 林少宮, 譯. 北京：中國人民大學出版社, 2000.

［94］大衛·李嘉圖. 政治經濟學及賦稅原理 ［M］. 郭大力, 王亞南, 譯. 北京：商務印書館, 1962.

［95］丹尼斯·卡爾頓, 杰弗里·佩羅夫. 現代產業組織：下冊 ［M］. 黃亞鈞, 等, 譯. 上海：上海三聯書店、上海人民出版社, 1998.

［96］道格拉斯 C 諾斯. 經濟史中的結構與變遷 ［M］. 陳鬱, 羅華平, 等, 譯. 上海：上海三聯書店, 1991.

［97］道格拉斯 C 諾斯. 制度、制度變遷與經濟績效 ［M］. 杭行, 譯. 上海：格致出版社、上海三聯書店、上海人民出版社, 2008.

［98］菲利普·科特勒, 洪瑞雲, 梁紹明, 等. 市場營銷管理（亞洲版）：上冊 ［M］. 郭國慶, 等, 譯. 北京：中國人民大學出版社, 1997.

［99］G J 斯蒂格勒. 產業組織和政府管制 ［M］. 潘振民, 譯. 上海：上海人民出版社、上海三聯書店, 1996.

［100］H 德姆塞茨. 關於產權的理論 ［A］//R 科斯, A 阿爾欽, D 諾斯. 財產權利與制度變遷——產權學派與新制度學派譯文集. 上海：上海三聯書店, 1991.

［101］哈爾·瓦里安. 微觀經濟學［M］. 周洪，等，譯. 北京：經濟科學出版社，1997.

［102］霍華德·塞茲，安瑟尼·維納布爾斯. 國際投資地理學［A］// GORDON L CLARK, MARYANN P FELDMAN, MERIC S GERTLER. 牛津經濟地理學手冊. 劉衛東，等，譯. 北京：商務印書館，2005.

［103］加里·阿姆斯特朗，菲利普·科特勒. 科特勒市場營銷教程［M］. 6版. 俞利軍，譯. 北京：華夏出版社，2004.

［104］邁克·斯多波. 全球化、本地化與貿易［A］//GORDON L CLARK, MARYANN P FELDMAN, MERIC S GERTLER. 牛津經濟地理學手冊. 劉衛東，等，譯. 北京：商務印書館，2005.

［105］邁克爾·波特. 國家競爭優勢［M］. 李明軒，邱如美，譯. 北京：華夏出版社，2002.

［106］邁克爾·波特. 區位、集群與公司戰略［A］//GORDON L CLARK, MARYANN P FELDMAN, MERIC S GERTLER. 牛津經濟地理學手冊. 劉衛東，等，譯. 北京：商務印書館，2005.

［107］喬治 J 斯蒂格勒. 產業組織［M］. 王永欽，薛鋒，譯. 上海：上海三聯書店、上海人民出版社，2006.

［108］世界銀行. 07 世界發展指標［M］. 王輝，等，譯. 北京：中國財政經濟出版社，2008.

［109］世界銀行. 2000/2001 年世界發展報告［M］. 本報告翻譯組，譯. 北京：中國財政經濟出版社，2001.

［110］世界銀行. 2003 年世界發展報告［M］. 本報告翻譯組，譯. 北京：中國財政經濟出版社，2003.

［111］世界銀行. 2005 年世界發展報告［M］. 中國科學院，清華大學國情研究中心，譯. 北京：清華大學出版社，2005.

［112］世界銀行. 2006 年世界發展報告［M］. 中國科學院，清華大學國情研究中心，譯. 北京：清華大學出版社，2006.

［113］世界銀行. 2007 年世界發展報告［M］. 中國科學院，清華大學國情研究中心，譯. 北京：清華大學出版社，2007.

［114］世界銀行. 2008 年世界發展報告［M］. 胡光宇，等，譯. 北京：清華大學出版社，2008.

［115］世界銀行. 2009 年世界發展報告［M］. 胡光宇，等，譯. 北京：清華大學出版社，2009.

[116] 世界銀行. 2010年世界發展報告 [M]. 胡光宇, 等, 譯. 北京: 清華大學出版社, 2010.

[117] 世界銀行. 2011年世界發展報告 [M]. 胡光宇, 等, 譯. 北京: 清華大學出版社, 2012.

[118] 世界銀行. 2012年世界發展報告 [M]. 胡光宇, 等, 譯. 北京: 清華大學出版社, 2012.

[119] 藤田昌久, 保羅·克魯格曼, 安東尼 J 維納布爾斯. 空間經濟學——城市、區域與國際貿易 [M]. 梁琦, 等, 譯. 北京: 中國人民大學出版社, 2005.

[120] 托馬斯·孟. 英國得自對外貿易的財富 [M]. 李瓊, 譯. 北京: 華夏出版社, 2006.

[121] 沃爾特·克里斯塔勒. 德國南部中心地原理 [M]. 常正文, 王興中, 譯. 北京: 商務印書館, 1998.

[122] 小島清. 對外貿易論 [M]. 周寶康, 譯. 天津: 南開大學出版社, 1987.

[123] 亞當·斯密. 國民財富的性質和原因的研究: 上卷 [M]. 郭大力, 王亞南, 譯. 北京: 商務印書館, 1972.

[124] 亞當·斯密. 國民財富的性質和原因的研究: 下卷 [M]. 郭大力, 王亞南, 譯. 北京: 商務印書館, 1974.

[125] 約翰·馮·杜能. 孤立國同農業和國民經濟的關係 [M]. 吳衡康, 譯. 北京: 商務印書館, 1986.

[126] 約翰·梅納德·凱恩斯. 就業利息和貨幣通論 [M]. 徐毓枬, 譯. 北京: 商務印書館, 1963.

[127] 約翰·伊特韋爾, 默里·米爾蓋特, 彼得·紐曼. 新帕爾格雷夫經濟學大辭典: 第一卷 A-D [M]. 陳岱孫, 等, 譯. 北京: 經濟科學出版社, 1992.

[128] 約瑟夫 E 斯蒂格利茨. 產品市場上的不完全信息 [A] //理查德·施馬蘭西, 羅伯特 D 威利格. 產業組織經濟學手冊: 第1卷. 李文溥, 等, 譯. 北京: 經濟科學出版社, 2009.

C. 中文部分

[129] 安虎森. 空間經濟學原理 [M]. 北京: 經濟科學出版社, 2005.

[130] 薄文廣. 外部性與產業增長——來自中國省級面板數據的研究 [J]. 中國工業經濟, 2007 (1).

[131] 陳英武，鄭江淮，高彥彥. 信息不對稱、城市聲譽與生產者服務的區位選擇 [J]. 經濟學家，2010（3）.

[132] 仇怡，吴建軍. 國際貿易、產業集聚與技術進步——基於中國高技術產業的實證研究 [J]. 科學學研究，2010（9）.

[133] 範劍勇. 產業集聚與地區間勞動生產率差異 [J]. 經濟研究，2006（11）.

[134] 高鐵梅. 計量經濟分析方法與建模：EViews 應用及實例 [M]. 北京：清華大學出版社，2006.

[135] 葛劍雄. 統一與分裂：中國歷史的啟示 [M]. 北京：商務印書館，2013.

[136] 郭利平. 產業群落的空間演化模式研究 [M]. 北京：經濟管理出版社，2006.

[137] 國家統計局，國家發展和改革委員會，科學技術部. 中國高技術產業統計年鑒：2008 [Z]. 北京：中國統計出版社，2008.

[138] 國家統計局，國家發展和改革委員會，科學技術部. 中國高技術產業統計年鑒：2013 [Z]. 北京：中國統計出版社，2013.

[139] 國家統計局. 新中國 60 年 [Z]. 北京：中國統計出版社，2009.

[140] 海聞，P 林德特，王新奎. 國際貿易 [M]. 上海：上海人民出版社，2003.

[141] 賀燦飛，魏后凱. 信息成本、集聚經濟與中國外商直接投資區位 [J]. 中國工業經濟，2001（9）.

[142] 胡鞍鋼. 如何重塑中國經濟地理 [M] // 世界銀行. 2009 年世界發展報告. 胡光宇，等，譯. 北京：清華大學出版社，2009.

[143] 湖南省統計局. 湖南統計年鑒：2013 [Z]. 北京：中國統計出版社，2013.

[144] 黃玖立，李坤望. 對外貿易、地方保護和中國的產業佈局 [J]. 經濟學（季刊），2006（3）.

[145] 黃仁宇. 中國大歷史 [M]. 北京：生活·讀書·新知三聯書店，1997.

[146] 梁琦，李曉萍，呂大國. 市場一體化、企業異質性與地區補貼——一個解釋中國地區差距的新視角 [J]. 中國工業經濟，2012（2）.

[147] 梁琦，施曉蘇. 中國對外貿易和 FDI 相互關係的研究 [J]. 經濟學（季刊），2004（3）.

[148] 梁琦. 產業集聚論 [M]. 北京：商務印書館，2004.

[149] 梁琦. 空間經濟學：過去、現在與未來 [J]. 經濟學（季刊），2005（4）.

[150] 林毅夫，胡書東. 中國經濟學百年回顧 [J]. 經濟學（季刊），2001（1）.

[151] 劉宏杰. 中國稅收收入與國內生產總值之間的經驗測度 [J]. 上海財經大學學報：哲學社會科學版，2009（1）.

[152] 劉家順，楊潔，孫玉娟. 產業經濟學 [M]. 北京：中國社會科學出版社，2006.

[153] 劉星，趙紅. FDI 對中國自主創新能力影響的實證研究 [J]. 國際貿易問題，2009（10）.

[154] 劉志彪. 國際貿易和直接投資：基於產業經濟學的分析 [J]. 南京大學學報：哲學·人文科學·社會科學，2002（3）.

[155] 劉志高，尹貽梅. 經濟地理學與經濟學關係的歷史考察 [J]. 經濟地理，2006（3）.

[156] 盧現祥. 西方新制度經濟學 [M]. 北京：中國發展出版社，1996.

[157] 羅勇，曹麗莉. 中國製造業集聚程度變動趨勢實證研究 [J]. 經濟研究，2005（8）.

[158] 馬知恩，周義倉. 常微分方程定性與穩定性方法 [M]. 北京：經濟科學出版社，2001.

[159] 潘紅宇. 時間序列分析 [M]. 北京：對外經濟貿易大學出版社，2006.

[160] 裴長洪. 中國對外貿易 60 年演進軌跡與前瞻 [J]. 改革，2009（7）.

[161] 錢爭鳴，鄧明. 文化距離、制度距離與自然人流動政策的溢出 [J]. 國際貿易問題，2009（10）.

[162] 施炳展，李坤望. 中國製造業國際分工地位研究：基於產業內貿易形態的跨國比較 [J]. 世界經濟研究，2008（10）.

[163] 汪同三，王成璋. 21 世紀數量經濟學：第五卷 [M]. 成都：西南交通大學出版社，2005.

[164] 王炳才. 產業間貿易理論與產業內貿易理論比較研究 [J]. 國際貿易問題，1997（8）.

[165] 王紹媛. 國際服務貿易 [M]. 大連：東北財經大學出版社，2007.

[166] 魏后凱, 賀燦飛, 王新. 外商在華直接投資動機與區位因素分析——對秦皇島市外商直接投資的實證研究 [J]. 經濟研究, 2001（2）.

[167] 魏后凱. 外商直接投資對中國區域經濟增長的影響 [J]. 經濟研究, 2002（4）.

[168] 魏后凱. 加入WTO后中國外商投資區位變化及中西部地區吸引外資前景 [J]. 管理世界, 2003（7）.

[169] 魏劍鋒. 搜尋成本、制度安排與產業集群的形成機制 [J]. 產業經濟研究, 2010（1）.

[170] 冼國明, 薄文廣. 外國直接投資對中國企業技術創新作用的影響 [J]. 南開經濟研究, 2005（6）.

[171] 冼國明, 文東偉. FDI、地區專業化與產業集聚 [J]. 管理世界, 2006（12）.

[172] 謝識予. 經濟博弈論 [M]. 上海：復旦大學出版社, 2002.

[173] 熊文, 王錚. 貿易保護、產業集聚與經濟增長——一個兩地區模型分析 [A] //佚名. 中國地理學會百年慶典學術論文摘要集. 北京：[出版者不祥], 2009.

[174] 徐康寧. 產業集聚形成的源泉 [M]. 北京：人民出版社, 2006.

[175] 許德友, 梁琦. 貿易成本與國內產業地理 [J]. 經濟學（季刊）, 2012（3）.

[176] 楊公樸. 產業經濟學 [M]. 上海：復旦大學出版社, 2005.

[177] 楊培雷. 當代西方經濟學流派 [M]. 上海：上海財經大學出版社, 2003.

[178] 楊小凱. 經濟學：新興古典與新古典框架 [M]. 北京：社會科學文獻出版社, 2003.

[179] 尹世杰. 消費經濟學 [M]. 北京：高等教育出版社, 2003.

[180] 尹翔碩. 國際貿易教程 [M]. 上海：復旦大學出版社, 1996.

[181] 英卓華. 構建新型城鎮化融資模式 [J]. 中國金融, 2014（14）.

[182] 於學軍. 中國人口老化的經濟學研究 [J]. 中國人口科學, 1995（6）.

[183] 臧新, 李蕗. 農業外資區位分佈影響因素的實證研究 [J]. 國際貿易問題, 2009（10）.

[184] 臧新, 王紅燕, 潘剛. 農業外商直接投資地區集聚狀況的實證研究 [J]. 國際貿易問題, 2008（5）.

［185］張卉.產業分佈、產業集聚和地區經濟增長：來自中國製造業的證據［D］.上海：復旦大學博士學位論文，2007.

［186］張文忠.經濟區位論［M］.北京：科學出版社，2000.

［187］中國人民大學區域經濟研究所.產業佈局學原理［M］.北京：中國人民大學出版社，1997.

［188］中華人民共和國國家統計局.國際統計年鑒：2004［Z］.北京：中國統計出版社，2004.

［189］中華人民共和國國家統計局.國際統計年鑒：2009［Z］.北京：中國統計出版社，2009.

［190］中華人民共和國國家統計局.國際統計年鑒：2013［Z］.北京：中國統計出版社，2013.

［191］中華人民共和國國家統計局.中國統計年鑒：2013［Z］.北京：中國統計出版社，2013.

［192］鐘昌標.外商直接投資地區間溢出效應研究［J］.經濟研究，2010（1）.

后　記

　　自亞當·斯密創立經濟學以來，各種假定便頻頻出現在經濟學著作中。在進行模型構建或者理論探討時，經濟學家本能的反應是首先提出嚴格的假設條件，以使自己的分析能夠有效展開。新古典經濟學家對這個世界的假定可以說是到了極致，高山已削平、海洋被填起、沙漠變綠洲、歧路化坦途、曲徑成通衢，整個世界是連續平滑、均勻分佈的。全人類都生活在一個單一的世界中，他們在各地的分佈非常均勻。不僅如此，新古典經濟學家更是假定人是完全同質的，信息是完全的，交易成本為零等。也正是先驗假定如此，經濟學理論中就忽略了很多重要的因素。

　　儘管亞當·斯密在《國富論》中開篇就討論了分工問題，並由分工理論引申出城鄉分工、工農分工，演化出國際貿易等理論。但或許是受到同質性假定的影響，經濟學中對各類分佈問題的研究卻顯得相對滯后。《國富論》問世后，大衛·李嘉圖等亞當·斯密的追隨者紛紛著書立說，發展並細化了亞當·斯密的各種觀點。然而，整整半個世紀后，德國學者約翰·馮·杜能才在其《孤立國同農業和國民經濟的關係》中首次討論了農業經濟地區分佈問題，也即農業區位論。時隔80年后，阿爾弗雷德·韋伯在其《工業區位論》中研究了工業經濟地區分佈問題，又被稱為工業區位論。約翰·馮·杜能和阿爾弗雷德·韋伯的理論在當時的德國影響很大，但在德國之外其著作似乎只是堆積於圖書館中而無人問津。

　　其實，經濟空間分佈的本質就是區域分工。為什麼亞當·斯密提出分工問題后，受到主流經濟學家的廣泛關注，而區域分工問題卻長期被冷落呢？2008年諾貝爾經濟學獎得主保羅·克魯格曼給出了一個看似中肯的解釋，即經濟學家不研究經濟空間分佈是因為他們沒有發現或者掌握有效解釋這一問題的工具。但正如約翰·斯圖亞特·穆勒所言：「不完備的預測知識對研究導向來說也許是最有價值的東西。」理論創新並非要完全依賴於工具，缺少工具也並不能完全阻止學者研究經濟的空間分佈。竊以為，經濟空間分佈被忽視最根本的

原因在於，經濟學家在研究時做出各種同質性假定，決定了其根本不需要考慮非均勻分佈等異化問題。上述說法並非主觀臆斷，而是有事實根據的。例如，新古典經濟學的一般定價理論就是一個典型的單一市場理論，地區分佈的概念在該理論中完全沒有體現。

婁飛鵬

國家圖書館出版品預行編目(CIP)資料

國際貿易對產業布局的影響研究 / 婁飛鵬 著. -- 第一版.
-- 臺北市：崧博出版：財經錢線文化發行，2018.10
　　面 ；　　公分

ISBN 978-957-735-617-8(平裝)

1.國際貿易理論 2.國際貿易實務

558　　107017336

書　　名：國際貿易對產業布局的影響研究
作　　者：婁飛鵬 著
發 行 人：黃振庭
出 版 者：崧博出版事業有限公司
發 行 者：財經錢線文化事業有限公司
E-mail：sonbookservice@gmail.com
粉絲頁　　　　　　　網　　址：
地　　址：台北市中正區延平南路六十一號五樓一室
8F.-815, No.61, Sec. 1, Chongqing S. Rd., Zhongzheng
Dist., Taipei City 100, Taiwan (R.O.C.)
電　　話：(02)2370-3310　傳　真：(02) 2370-3210
總 經 銷：紅螞蟻圖書有限公司
地　　址：台北市內湖區舊宗路二段 121 巷 19 號
電　　話 :02-2795-3656　傳真:02-2795-4100　網址：
印　　刷 ：京峯彩色印刷有限公司（京峰數位）

　　本書版權為西南財經大學出版社所有授權崧博出版事業有限公司獨家發行電子書及繁體書繁體版。若有其他相關權利及授權需求請與本公司聯繫。

定價：350元

發行日期：2018 年 10 月第一版

◎ 本書以POD印製發行